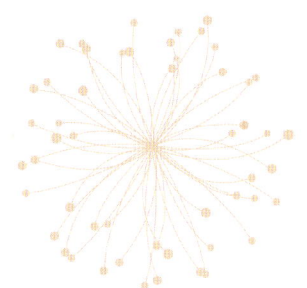

Le grand livre des PLATS TOUT-EN-UN

97-B, Montée des Bouleaux,
Saint-Constant, Qc, Canada J5A 1A9
Tél. : 450 638-3338, Télécopieur : 450 638-4338
Internet : www.broquet.qc.ca
Courriel : info@broquet.qc.ca

Catalogage avant publication de
Bibliothèque et Archives nationales du Québec et
Bibliothèque et Archives Canada

Vedette principale au titre :
   Le grand livre des plats tout-en-un
   Traduction de : The one-dish bible.
   Comprend un index.
   ISBN 978-2-89654-264-2

   1. Plats uniques. 2. Cuisson lente à l'électricité. 3. Mets en casserole. I. Bertino, Vérane.

TX840.O53O5314 2011   641.8'2   C2011-940888-0

POUR L'AIDE À LA RÉALISATION DE SON PROGRAMME ÉDITORIAL, L'ÉDITEUR REMERCIE :
le Gouvernement du Canada par l'entremise du Programme d'aide au développement de l'industrie de l'édition (PADIÉ) ; la Société de développement des entreprises culturelles (SODEC) ; l'Association pour l'exportation du livre canadien (AELC), le Gouvernement du Québec – Programme de crédit d'impôt pour l'édition de livres – Gestion SODEC.

Copyright © 2005 Publications International, Ltd.
Louis Weber, chef de la direction
Publications International, Ltd.
7373 North Cicero Avenue
Lincolnwood, IL 60712

Aucune reproduction n'est autorisée à des fins commerciales.

Toutes les recettes et les photos qui renferment des noms de marques particuliers sont protégées par le droit d'auteur de ces sociétés ou associations, à moins d'indications contraires. Toutes les photos, à *l'exception* de celles qui figurent aux pages 37, 99, 161, 177, 181 et 213 sont protégées par le droit d'auteur de Publications International, Ltd.

L'illustration de la page couverture et de la page titre sont de Shutterstock.

Il se peut que certains produits énumérés dans le présent ouvrage ne soient pas disponibles.

En photo sur la page couverture *(de gauche à droite en haut) :*
Gnocchis au four *(page 184),* Coq au vin tout simple *(page 100),* Enchiladas au poulet et au fromage *(page 83),* Manicotti *(page 68) ; (en bas) :* Riz aux saucisses végétariennes *(page 198).*

En photo sur la quatrième de couverture *(de haut en bas) :*
Enchiladas au poulet et au fromage *(page 83)* et Riz aux saucisses végétariennes *(page 198).*

Pour l'édition en langue française
Copyright © Ottawa 2011, Broquet inc.
Dépôt légal — Bibliothèque et Archives nationales du Québec
2e trimestre 2011

Éditeur : Antoine Broquet
Traduction : Vérane Bertino
Relecture : Diane Martin

Imprimé en Chine
ISBN : 978-2-89654-264-2

Cuisine au four à micro-ondes : Tous les fours à micro-ondes n'ont pas la même puissance (watts). Utilisez le temps de cuisson indiqué dans chaque recette pour vous guider et vérifiez la cuisson avant de prolonger celui-ci.

Temps de préparation/cuisson : Le temps de préparation est calculé en fonction du temps approximatif requis pour réaliser la recette, sans compter le temps de cuisson, de réfrigération ou de service. Ce temps comprend les différentes étapes de préparation comme mesurer, hacher et mélanger. Le fait que certaines étapes peuvent être effectuées en même temps que la cuisson est pris en considération. La préparation des ingrédients facultatifs et les suggestions de service ne sont pas prises en compte dans le temps de préparation indiqué.

Tous droits de traduction totale ou partielle réservés pour tous les pays. La reproduction d'un extrait quelconque de ce livre, par quelque procédé que ce soit, tant électronique que mécanique, en particulier par photocopie, est interdite sans l'autorisation écrite de l'éditeur.

Table des matières

Aperçu 5

La cocotte 7

La sauteuse 14

La mijoteuse 18

Ingrédients 22

Succès bœuf 26

La volaille, c'est super . . . 76

Le porc sans pareil 116

Délices végétariens 152

Trésors de la mer 202

Remerciements 248

Index 249

Aperçu

Vous vous demandez peut-être ce que sont exactement les plats tout-en-un… eh bien, croyez-le ou non, vous en avez déjà probablement une bonne idée. En fait, les plats tout-en-un sont des repas préparés en un seul plat. Bien que les soupes, les ragoûts et certains sautés entrent aussi dans cette vague définition, ils ne constituent pas nécessairement des repas complets. Les plats tout-en-un sont généralement composés de viande, de légumes et de glucides, comme les pâtes ou les pommes de terre, le tout préparé dans un seul plat de cuisson. Les trois principaux types de recettes de plats tout-en-un sont les casseroles, les sautés et les mijotés. Chacun est incroyablement facile à réaliser pour un cuisinier amateur et offre un mélange de saveurs inoubliable en un repas qui plaira à toute la famille.

Même si bon nombre de casseroles sont composées uniquement de glucides et de viande, d'autres, comprenant aussi des légumes, sont de véritables repas complets. Ainsi, il n'est plus nécessaire de coordonner la cuisson de plats d'accompagnement à base de légumes. Ajoutez à cela que les restants de casseroles sont tout aussi délicieux qu'ils sont faciles à réchauffer, et ce, avec un minimum de nettoyage.

Aperçu

Au fil des années, les plats tout-en-un ont évolué et sont passés d'un vague concept à une technique plus raffinée ; pendant des siècles, les casseroles et les sautés ont été les précurseurs des plats préparés à la mijoteuse. Le mot « casserole » remonte aux langues anciennes (le grec et le romain). Des contenants de métal brut utilisés dès le septième siècle étaient les ancêtres de la sauteuse moderne.

Au départ, c'est par nécessité que les plats tout-en-un, notamment les casseroles, sont devenus des méthodes de cuisson très prisées. Dans la plupart des cultures, l'histoire relate des périodes de vaches maigres où la viande se faisait rare. C'est ce qui explique que bon nombre de gens ont appris à développer des talents pour nourrir un grand nombre de bouches avec de petites quantités de viande. Les casseroles s'avéraient la solution idéale : un repas complet préparé dans un seul récipient. Parmi les premiers exemples de casseroles, il y a notamment les lasagnes italiennes, la paëlla espagnole et le hachis Parmentier (ou pâté chinois).

Puis la nécessité a fini par faire place à un mode de vie bien rempli. Il a alors fallu que le cuisinier amateur trouve un moyen plus facile et plus rapide de préparer ses repas, compte tenu de son emploi du temps chargé. Les sautés, voilà la solution ! L'utilisation de la sauteuse pour cuisiner des repas entiers lui a permis de gagner à la fois temps et énergie.

Enfin, l'innovation technologique a favorisé l'invention d'un nouveau mode de préparation des plats tout-en-un : la cuisson à la mijoteuse. Introduit dans les années 1970, cet appareil culinaire révolutionnaire a eu un impact immédiat sur la façon de préparer les repas. Il était alors possible de réunir les ingrédients en quelques minutes et de les faire cuire pendant des heures sans surveillance. Soudain, le cuisinier amateur a été libéré de sa cuisine.

Dans notre monde moderne, où tout évolue à un rythme effréné, ces plats tout-en-un ont trouvé une nouvelle vie. Il ne s'agit pas d'une simple répétition de l'histoire, mais plutôt d'une adaptation de l'histoire au présent.

La cocotte

La première recette de casserole connue a été publiée en Angleterre autour de 1705 et, depuis, rien ne peut vraiment égaler une casserole bouillonnante à peine sortie du four. Qu'il s'agisse de cuisiner des repas de fête ou de simples repas familiaux pour la semaine, les casseroles sont tellement pratiques à réaliser qu'elles rendent la préparation des repas moins stressante et facilitent le nettoyage. Le côté réconfortant et chaleureux des casseroles ne se résume pas à satisfaire les appétits, mais il imprègne également le cœur et la mémoire de chacun de façon durable.

8 La cocotte

Déterminer la taille du plat

Compte tenu du vaste éventail de cocottes et de plats de cuisson disponibles, choisir le bon plat peut sembler déconcertant. Mais ce n'est vraiment pas si difficile que cela. La capacité est indiquée sur le fond de la plupart des cocottes et des plats de cuisson ; lorsque ce n'est pas le cas, il est facile de mesurer la taille d'un plat.

Qu'il s'agisse d'un plat rectangulaire ou carré, il vous suffit de mesurer les dimensions intérieures d'une extrémité à l'autre (à la fois pour la longueur et la largeur), puis de mesurer la profondeur, du fond du plat au bord supérieur. Les cocottes rondes ou ovales sont mesurées en volume et leur capacité est indiquée en nombre de litres qu'elles peuvent contenir.

Pour déterminer la capacité d'une cocotte, remplissez une tasse à mesurer (un verre doseur), versez son contenu dans la cocotte et répétez l'opération jusqu'à ce que la cocotte soit pleine, en vous assurant de bien noter le nombre de tasses que vous avez utilisées.

Guide de substitution pour les cocottes

Capacité de la cocotte	Taille du plat de cuisson	Tasses
1 litre	8 po	4
1½ litre	8 po × 8 po × 1½ po	6
	11 po × 7 po	
2 litres	8 po × 8 po × 2 po	8
	9 po × 9 po × 1½ po	
	9 po de profondeur	
2½ litres	9 po × 9 po × 2 po	10
3½ à 4 litres	13 po × 9 po	14 à 16

Conseils et techniques

La réussite d'un plat se mesure parfois aux petites choses qui entrent en ligne de compte dans sa préparation. Par exemple, le fait de tapisser le fond d'un plat de cuisson de papier d'aluminium en facilite souvent le nettoyage. Vous trouverez ci-après d'autres conseils, techniques et trucs qui vous feront gagner du temps, ainsi que quelques astuces efficaces :

- Vous devez légèrement diminuer le temps de cuisson des pâtes et du riz indiqué sur le paquet ; ils doivent être tendres mais encore fermes, car ils continueront à cuire durant la cuisson au four.

- Dans les recettes de casseroles, il est parfois recommandé de faire dorer la viande ou la volaille. Vous pouvez alors la faire sauter ou rôtir ; ce sont les deux méthodes les plus répandues.

- Lorsque vous faites sauter de petits morceaux de viande, assurez-vous qu'ils sont coupés de façon uniforme et qu'ils sont secs. Si les morceaux ne sont pas coupés uniformément, leur temps de cuisson ne sera pas le même. Par ailleurs, un excédent de liquide peut entraîner des éclaboussures dangereuses et vous risquez de vous retrouver avec de la viande bouillie plutôt que dorée.

- Il est parfois suggéré, dans certaines recettes, d'utiliser de la viande ou de la volaille cuite ; dans ce cas, le pochage constitue une bonne technique. Ajoutez juste assez de liquide pour couvrir les aliments et laissez mijoter à très petit feu jusqu'à ce que la viande ou la volaille soit juteuse et tendre. Ne faites pas bouillir le liquide, sinon la viande deviendra dure.

- Vous pouvez préparer les casseroles à l'avance et les congeler crues jusqu'à ce que vous en ayez besoin. Tapissez le fond du plat de cuisson de film plastique, en le faisant dépasser des bords du plat. Puis vaporisez la surface avec un aérosol de cuisson antiadhésif ; ajoutez le mélange d'ingrédients et congelez le plat. Dès que le plat est congelé, soulevez le contenu en tirant sur les bords du film plastique et mettez-le dans un sac de congélation en plastique hermétique à glissière. Il vous suffit de le conserver au congélateur jusqu'à ce que vous soyez prêt à le manger.

- Pour faire cuire une casserole congelée, il vous suffit de la sortir du congélateur, de retirer tout emballage plastique et de la placer dans une cocotte. Faites-la décongeler au réfrigérateur et faites-la cuire au four préchauffé en suivant les instructions fournies dans la recette.

- Certaines casseroles congelées n'ont pas besoin d'être préalablement décongelées et peuvent passer directement du congélateur au four. Habituellement, il faut doubler le temps de cuisson et vérifier la cuisson environ 15 minutes avant la fin.

- Si vous voulez vraiment vous simplifier la tâche, doublez les proportions de la recette et congelez-en la moitié.

Vous obtiendrez ainsi deux repas moyennant un minimum de temps de préparation et d'efforts.

Quels que soient vos goûts, vous trouverez nécessairement une recette de casserole faite pour vous. Découvrez comment préparer des repas réconfortants et nourrissants, faciles à réaliser et sans mettre votre cuisine sens dessus dessous. Les casseroles constituent la solution tout indiquée si vous souhaitez cuisiner des repas maison réconfortants, adaptés à votre style de vie occupé.

Le garde-manger

Un garde-manger bien rempli peut véritablement vous permettre de préparer des casseroles en un clin d'œil. Voici certains produits que vous devriez toujours avoir à portée de la main :

Le garde-manger de base

Ingrédients secs
- Mélange à gâteau
- Chapelure
- Céréales
- Haricots secs et haricots en boîte
- Farine
- Noix
- Pâtes
- Riz (blanc, complet ou sauvage)
- Mélange à farce

Produits en boîte ou en bocal
- Consommé, bouillon
- Lait en boîte
- Concentré de soupe
- Huiles
- Sauces pour pâtes
- Tomates, sauce tomate
- Thon, poulet, saumon et jambon
- Vinaigres

Le garde-manger « gain de temps »

Produits réfrigérés
- Polenta précuite
- Lanières de poulet cuit
- Pâtes fraîches
- Pâte toute prête (du commerce)

Produits congelés
- Pommes de terre et légumes surgelés
- Pâte phyllo ou à pâtisserie congelée
- Tortellinis ou pirojkis congelés

Produits de longue conservation
- Haricots en boîte : haricots communs, haricots noirs, pois chiches et haricots rouges
- Tomates en dés pimentées et assaisonnées, en boîte
- Consommé en boîte
- Ketchup, salsa (sauce mexicaine), pesto, sauce barbecue
- Marinades, sauces pour salades
- Préparation rapide pour pain
- Mélange à farce

Viande hachée

La viande hachée est l'un des ingrédients les plus importants des plats tout-en-un. Tandis qu'elle peut être apprêtée de diverses façons dans les recettes, dans les plats mijotés, la viande hachée est dégraissée et dorée avant d'être ajoutée à d'autres ingrédients. Cela semble assez simple, mais voici quelques conseils pour que vous sachiez apprêter encore mieux la viande hachée :

- Lorsque vous faites dorer de la viande hachée, découpez-la en morceau de ¾ à 1 pouce (2 à 2,5 cm) d'épaisseur. De gros morceaux donneront au plat plus de goût, alors que des morceaux trop petits sècheront et perdront leur goût.

- Votre plat sera plus goûteux si vous ajoutez les épices sèches à la viande hachée plutôt qu'à la sauce. Les assaisonnements secs ont tendance à libérer leur saveur lorsqu'ils sont sur une source de chaleur directe.

- Pour une décongélation rapide, congelez la viande hachée fraîche dans de petits emballages ou faites-en de petites galettes. Pour décongeler correctement la viande congelée, mettez-la dans le réfrigérateur pendant toute la nuit ou faites-la décongeler au four à micro-ondes avant de la faire cuire. Il faut toujours utiliser immédiatement de la viande décongelée dans un four à micro-ondes.

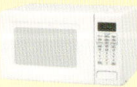

- Pour faire dorer 1 livre (455 g) de viande hachée au four à micro-ondes, mettez-la dans une passoire utilisable au micro-ondes et mettez celle-ci dans un grand récipient profond allant au micro-ondes. Faites chauffer à HAUTE température pendant 4 à 5 minutes ou jusqu'à ce que la viande ait perdu sa couleur rosée, tout en remuant deux fois au cours de la cuisson. Jetez la graisse qui s'est accumulée dans le récipient.

- Afin de satisfaire aux normes de l'Agence canadienne d'inspection des aliments, le bœuf haché ne doit pas contenir plus de 30 % de gras. La surlonge ou la ronde hachée sont les morceaux les plus maigres. Le paleron haché renferme plus de gras, et, de ce fait, il donne des hamburgers et des pains de viande plus juteux.

Les garnitures

Les casseroles se distinguent habituellement par une délicieuse combinaison de textures, allant du crémeux au croustillant ; les garnitures constituent la touche finale. Tandis qu'une garniture croustillante donnera du piment à une casserole, le fromage fondu contribuera à retenir les saveurs. Voici quelques-unes des garnitures les plus couramment utilisées :

- **Chapelure maison ou croûtons :** Non seulement ils ajoutent une texture croustillante, mais ils constituent aussi un excellent moyen d'utiliser les restants de pain.
- **Amandes grillées :** Elles apportent un merveilleux goût de noisette et une texture onctueuse à la plupart des casseroles.
- **Fruits ou légumes :** Des poivrons ou des carottes hachés, ou encore des canneberges séchées ajoutent une touche de couleur.
- **Fromage :** Allant de fondante et collante à légèrement croustillante, la texture peut varier selon la durée de la cuisson.
- **Chips émiettées :** Voilà comment ajouter une touche salée et croustillante à une casserole. C'est aussi un excellent moyen d'utiliser ces petites miettes qui semblent toujours finir au fond du paquet de chips.
- **Purée de pommes de terre :** Qu'il s'agisse d'un restant ou d'une purée de pommes de terre minute, voilà comment ajouter une délicieuse garniture à presque n'importe quelle casserole, avec à la fois un cœur chaud et moelleux.

Les garnitures présentées dans cet ouvrage peuvent nécessiter l'utilisation d'un ingrédient particulier ou faire appel à une combinaison d'ingrédients. Voilà une bonne occasion de laisser libre cours à votre créativité. Vous pouvez, par exemple, broyer des céréales non sucrées en petits morceaux ou les laisser entières pour donner une texture particulière à la garniture de vos casseroles.

La sauteuse

Devenue célèbre au fin fond de l'Ouest américain à la fin des années 1800, la sauteuse a été pendant longtemps un ustensile de confiance pour les cuisiniers, surtout lorsqu'il fallait préparer tout un repas pour un grand nombre de personnes affamées. Cuisiner un repas complet dans une sauteuse ? Même si cela peut sembler un exploit extraordinaire, c'est tout à fait possible, et même très pratique. En plus d'être très goûteux, les sautés sont faciles à préparer. En général, un sauté se compose de quatre ingrédients : une source de protéine, des légumes, de la sauce et des pâtes, du riz ou des céréales. À bien y penser, les sautés sont en fait un excellent moyen d'utiliser les divers restes de nourriture ou tout simplement une autre façon de faire la cuisine de tous les jours.

Il existe différentes manières de cuisiner un sauté. Bien qu'il y ait de nombreuses recettes de sautés dans ce livre, il vous est toujours possible de les personnaliser afin de satisfaire les goûts de votre famille. Par exemple, lorsque vous cuisinez dans le cadre d'un régime pauvre en graisses, vous pouvez facilement remplacer le bœuf haché par de la dinde hachée. Par ailleurs, si personne n'aime les courgettes, vous pouvez leur substituer des haricots verts ou des poivrons.

Tout est possible ; il existe de nombreuses combinaisons. Si vous utilisez environ 1 livre (455 g) de viande, 2 tasses (500 ml) de liquide, 1 tasse (poids variable) de glucides crus et 2 tasses (480 g) de légumes (frais, surgelés ou précuits), vous devriez obtenir les bonnes quantités de chaque ingrédient. Le tableau suivant vous indique comment mélanger et marier les ingrédients pour créer vos propres sautés. Il vous suffit de choisir un ingrédient dans chaque colonne.

Marier les ingrédients pour les sautés

Viande	Légumes	Sauce	Glucides
Bœuf	Légumes surgelés	Velouté	Riz cru
Poulet	Maïs	Sauce pour pâtes	Macaronis cuits
Porc	Carottes	Bouillon de bœuf	Pommes de terre rissolées (surgelées)
Crevettes	Haricots	Soupe de tomate	Pâtes (Farfalle) crues
Jambon	Poivrons	Bouillon de poulet	Semoule

Comment choisir une sauteuse

Quand il est question de choisir son équipement, il y a très peu de règles strictes. Mais si vous êtes à la recherche d'une nouvelle sauteuse ou souhaitez simplement remplacer la vôtre parce qu'elle est vieille, cherchez-en une qui soit lourde et qui conduise la chaleur uniformément, dont le couvercle soit bien ajusté et avec une poignée robuste. Qu'elle soit dotée de parois droites ou légèrement incurvées, la sauteuse sera tout aussi fonctionnelle. Le diamètre d'une sauteuse varie généralement entre 6 et 14 pouces (15 et 35 cm). La plupart du temps, il vous faudra une sauteuse de 12 pouces (30 cm) si vous réalisez des sautés pour quatre personnes. Une deuxième poignée, plus courte, située en regard de la longue poignée, s'avère pratique pour les sauteuses de plus de 12 pouces (30 cm).

Le cuivre est souvent considéré comme étant le matériau le plus efficace pour conduire la chaleur.

Toutefois, les sauteuses et les poêles en cuivre sont aussi très coûteuses et nécessitent plus d'entretien si vous voulez les garder propres. Les poêles en aluminium ou en acier inoxydable munies d'un fond en aluminium ou en cuivre constituent un choix sensé et demeurent néanmoins très efficaces. Il existe également un vaste éventail de poêles à revêtement antiadhésif qui offrent une bonne conductivité de la chaleur, mais nécessitent un entretien particulier en matière de nettoyage.

Opter pour une surface antiadhésive ou non est un choix très personnel.

Les préférences personnelles jouent souvent un rôle important dans le choix de chacun. L'essentiel, c'est de trouver ce qui vous convient le mieux.

Conseils et techniques

Outre une sauteuse de la bonne taille, un garde-manger et un congélateur bien garnis contribueront grandement à faciliter la planification des repas. Il pourrait également vous être utile de garder à l'esprit les astuces suivantes :

- Les restes, comme les pâtes ou le riz, la viande ou la volaille et les légumes déjà cuits réduisent le temps de cuisson de moitié.

- Les ingrédients qui sont coupés en morceaux de la même taille cuiront plus uniformément.

- Continuez à remuer ! Remuez la préparation de temps en temps pendant la cuisson pour éviter qu'elle n'attache au fond de la sauteuse.

- Pour détacher des aliments tenaces collés au fond de la sauteuse, vous n'avez qu'à enlever le contenu et à chauffer la poêle à petit feu. Ensuite, versez lentement de l'eau chaude, suffisamment pour couvrir le fond de la poêle, puis raclez avec une cuillère en bois. Les morceaux collés partiront aussitôt.

Élargissez vos horizons culinaires avec les sautés. La sauteuse a marqué la cuisine contemporaine de son influence et offre aujourd'hui une solution souple qui permet de cuisiner diverses recettes de plats complets tout en gagnant du temps. À la portée de tous, les sautés constituent une solution pratico-pratique pour cuisiner des plats tout-en-un.

La mijoteuse

Bien qu'une foule d'appareils spécialisés aient fait leur entrée dans les cuisines au fil des années, l'une des inventions les plus utiles a été la mijoteuse. Aucun appareil culinaire n'avait eu autant d'effet sur notre façon de préparer des repas entiers depuis l'introduction du four à micro-ondes avec sa méthode unique pour réchauffer les aliments.

Répondant parfaitement à un créneau dans la société actuelle en pleine effervescence, où les familles ont à peine le temps de prendre le repas du soir entre l'école, le travail et l'entraînement de football – et encore moins le temps de cuisiner des repas complets –, la mijoteuse a été accueillie comme un sauveur. Il est soudain devenu possible de préparer les repas à l'avance ; il suffisait d'incorporer tous les ingrédients dans la mijoteuse avant de partir au travail et de les laisser cuire sans surveillance toute la journée. Lorsque les gens rentraient chez eux, ils n'avaient plus qu'à déguster leur repas complet prêt-à-manger. Cela leur a permis d'accorder plus de temps à leurs loisirs, tout en passant moins de temps à nettoyer. Par ailleurs, la mijoteuse peut servir de « brûleur » supplémentaire dans les réceptions ou les repas de fête. Enfin, vous ne serez pas obligé d'utiliser le four durant les chaudes journées d'été, ce qui vous permettra de conserver la fraîcheur dans votre cuisine.

Les modèles de mijoteuse les plus courants sont munis d'un récipient intérieur en faïence, de résistances (encerclant le récipient en faïence ou intégrées dans le socle), ainsi que de deux boutons de réglage de la température (BASSE ou HAUTE). Le bouton BASSE température correspond à environ 200 °F (95 °C), tandis que le bouton HAUTE température équivaut à peu près à 300 °F (150 °C). Une heure à HAUTE température équivaut à deux heures et demie à BASSE température. Certains modèles sont également dotés de thermostats réglables, mais la plupart des recettes utilisant une mijoteuse tiennent compte du contrôle de température BASSE/HAUTE. Un autre avantage : la mijoteuse peut vous faire économiser de l'argent sur vos factures d'électricité, puisqu'elle est moins énergivore que la plupart des ampoules électriques lorsqu'elle fonctionne à BASSE température.

Adapter des recettes traditionnelles

Vous pouvez adapter la plupart des recettes qui ne sont pas expressément écrites pour une cuisson à la mijoteuse et les réaliser dans une mijoteuse si vous le souhaitez. Si cela est possible, trouvez une recette semblable qui a été conçue pour une cuisson à la mijoteuse. Dans ce cas, envisagez de réduire la quantité de liquide (parfois de moitié). Les viandes qui sont cuisinées à la mijoteuse ont tendance à conserver une quantité importante d'humidité comparativement à d'autres modes de cuisson plus traditionnels, où le liquide est censé s'évaporer.

Instructions de cuisson

Si vous optez pour une cuisson à la mijoteuse, utilisez le tableau suivant pour vous guider afin de convertir la durée de cuisson des recettes traditionnelles :

Recette traditionnelle	Cuisson à BASSE temp.	Cuisson à HAUTE temp.
30 à 45 minutes	6 à 10 heures	3 à 4 heures
50 minutes à 3 heures	8 à 15 heures	4 à 6 heures

Conseils et techniques

Lorsque vous préparez un repas dans une mijoteuse, qu'il s'agisse d'une recette spécialement conçue pour cuisson à la mijoteuse ou d'une recette que vous avez adaptée, il est primordial de laisser le couvercle sur la mijoteuse. Dans certaines recettes pour mijoteuse, il est indiqué qu'il faut remuer, mais, en général, c'est seulement vers la fin du cycle de cuisson. Le fait d'enlever le couvercle durant la cuisson lorsque cela n'est pas requis peut rallonger le temps de cuisson, jusqu'à vingt minutes pour chaque fois où le couvercle est retiré.

Le type de viande utilisée dans une mijoteuse est un point important à prendre en considération. Vous pouvez cuisiner quasiment n'importe quel type d'aliment dans une mijoteuse, des soupes aux desserts, en passant par les ragoûts et les hors-d'œuvre de soirée. Pour ce qui est de la viande, les morceaux les moins coûteux et les moins tendres constituent un bon choix. Le temps de cuisson prolongé des plats mijotés contribuera à attendrir la viande. Si le gras est visible, vous devez le retirer avant de faire cuire la viande à la mijoteuse. Les morceaux les moins gras (viande hachée, côtes, etc.) doivent être dorés et égouttés avant d'être ajoutés à la mijoteuse, car cela permettra de diminuer l'excédent de graisse. Vous pouvez ajouter de la couleur et du goût à certains plats en faisant dorer des morceaux de viande ou de volaille à l'avance. Si vous utilisez de la volaille, choisissez des morceaux sans peau ou retirez la peau avant de les faire cuire à la mijoteuse.

De même que pour la viande, vous devez prêter une attention particulière aux légumes qui seront cuits dans une mijoteuse. Le temps de cuisson n'est pas le même pour tous les légumes. Les pommes de terre, les carottes et les autres légumes racines sont plus fibreux et épais; ils peuvent donc prendre plus de temps à cuire que d'autres légumes et souvent plus que la viande. Ce type de légumes doit être coupé en petits morceaux uniformes qui seront déposés le plus près possible du fond de la mijoteuse. Si vous utilisez des légumes surgelés, assurez-vous de les décongeler à l'avance pour éviter d'accroître inutilement le taux d'humidité et le temps de cuisson.

Même si vous faites tous les efforts nécessaires pour dégraisser la viande et limiter le taux d'humidité provenant des légumes surgelés, il se peut que votre plat mijoté ne soit pas aussi consistant que vous le souhaiteriez ou qu'il soit finalement trop gras. Pour régler ce type de problème, essayez l'un des conseils suivants :

Pour épaissir un plat lorsque le temps de cuisson est écoulé, retirez les aliments solides avec une écumoire et faites une pâte homogène avec ¼ tasse (30 g) de farine et ¼ tasse (60 ml) d'eau (ou 2 cuillères à soupe de fécule de maïs et 2 cuillères à soupe d'eau), puis versez dans le liquide de cuisson. Réglez le thermostat de la mijoteuse à HAUTE température et laissez cuire environ 15 minutes jusqu'à ébullition et épaississement.

La prochaine fois que vous préparerez une recette, ajoutez du tapioca à cuisson rapide en début de cuisson pour épaissir la sauce à mesure que le plat cuit.

Pour dégraisser les jus de cuisson, retirez les aliments solides au moyen d'une écumoire et laissez le liquide reposer pendant environ 5 minutes. Le gras remontera à la surface et vous pourrez l'enlever avec une grosse cuillère.

Certaines recettes suggèrent d'utiliser des poignées en papier d'aluminium pour retirer un plat ou un pain de viande de la mijoteuse. Les poignées en aluminium sont faciles à réaliser ; il vous suffit de suivre les instructions ci-après :

Déchirez trois bandes de papier d'aluminium résistant de 18 x 3 po (45 x 7 cm). Disposez-les en croisillons, comme des rayons de roue. Déposez votre plat ou vos aliments au centre des bandes.

Soulevez les bandes de papier d'aluminium vers le haut et mettez le tout dans la mijoteuse. Laissez les bandes d'aluminium à l'intérieur pendant la cuisson ; ainsi, vous pourrez facilement soulever votre plat de nouveau lorsqu'il sera prêt.

Salubrité et manipulation des aliments

L'un des aspects les plus importants en matière de préparation des aliments demeure l'application de mesures de salubrité. Voici quelques principes fondamentaux à garder à l'esprit :

- Couvrez et réfrigérez les aliments préparés à l'avance, qu'il s'agisse des ingrédients d'une recette ou du plat entier. Conservez la viande et les légumes crus séparément.

- Ne réchauffez pas les aliments dans une mijoteuse, même si ceux-ci ont été préparés ainsi au départ.

- N'utilisez pas la mijoteuse pour faire décongeler ou cuire des aliments surgelés. Il est préférable de décongeler les aliments lentement dans un réfrigérateur ou, si vous êtes pressé, d'utiliser la fonction décongélation de votre four à micro-ondes.

- Retirez le plat cuit de la mijoteuse après avoir arrêté l'appareil. Ne laissez pas d'aliments dans la mijoteuse trop longtemps une fois la cuisson terminée.

Ingrédients

Les recettes recommandent souvent l'utilisation d'ingrédients que vous n'avez pas toujours sous la main ou qui peuvent s'avérer difficiles à trouver. Même s'il est préférable de suivre attentivement la recette, les substitutions suivantes feront tout aussi bien l'affaire.

Guide de substitution des ingrédients

Ingrédient	Substitut
Si vous n'en avez pas :	*Utilisez :*
Ingrédients de base	
2½ c. à soupe de farine	Fécule de maïs (1 c. à soupe)
Levure chimique (1 c. à thé)	¼ c. à thé de bicarbonate de soude plus ½ c. à thé de crème de tartre
Chapelure (1 tasse)	1 tasse de craquelins ou de pain azyme émietté
Bouillon de poulet ou de bœuf (1 tasse)	1 cube de bouillon ou ½ c. à thé de granules de bouillon mélangés à 1 tasse d'eau bouillante
Beurre (1 tasse ou 2 bâtonnets)	1 tasse de margarine ou ⅞ de tasse d'huile végétale
Cheddar (1 tasse, râpé)	1 tasse de Colby ou de Monterey Jack râpé
Fécule de maïs (1 c. à soupe)	2 c. à soupe de farine tout usage ou 2 c. à thé de fécule de marante (arrowroot)
Fromage cottage (1 tasse)	1 tasse de fromage frais ou de ricotta
Fromage à la crème (1 tasse) (fromage crémeux à tartiner de type Kiri)	1 tasse de cottage écrasé ou 1 tasse de yogourt nature, égoutté pendant la nuit dans une étamine
Crème légère, 10 % M.G. (1 tasse)	1½ c. à soupe de beurre fondu plus assez de lait entier pour obtenir 1 tasse
Crème à fouetter ou crème fraîche épaisse (1 tasse)	1 tasse de lait concentré ou ¾ tasse de lait plus ¼ tasse de beurre
Crème à fouetter, crème Chantilly (1 tasse)	2 tasses de garniture à desserts fouettée
Œuf entier (1 œuf)	2 jaunes d'œuf plus 1 c. à soupe d'eau froide
Ail (1 petite gousse)	⅛ c. à thé de poudre d'ail ou ¼ c. à thé de sel à l'ail

Guide de substitution des ingrédients

Ingrédient	Substitut
Si vous n'en avez pas :	*Utilisez :*
Ingrédients de base	
Ketchup (1 tasse)	1 tasse de sauce tomate plus 1 c. à thé de vinaigre plus 1 c. à soupe de sucre
Jus de citron (1 c. à thé)	½ c. à thé de vinaigre, de citron vert ou de vin blanc
Zeste de citron ou d'orange frais (1 c. à thé)	½ c. à thé d'écorces séchées
Mayonnaise (1 tasse)	1 tasse de crème sure ou de yogourt
Lait concentré (1 tasse)	1 tasse de crème légère, 10 % M.G.
Champignons frais (½ livre/225 g)	1 boîte (4 onces/115 g) de champignons
Moutarde préparée (1 c. à soupe)	1 c. à thé de poudre de moutarde
Oignons émincés (¼ tasse)	1 c. à soupe de poudre d'oignon
Parmesan râpé (½ tasse)	½ tasse d'Asiago ou de Romano râpé
Raisins secs (1 tasse)	1 tasse de raisins de Corinthe ou de canneberges séchées
Safran (½ c. à thé)	½ c. à thé de curcuma
Crème sure (1 tasse)	1 tasse de yogourt nature
Sauce de soja (½ tasse)	¼ tasse de sauce Worcestershire mélangée à ¼ tasse d'eau
Jus de tomate (1 tasse)	½ tasse de sauce tomate plus ½ tasse d'eau
Sauce tomate (1 tasse)	⅜ tasse de coulis de tomate plus ½ tasse d'eau
Vinaigre (1 c. à thé)	2 c. à thé de jus de citron ou de citron vert
Vin (1 tasse)	1 tasse de bouillon de poulet ou de bœuf ou 1 tasse de jus de fruits mélangé à 2 c. à thé de vinaigre

Les fines herbes sont les feuilles aromatiques de plantes herbacées (des plantes à tige souple plutôt que ligneuse). Elles sont prisées dans les cuisines pour leurs huiles aromatiques naturelles, qui sont utilisées pour accentuer et rehausser le goût des aliments ou, parfois, pour apporter l'ingrédient essentiel à une recette.

Les épices proviennent des graines, de l'écorce, des racines, des fruits ou des fleurs des plantes. Elles ajoutent saveur et couleur aux plats tant salés que sucrés. Pendant des milliers d'années, les épices ont été un important produit de base dans le monde ; elles ont fait l'objet d'échanges commerciaux et ont été à l'origine d'expéditions qui ont conduit à la découverte du Nouveau Monde.

Depuis quelques années, les fines herbes jouissent d'une popularité grandissante. Les fines herbes les plus répandues, comme le basilic, la ciboulette, l'aneth et l'origan, sont disponibles tout au long de l'année. Par ailleurs, il est facile de se procurer des épices et des herbes fines lyophilisées, entières ou moulues toute l'année dans n'importe quel supermarché. Nous vous recommandons d'acheter les fines herbes en petites quantités, étant donné qu'elles ne se conservent pas très longtemps. Dans l'immédiat, mettez les tiges dans de l'eau pour les conserver. Couvrez les feuilles avec un sac plastique sans serrer, puis mettez les fines herbes dans le réfrigérateur. Entreposées ainsi, vos fines herbes devraient se conserver pendant au moins deux à cinq jours.

De nombreux mélanges d'herbes fines et d'épices sont disponibles dans les supermarchés. La plupart sont composés d'épices et d'herbes fines que vous pouvez trouver au rayon des épices des magasins d'alimentation, mais ils ont l'avantage d'être pratiques.

Guide de substitution des fines herbes et des épices

Ingrédient	Substitut
Si vous n'en avez pas :	*Utilisez :*
Fines herbes et épices	
Piment de la Jamaïque (1 c. à thé)	½ c. à thé de cannelle moulue, ¼ c. à thé de gingembre moulu et ¼ c. à thé de clous de girofle moulus
2 c. à thé de gingembre frais émincé	Gingembre moulu (1 c. à thé)
1 c. à s. de fines herbes fraîches hachées	Fines herbes séchées (1 c. à thé)
Assaisonnement pour volaille (1 c. à thé)	¾ c. à thé de sauge séchée plus ¼ c. à thé de thym ou de marjolaine séchée

Succès bœuf

Boulettes de viande en sauce bourguignonne

  60 boulettes de viande cuisinées (entièrement cuites), surgelées
  3 tasses (720 g) d'oignons hachés
  1½ tasse (375 ml) d'eau
  1 tasse (250 ml) de vin rouge
  2 sachets (environ 1 once/30 g chacun) de mélange pour sauce au bœuf
  ¼ tasse (60 ml) de ketchup
  1 cuillère à thé d'origan séché
  1 paquet (8 onces/225 g) de nouilles aux œufs

Instructions de cuisson à la mijoteuse

1. Mettez les boulettes de viande, les oignons, l'eau, le vin, le mélange pour sauce, le ketchup et l'origan dans la mijoteuse; remuez pour bien mélanger le tout.

2. Couvrez; laissez cuire à HAUTE température pendant cinq heures.

3. Pendant ce temps, faites cuire les nouilles en suivant les instructions indiquées sur le paquet. Servez les boulettes de viande accompagnées de nouilles.

Donne 6 à 8 portions

Suggestion de service: Servez comme hors-d'œuvre accompagné de piques pour amuse-gueules et du reste de sauce en guise de trempette.

Tamales de bœuf en carrés

1 paquet (6½ onces/185 g) de mélange pour pain et muffins de maïs
⅓ tasse (75 ml) de lait écrémé
¼ tasse (60 ml) de succédané d'œuf sans cholestérol
1 cuillère à soupe d'huile de canola
1 livre (455 g) de bœuf haché extra-maigre
¾ tasse (180 g) d'oignons hachés
1 tasse (250 ml) de maïs en grains
1 boîte (14½ onces/410 g) de tomates à l'étuvée de style mexicain, non égouttées
2 cuillères à thé de fécule de maïs
¾ tasse (3 onces/85 g) de cheddar piquant râpé à teneur réduite en M.G.

1. Préchauffez le four à 400°F (205°C). Vaporisez l'intérieur d'un plat de 12 x 8 po (30 x 20 cm) avec un aérosol de cuisson antiadhésif.

2. Mélangez le mélange pour muffins de maïs, le lait, le succédané d'œuf et l'huile. Étalez le tout sur le fond du plat huilé.

3. Faites cuire le bœuf haché et les oignons dans une grande sauteuse à feu moyen-vif jusqu'à ce que le bœuf soit légèrement doré, tout en remuant pour séparer les morceaux de viande ; faites écouler le gras. Incorporez le maïs.

4. Mélangez les tomates non égouttées et la fécule de maïs, en prenant soin de couper les gros morceaux de tomate. Incorporez ensuite au mélange de bœuf. Portez à ébullition, tout en remuant fréquemment.

5. À l'aide d'une cuillère, déposez le mélange de bœuf sur le mélange pour pain de maïs. Couvrez avec du papier d'aluminium. Faites cuire pendant 15 minutes. Retirez le papier d'aluminium et prolongez la cuisson de 10 minutes. Parsemez de fromage et remettez au four pendant deux à trois minutes ou jusqu'à ce que le fromage ait fondu. Laissez reposer pendant cinq minutes. Coupez en carrés.

Donne 6 portions

Steak de bœuf aux brocolis et aux poivrons

3 cuillères à soupe de margarine ou de beurre (à diviser)
1 livre (455 g) de bifteck de surlonge ou d'intérieur de ronde, coupé en fines lanières
¾ tasse (180 g) de riz
½ tasse (125 g) de vermicelles
2½ tasses (625 ml) de bouillon de bœuf
2 tasses (480 g) de fleurons de brocoli
½ tasse (120 g) de poivrons rouges ou verts coupés en lanières
1 petit oignon, finement tranché

1. Dans une grande sauteuse, faites fondre 1 cuillère à soupe de margarine à feu moyen-vif. Ajoutez les morceaux de viande et faites-les sauter pendant trois minutes ou jusqu'à ce qu'ils soient à peine dorés. Retirez la viande de la sauteuse et réservez.

2. Dans la même sauteuse, faites sauter le riz et les vermicelles à feu moyen avec les 2 cuillères à soupe restantes de margarine jusqu'à coloration. Versez petit à petit le bouillon de bœuf, puis portez à ébullition. Réduisez le feu. Couvrez et laissez mijoter à petit feu pendant 10 minutes.

3. Incorporez la viande, les morceaux de brocoli et de poivron, ainsi que les oignons ; lorsque le frémissement reprend, couvrez et laissez encore mijoter pendant cinq à dix minutes ou jusqu'à ce que le riz soit tendre.

Donne 4 portions

Temps de préparation : 10 minutes
Temps de cuisson : 30 minutes

Hachis Parmentier (pâté chinois)

- 1⅓ **tasse (300 g) de purée de pommes de terre minute**
- 1⅔ **tasse (400 ml) de lait**
- 2 **cuillères à soupe de margarine ou de beurre**
- 1 **cuillère à thé de sel (à diviser)**
- 1 **livre (455 g) de bœuf haché**
- ¼ **cuillère à thé de poivre noir**
- 1 **pot (12 onces/340 g) de sauce pour bœuf**
- 1 **paquet (10 onces/285 g) de jardinière de légumes surgelés, décongelés et égouttés**
- ¾ **tasse (85 g) de parmesan râpé**

1. Préchauffez le gril du four. Préparez quatre portions de purée de pommes de terre en suivant les instructions indiquées sur le paquet et en utilisant le lait, la margarine et ½ cuillère à thé de sel.

2. Pendant que la purée de pommes de terre cuit, faites dorer la viande à feu moyen-vif dans une sauteuse de taille moyenne résistant à la chaleur, en remuant pour bien séparer les morceaux de viande. Égouttez le jus de cuisson. Assaisonnez la viande avec le sel restant (½ cuillère à thé) et le poivre. Ajoutez la sauce et les légumes et mélangez bien. Faites cuire à feu moyen-faible pendant 5 minutes ou jusqu'à ce que ce soit chaud.

3. À l'aide d'une cuillère, déposez la purée de pommes de terre sur le pourtour de la sauteuse, en laissant un cercle de 3 pouces (7,5 cm) au centre. Parsemez uniformément le fromage sur la purée. Faites cuire sous le gril (en mettant le plat à 4 ou 5 pouces [10 à 12,5 cm] de la source de chaleur) pendant 3 minutes ou jusqu'à ce que le fromage soit gratiné et que le mélange de viande bouillonne.

Donne 4 portions

Temps de préparation et de cuisson: 28 minutes

Bœuf mandarin à la tomate

½ tasse (125 ml) de sauce teriyaki à teneur réduite en sodium
2 cuillères à thé de gingembre frais, émincé
1 haut de surlonge de bœuf (environ 1 livre/455 g), coupé en fines lanières
2 cuillères à thé de fécule de maïs
2 cuillères à soupe d'huile d'arachide ou autre huile végétale (à diviser)
1 oignon de taille moyenne, coupé en quartiers
2 tasses (480 g) de pois mange-tout frais, équeutés
2 tomates de taille moyenne, coupées en quartiers
   Riz cuit, chaud
   Poivre noir (facultatif)

1. Mélangez la sauce teriyaki et le gingembre dans un récipient de taille moyenne. Ajoutez le bœuf et remuez pour bien enrober les morceaux de viande; laissez mariner pendant 10 minutes.

2. Égouttez le bœuf et réservez la marinade. Dans un petit récipient, incorporez la marinade réservée à la fécule de maïs et remuez jusqu'à obtenir une consistance lisse.

3. Chauffez le wok à feu moyen-vif pendant 2 minutes ou jusqu'à ce qu'il soit chaud. Ajoutez-y un filet d'huile (1 cuillère à soupe) et faites chauffer pendant 30 secondes. Ajoutez la moitié du bœuf et faites sauter pendant 2 à 3 minutes ou jusqu'à ce que le bœuf soit à peine rosé au centre. Retirez le bœuf cuit et mettez-le dans un grand récipient. Répétez l'opération avec la viande restante.

4. Ajoutez l'huile restante (1 cuillère à soupe) dans le wok et faites chauffer pendant 30 secondes. Ajoutez l'oignon et faites cuire pendant 3 minutes ou jusqu'à coloration, tout en remuant de temps en temps. Ajoutez les pois mange-tout et faites-les sauter pendant 3 minutes. Remuez la marinade jusqu'à ce qu'elle soit lisse, puis versez-la dans le wok. Faites-sauter le tout encore 30 secondes ou jusqu'à ébullition et épaississement de la sauce.

5. Remettez le bœuf dans le wok, ainsi que le jus de cuisson accumulé dans le récipient s'il y en a et les tomates; laissez sur le feu pour faire réchauffer. Servez sur du riz. Saupoudrez de poivre noir.

Donne 8 portions

Bœuf au chili explosif

- 1 bavette de bœuf (1 à 1½ livre/455 g à 680 g)
- 1 boîte (28 onces/795 g) de tomates en dés, non égouttées
- 1 boîte (15 onces/425 g) de haricots pinto, rincés et égouttés
- 1 oignon de taille moyenne, haché
- 2 gousses d'ail, émincées
- ½ cuillère à thé de sel
- ½ cuillère à thé de cumin moulu
- ¼ cuillère à thé de poivre noir
- 1 piment chipotle en sauce adobo (en boîte)
- 1 cuillère à thé de sauce adobo provenant de la boîte de chipotle
- Tortillas

Instructions de cuisson à la mijoteuse

1. Coupez la bavette de bœuf en six morceaux de taille égale. Mettez les morceaux de bœuf, les tomates et leur jus, les haricots, l'oignon, l'ail, le sel, le cumin et le poivre noir dans la mijoteuse.

2. Coupez le piment chipotle en dés et ajoutez-le dans la mijoteuse, ainsi que la sauce adobo ; mélangez bien.

3. Couvrez et laissez cuire à BASSE température pendant 7 à 8 heures. Servez avec des tortillas.

Donne 6 portions

Conseil : Les chipotle sont des piments jalapeño séchés et fumés, très piquants au goût, mais avec une saveur fumée et sucrée. On les trouve séchés, marinés ou en boîte dans une sauce adobo.

Temps de préparation : 15 minutes
Temps de cuisson : 7 à 8 heures

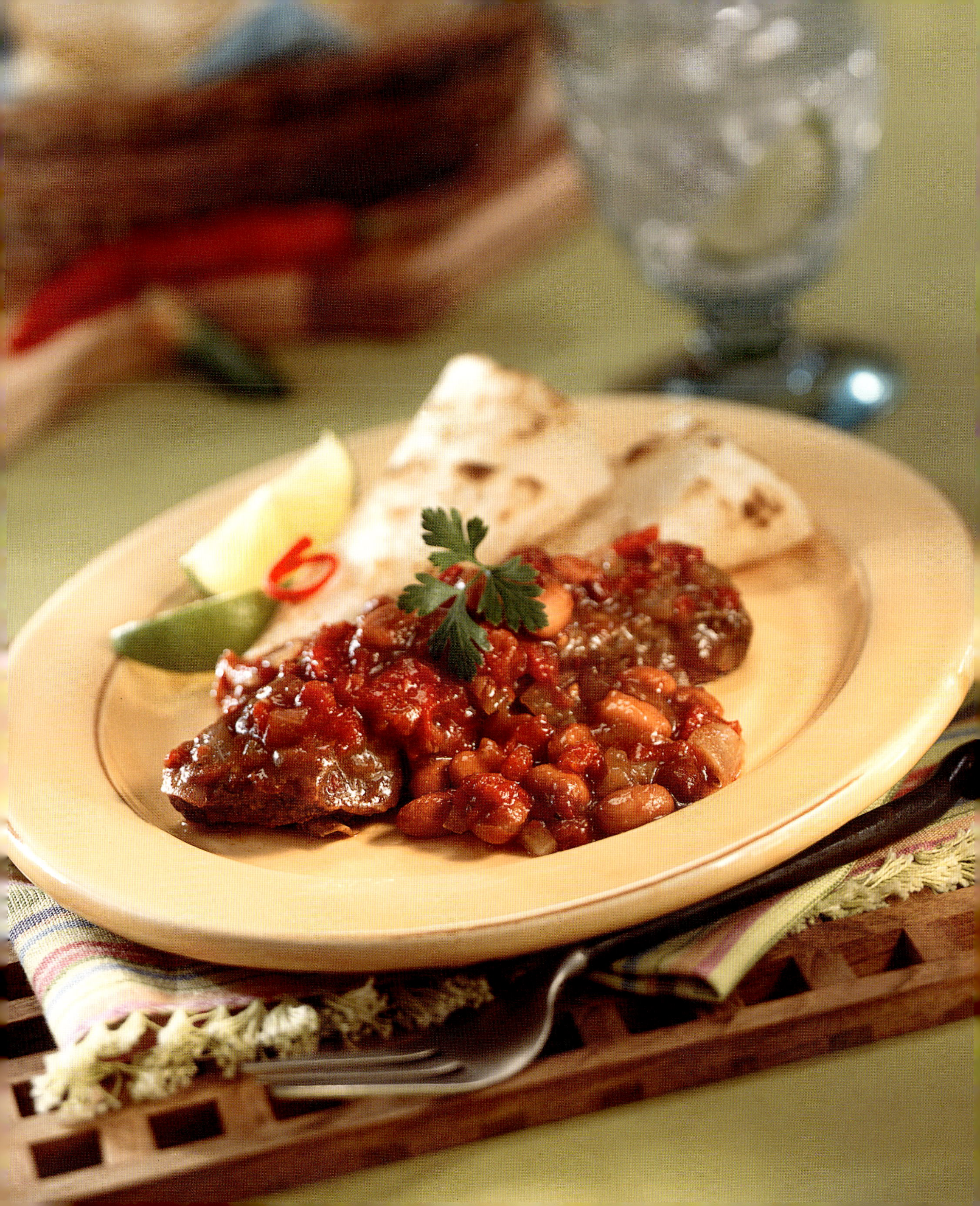

Bœuf aux oignons

2¼ tasses (560 ml) de lait écrémé
1½ tasse (375 ml) d'eau
1½ tasse (255 g) de semoule de maïs
½ tasse (55 g) de parmesan râpé
1 cuillère à soupe de beurre ou de margarine
4 oignons de taille moyenne, émincés (1,6 livre/725 g)
2 cuillères à thé d'huile végétale
1 livre (455 g) de bœuf ou de porc haché maigre
2 à 3 cuillères à thé d'assaisonnement au chili (ou selon votre goût)
½ tasse (120 g) de piments doux d'Espagne entiers ou de poivrons rouges grillés en boîte, coupés en lanières de ½ pouce (1,25 cm) d'épaisseur
2 boîtes (4 onces/115 g chacune) de piments verts entiers, coupés en lanières de ½ pouce (1,25 cm) d'épaisseur

Pour préparer la polenta, mélangez le lait, l'eau et la semoule de maïs dans une casserole. Faites cuire à feu moyen, tout en remuant, jusqu'à ce que le mélange forme des bulles. Poursuivez la cuisson pendant 30 à 60 secondes ou jusqu'à obtenir une consistance molle, semblable à de la purée de pommes de terre. Retirez ensuite la casserole du feu ; incorporez le fromage et le beurre. À l'aide d'une cuillère, déposez la préparation dans un plat de cuisson de 2½ litres. Faites sauter les oignons dans l'huile dans une grande sauteuse jusqu'à ce qu'ils soient tendres. Avec une cuillère, disposez les oignons sur le pourtour en laissant un cercle au centre du plat. Dans la même sauteuse, faites sauter le bœuf ou le porc jusqu'à ce qu'il soit doré ; incorporez l'assaisonnement au chili. Déposez alors la viande au centre du plat à l'aide d'une cuillère. Disposez les piments verts et rouges de façon à former un treillis sur le dessus. Couvrez et faites cuire au four à 400°F (205°C) pendant 25 à 30 minutes ou jusqu'à ce que le centre soit chaud. Servez accompagné de cuillérées de crème sure, si désiré.

Donne 6 portions

Recette favorite extraite du site de la **National Onion Association**

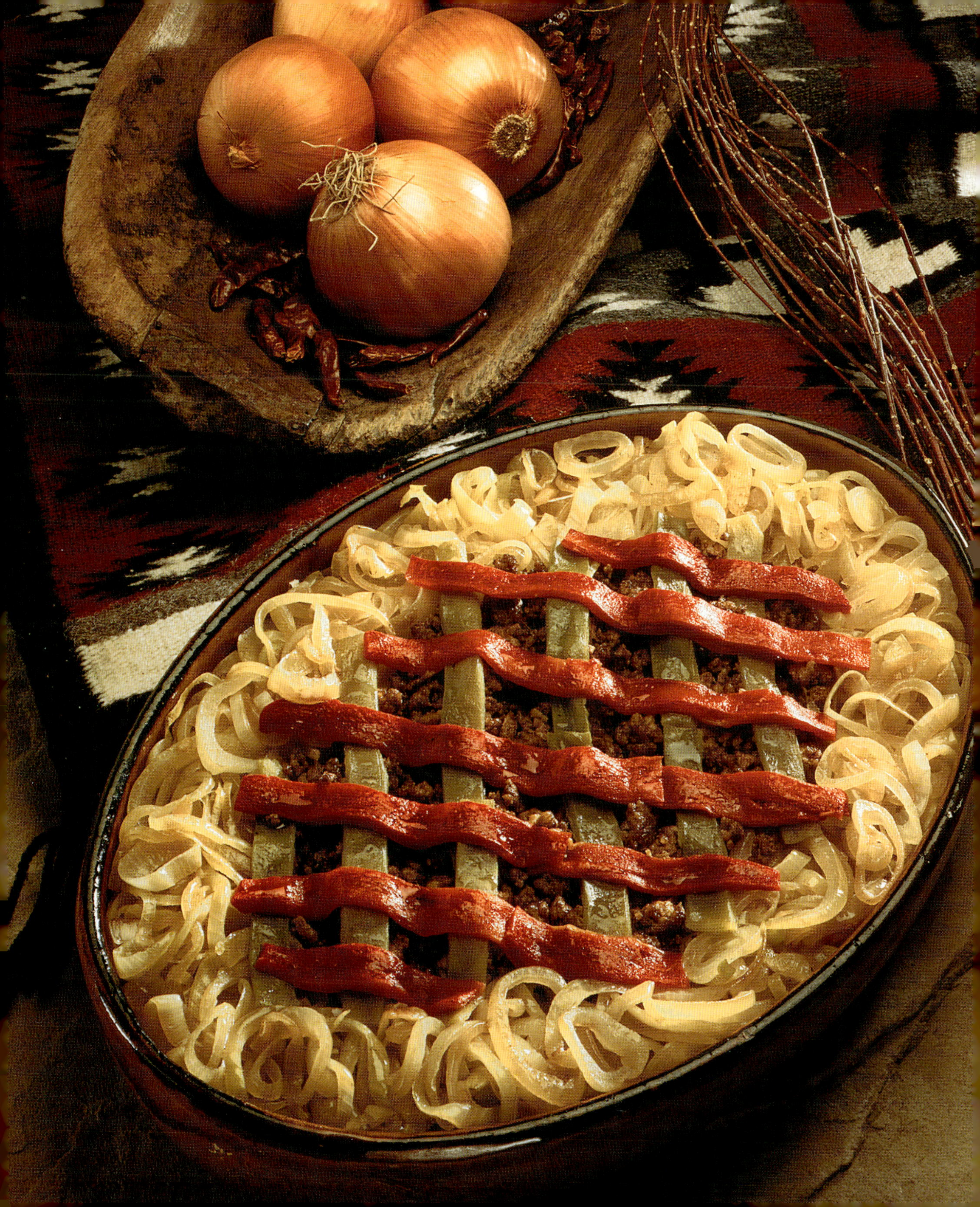

Bœuf épicé à l'italienne

- 1 rôti de palette de bœuf désossé (3 à 4 livres/1,3 à 1,8 kg)
- 1 pot (12 onces/340 g) de piments peperoncini
- 1 boîte (14½ onces/435 ml) de bouillon de bœuf
- 1 canette (12 onces/36 cl) de bière
- 1 sachet (1 once/30 g) de mélange pour sauce à salade italienne
- 1 pain français (avec croûte), coupé en fines tranches
- 10 tranches de provolone (facultatif)

Instructions de cuisson à la mijoteuse

1. Dégraissez le rôti. Coupez-le s'il ne rentre pas dans la mijoteuse, en faisant des morceaux aussi gros que possible.

2. Égouttez les peperoncini ; retirez et jetez la queue. Ajoutez les peperoncini, le bouillon, la bière et le mélange pour sauce à salade dans la mijoteuse ; ne mélangez pas. Couvrez et laissez cuire à BASSE température pendant 8 à 10 heures.

3. Retirez la viande de la mijoteuse et effilochez-la à l'aide de deux fourchettes. Remettez les filaments de viande dans la mijoteuse et remuez bien.

4. Servez sur les tranches de pain, en recouvrant de fromage si désiré. Ajoutez plus de sauce et de peperoncini, si désiré.

Donne 8 à 10 portions

Conseil : Les peperoncini sont des piments marinés doux, fins, de 2 à 3 pouces (5 à 7,5 cm) de long. Vous les trouverez dans le rayon des mets italiens ou des condiments de votre épicerie.

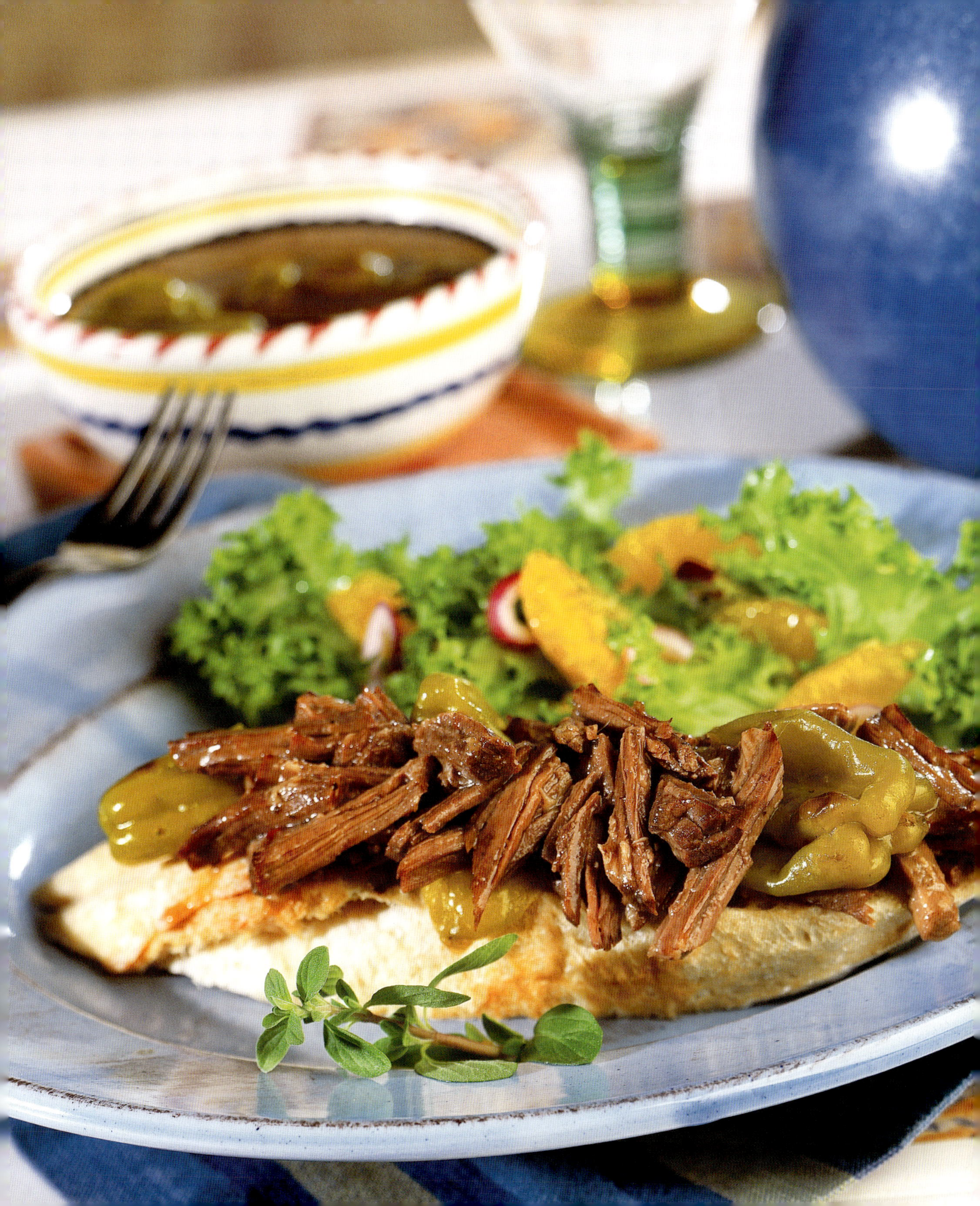

Bœuf aux légumes dans une sauce bourguignonne onctueuse

- 1 paquet (8 onces/225 g) de champignons tranchés
- 1 paquet (8 onces/225 g) de mini-carottes
- 1 poivron vert de taille moyenne, coupé en fines lanières
- 1 rôti de palette de bœuf désossé (2½ livres/1,15 kg)
- 1 boîte (10½ onces/315 ml) de concentré de soupe aux champignons, non dilué
- ¼ tasse (60 ml) de vin rouge sec ou de bouillon de bœuf
- 1 cuillère à soupe de sauce Worcestershire
- 1 sachet (1 once/30 g) de mélange sec pour soupe à l'oignon
- ¼ cuillère à thé de poivre noir
- 3 cuillères à soupe de fécule de maïs
- 2 cuillères à soupe d'eau
- 4 tasses (500 g) de nouilles cuites, chaudes
- Persil frais haché (facultatif)

Instructions de cuisson à la mijoteuse

1. Mettez les champignons, les carottes et le poivron dans la mijoteuse. Déposez le rôti sur les légumes. Dans un récipient de taille moyenne, mettez le concentré de soupe aux champignons, le vin, la sauce Worcestershire, le mélange sec pour soupe à l'oignon et le poivre noir et remuez bien. Versez ensuite ce mélange sur le rôti et laissez cuire à BASSE température pendant 8 à 10 heures.

2. Transférez le rôti sur une planche à découper et couvrez-le avec du papier d'aluminium. Laissez-le reposer pendant 10 à 15 minutes avant de le trancher.

3. Mélangez la fécule de maïs et l'eau jusqu'à obtenir une consistance lisse. Réglez la mijoteuse à HAUTE température. Incorporez le mélange de fécule de maïs aux légumes et laissez cuire pendant 10 minutes ou jusqu'à épaississement. Servez le bœuf et les légumes accompagnés de sauce, le tout servi sur les nouilles cuites. Garnissez de persil, si désiré.

Donne 6 à 8 portions

Sauerbraten
(rôti de bœuf mariné dans du vinaigre)

- 1 rôti de croupe de bœuf désossé (1¼ livre/570 g)
- 3 tasses (720 g) de mini-carottes
- 1½ tasse (360 g) de petits oignons blancs frais ou surgelés
- ¼ tasse (35 g) de raisins secs
- ½ tasse (125 ml) d'eau
- ½ tasse (125 ml) de vinaigre de vin rouge
- 1 cuillère à soupe de miel
- ½ cuillère à thé de sel
- ½ cuillère à thé de moutarde sèche
- ½ cuillère à thé de poivre à l'ail
- ¼ cuillère à thé de clous de girofle moulus
- ¼ tasse de biscuits secs au gingembre émiettés (5 biscuits)

Instructions de cuisson à la mijoteuse

1. Faites chauffer une grande sauteuse antiadhésive à feu moyen. Faites-y dorer le rôti de tous les côtés. Mettez ensuite le rôti, les carottes, les oignons et les raisins secs dans la mijoteuse.

2. Mélanger bien dans un récipient l'eau, le vinaigre, le miel, le sel, la moutarde, le poivre à l'ail et les clous de girofle moulus. Versez le mélange ainsi obtenu sur la viande et les légumes. Couvrez et laissez cuire à BASSE température pendant 4 à 6 heures ou jusqu'à ce que la température interne atteigne 145 °F (65 °C) ; insérez un thermomètre à viande dans la partie la plus épaisse du rôti pour vérifier la température.

3. Transférez le rôti sur une planche à découper et couvrez-le avec du papier d'aluminium. Laissez-le reposer pendant 10 à 15 minutes avant de le trancher. La température interne va continuer à monter de 5 °F à 10 °F (2 °C à 5 °C) pendant ce temps-là.

4. Retirez les légumes à l'aide d'une écumoire et mettez-les dans un récipient. Couvrez et gardez au chaud. Incorporez les biscuits émiettés à la sauce qui se trouve dans la mijoteuse. Couvrez et laissez cuire à HAUTE température pendant 10 à 15 minutes ou jusqu'à ce que la sauce épaississe. Servez la viande et les légumes, accompagnés de sauce.

Donne 5 portions

Pain de viande façon pizza

2 livres (910 g) de bœuf haché
1 ½ tasse (170 g) de mozzarella râpée (à diviser)
½ tasse (55 g) de chapelure non assaisonnée
1 tasse (250 ml) de sauce tomate (à diviser)
¼ tasse (30 g) de parmesan râpé
¼ tasse (60 ml) de sauce Worcestershire
1 cuillère à soupe d'origan séché
1 ⅓ tasse (330 g) de rondelles d'oignons panées

1. Préchauffez le four à 350 °F (180 °C). Mettez le bœuf, ½ tasse (55 g) de mozzarella, la chapelure, ½ tasse (125 ml) de sauce tomate, le parmesan, la sauce Worcestershire et l'origan dans un grand récipient ; remuez à l'aide d'une fourchette pour bien mélanger le tout.

2. Déposez cette préparation dans une plaque à pizza ronde munie de rebords ou un plat à tarte et façonnez-la pour obtenir un cercle de 9 x 1 po (23 x 2,5 cm). Laissez cuire pendant 35 minutes ou jusqu'à ce que le centre ait perdu sa couleur rosée et que la température interne indique 160 °F (70 °C). Égouttez le gras.

3. Recouvrez avec le reste de la mozzarella et de la sauce tomate et parsemez de rondelles d'oignons panées. Laissez cuire pendant 5 minutes ou jusqu'à ce que le fromage ait fondu et que les oignons soient dorés. Servez comme une pizza coupée en pointes.

Donne 6 à 8 portions

Temps de préparation : 10 minutes
Temps de cuisson : 40 minutes

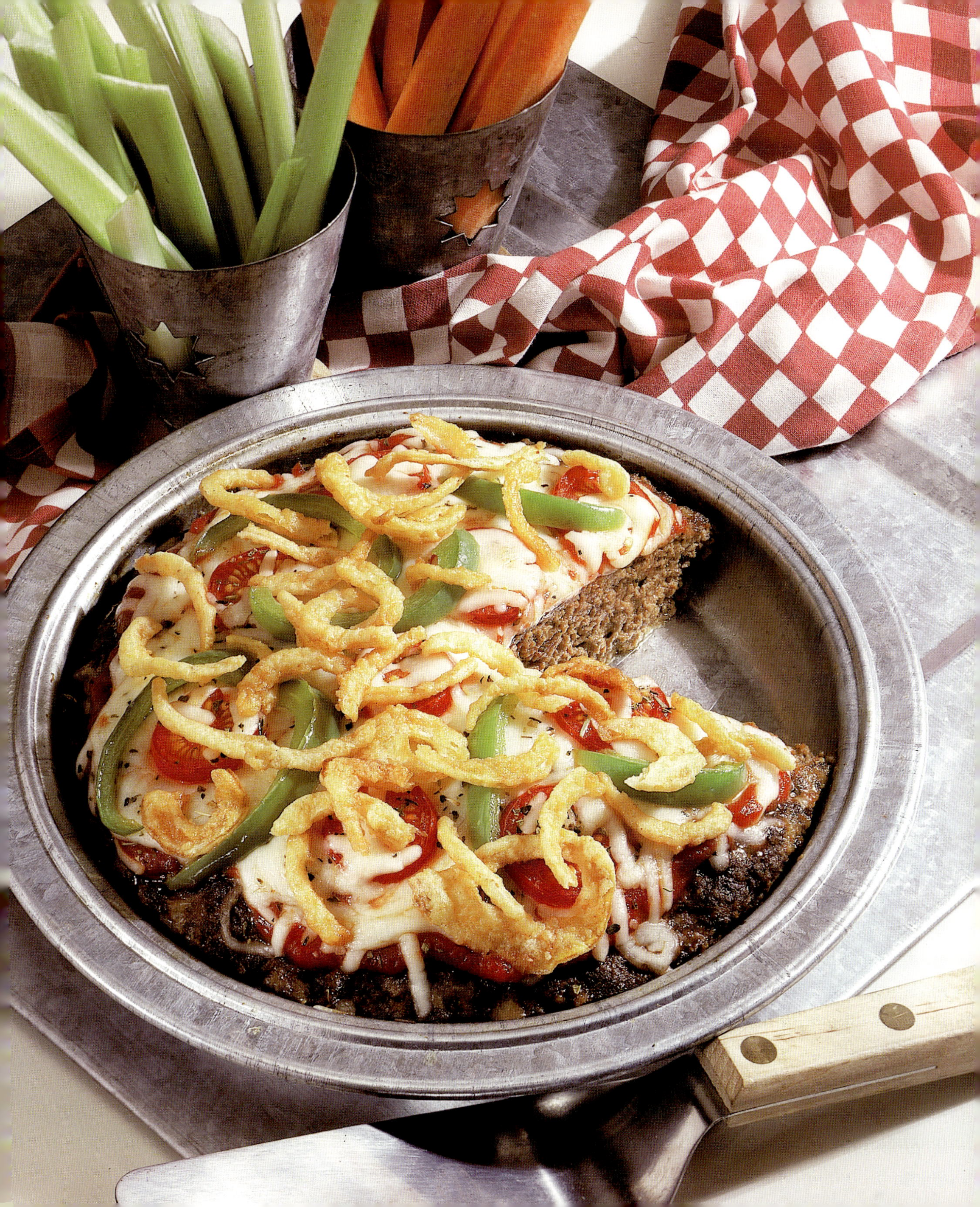

Hachis Parmentier du Sud-Ouest

- 1 livre (455 g) de saucisses fumées au bœuf, coupées en petits dés
- 1 tasse (240 g) d'oignons jaunes hachés
- 1 œuf, légèrement battu
- ¼ tasse (30 g) de chapelure
- 1 cuillère à soupe d'assaisonnement au chili
- Sel au goût
- 3 tasses (375 g) de purée pommes de terre minute
- 1 boîte (11 onces/310 g) de succotash (spécialité régionale d'origine américaine faite de purée de maïs et de haricots), égoutté
- ¼ tasse (60 g) d'oignons verts finement tranchés
- 1 tasse (4 onces/115 g) de fromage râpé de style Tex-Mex

1. Préchauffez le four à 375 °F (190 °C).

2. Mettez les morceaux de saucisse, les oignons jaunes, l'œuf, la chapelure, l'assaisonnement au chili et le sel dans un grand récipient et mélangez bien. Versez cette préparation dans un plat de cuisson de taille moyenne, en aplatissant fermement le mélange sur le fond du plat. Laissez cuire pendant 20 minutes. Égouttez le jus de cuisson s'il y en a.

3. Mélangez la purée de pommes de terre, le succotash et les oignons verts dans un récipient de taille moyenne. Étalez cette préparation sur le mélange à base de viande et parsemez le tout de fromage. Faites cuire sous le gril (en mettant le plat à 4 ou 5 pouces [10 à 12,5 cm] de la source de chaleur) pendant 3 à 5 minutes ou jusqu'à ce que le dessus soit légèrement doré.

Donne 4 à 6 portions

Conseil: Les casseroles congelées devraient être réchauffées dans un four à 350 °F (175 °C). Ajoutez un peu de liquide durant la cuisson si la préparation semble sèche.

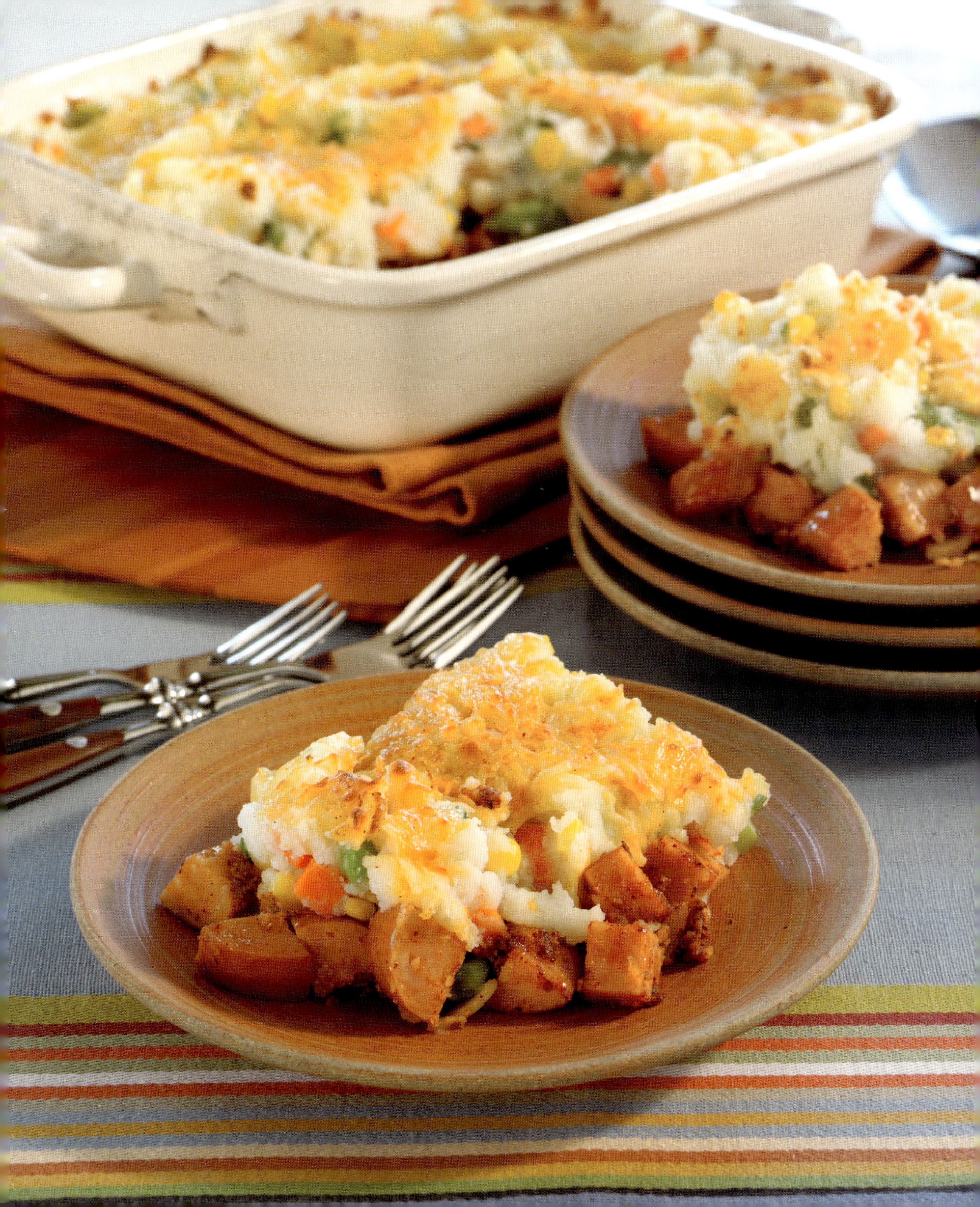

Bœuf haché à la sauce barbecue

   1 livre (455 g) de bœuf haché maigre
   ¾ tasse (180 g) de riz
   ½ tasse (125 g) de vermicelles
   2 cuillères à soupe de margarine ou de beurre
2½ tasses (625 ml) de bouillon de bœuf
   2 tasses (480 g) de maïs surgelé
   ½ tasse (125 ml) de sauce barbecue du commerce
   ½ tasse (2 onces/55 g) de cheddar râpé

1. Dans une grande sauteuse, faites dorer le bœuf haché à feu moyen jusqu'à ce qu'il soit bien cuit. Retirez la viande de la sauteuse et égouttez le jus de cuisson. Réservez.

2. Dans la même sauteuse, faites sauter dans la margarine le riz, les vermicelles à feu moyen jusqu'à coloration.

3. Incorporez petit à petit le bouillon de bœuf, le maïs; portez à ébullition. Réduisez le feu. Couvrez et laissez mijoter à petit feu pendant 15 à 20 minutes ou jusqu'à ce que le riz soit tendre.

4. Versez la sauce barbecue et ajoutez le bœuf haché. Parsemez de fromage. Couvrez et laissez reposer 3 à 5 minutes ou jusqu'à ce que le fromage soit fondu.

Donne 4 portions

Conseil: Vous pouvez remplacer la sauce barbecue par de la salsa.

Temps de préparation: 5 minutes
Temps de cuisson: 25 minutes

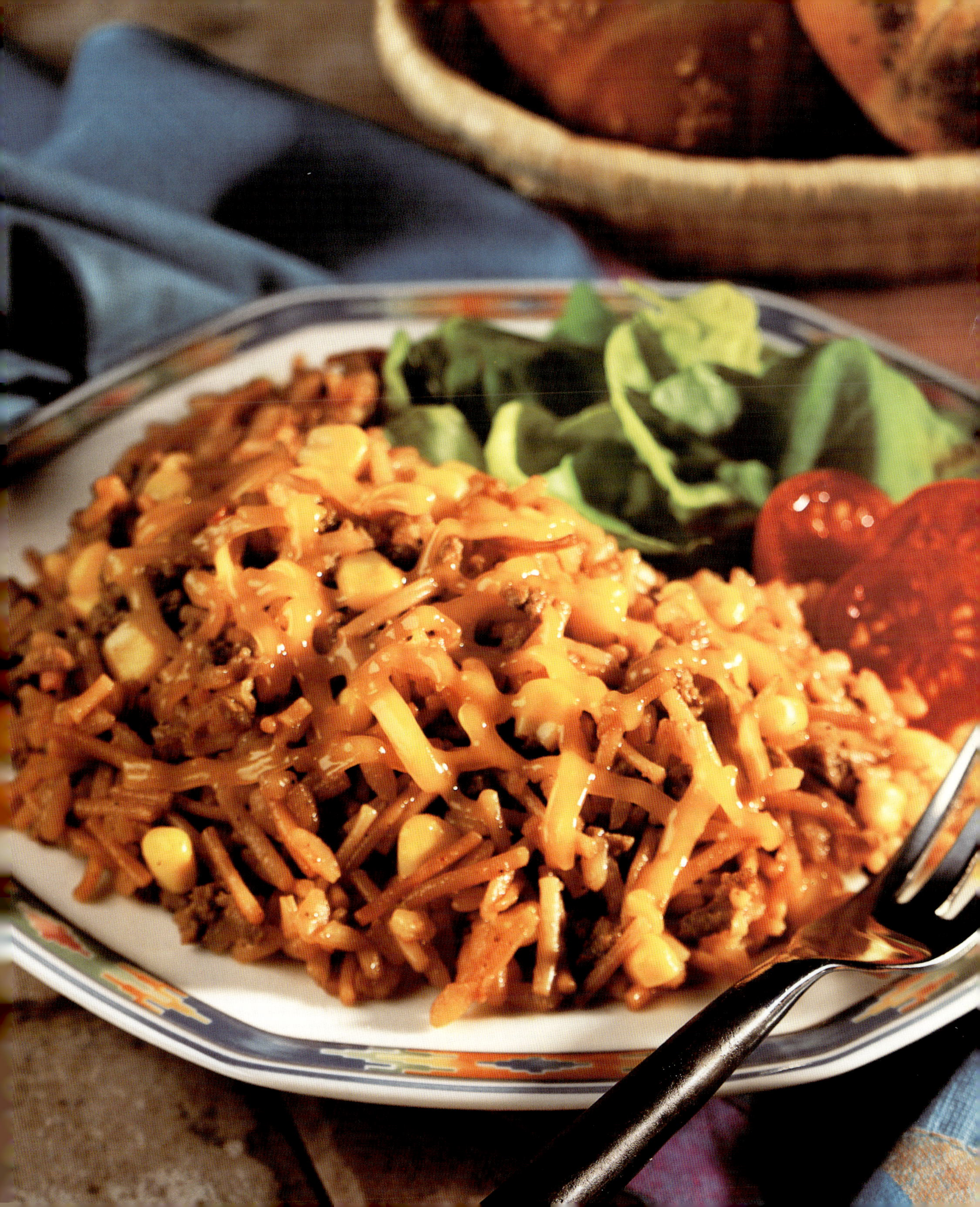

Steak au poivre à la mijoteuse

2 cuillères à soupe d'huile végétale
3 livres (1,3 kg) de haut de surlonge de bœuf, coupé en lanières
1 cuillère à soupe d'ail, émincé (5 ou 6 gousses)
1 oignon de taille moyenne, haché
½ tasse (125 ml) de sauce de soja à teneur réduite en sodium
2 cuillères à thé de sucre
1 cuillère à thé de sel
½ cuillère à thé de gingembre moulu
½ cuillère à thé de poivre noir
3 poivrons verts, coupés en lanières
¼ tasse (60 ml) d'eau froide
1 cuillère à soupe de fécule de maïs
Riz blanc cuit, chaud

Instructions de cuisson à la mijoteuse

1. Faites chauffer l'huile dans une grande sauteuse à feu moyen-faible. Faites dorer les lanières de viande. Ajoutez l'ail et laissez cuire pendant 2 minutes, tout en remuant. Transférez les lanières de bœuf, l'ail et le jus de cuisson dans la mijoteuse.

2. Ajoutez l'oignon, la sauce de soja, le sucre, le sel, le gingembre et le poivre noir dans la mijoteuse et remuez bien. Couvrez et laissez cuire à BASSE température pendant 6 à 8 heures ou jusqu'à ce que la viande soit tendre (maximum de 10 heures).

3. Ajoutez les lanières de poivrons verts pendant la dernière heure de cuisson. Avant de servir, mélangez l'eau et la fécule de maïs et versez ce mélange dans le jus de la mijoteuse. Laissez cuire à HAUTE température pendant 10 minutes ou jusqu'à ce que le jus ait épaissi. Servez accompagné de riz.

Donne 6 à 8 portions

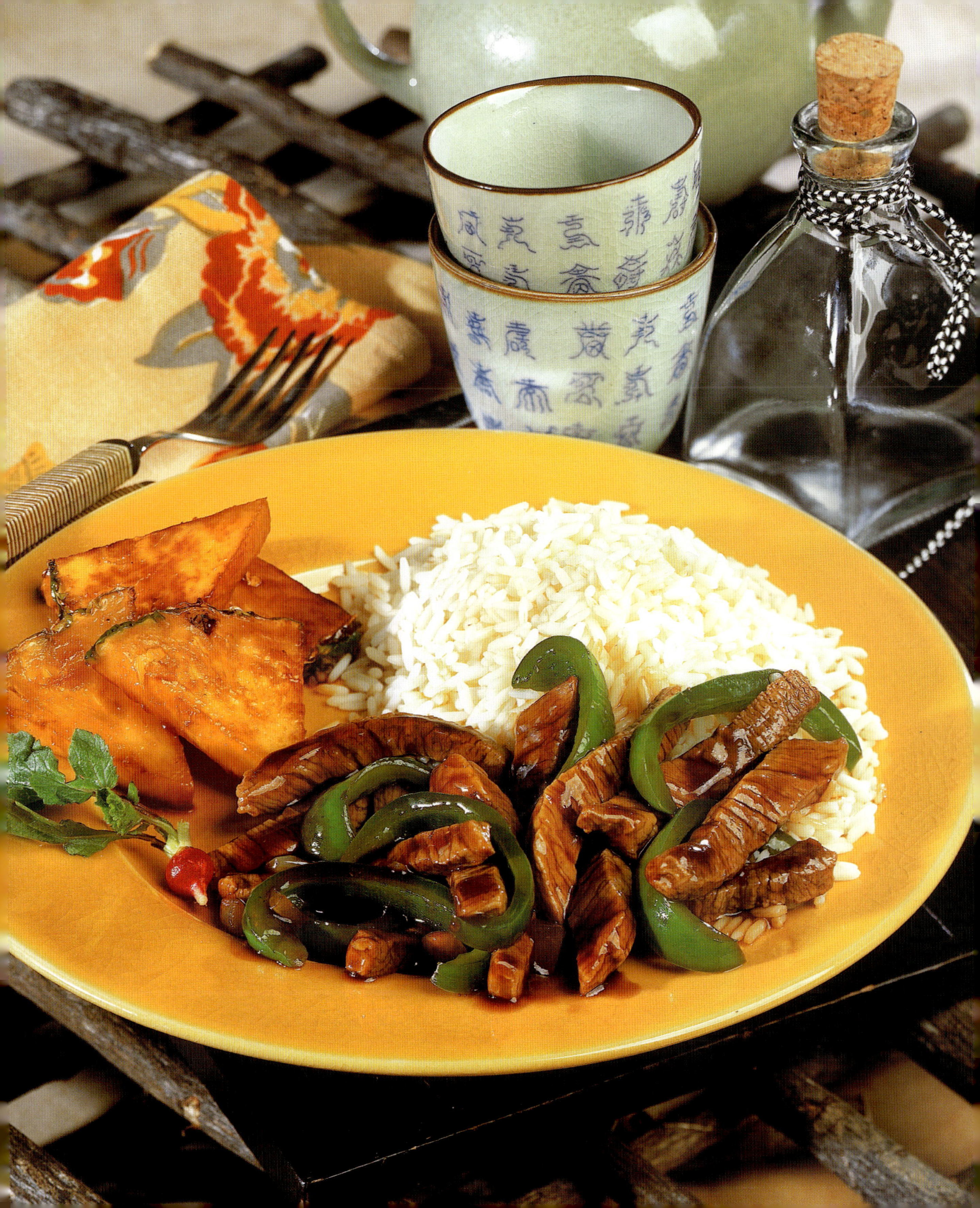

Coquilles farcies à la mexicaine

   1 contenant (3 onces/85 g) de fromage à la crème aromatisé
      à la ciboulette
  18 coquilles géantes
  1¼ livre (570 g) de bœuf haché
   1 cuillère à thé de sel
   1 cuillère à thé d'assaisonnement au chili
   2 cuillères à soupe de beurre, fondu
   1 tasse de sauce pour tacos du commerce
   1 tasse (4 onces/115 g) de cheddar râpé
   1 tasse (4 onces/115 g) de Monterey Jack râpé
  1½ tasse (165 g) de chips au maïs émiettées
   1 tasse (250 ml) de crème sure
   3 oignons verts, hachés
      Feuilles de laitue, petites olives noires dénoyautées et tomates
         cerises pour décorer

1. Coupez le fromage à la crème en dés de ½ pouce (1,25 cm) d'épaisseur et laissez-le reposer à température ambiante jusqu'à ce qu'il ait ramolli. Faites cuire les pâtes en suivant les instructions indiquées sur le paquet. Une fois les pâtes cuites, versez-les dans une passoire et rincez-les à l'eau tiède. Égouttez-les bien et remettez-les dans la casserole.

2. Préchauffez le four à 350°F (175°C). Beurrez un plat de cuisson de 13 x 9 po (33 x 23 cm).

3. Faites cuire le bœuf dans une grande sauteuse à feu moyen-vif jusqu'à ce qu'il soit doré, tout en mélangeant pour bien séparer la viande. Égouttez le jus de cuisson. Réduisez le feu à faible-moyenne intensité. Ajoutez le fromage à la crème, le sel et l'assaisonnement au chili ; laissez mijoter pendant 5 minutes.

4. Beurrez les coquilles et remplissez-les du mélange au bœuf. Disposez les coquilles dans le plat de cuisson beurré. Versez de la sauce pour tacos sur chaque coquille. Couvrez avec du papier d'aluminium.

5. Enfournez pour 15 minutes. Retirez le papier d'aluminium et recouvrez de fromage (cheddar et Monterey Jack) et de chips émiettées. Poursuivez la cuisson pendant 15 minutes ou jusqu'à ce que des bulles se forment à la surface. Garnissez de crème sure et d'oignons verts. Décorez, si désiré.

Donne 4 à 6 portions

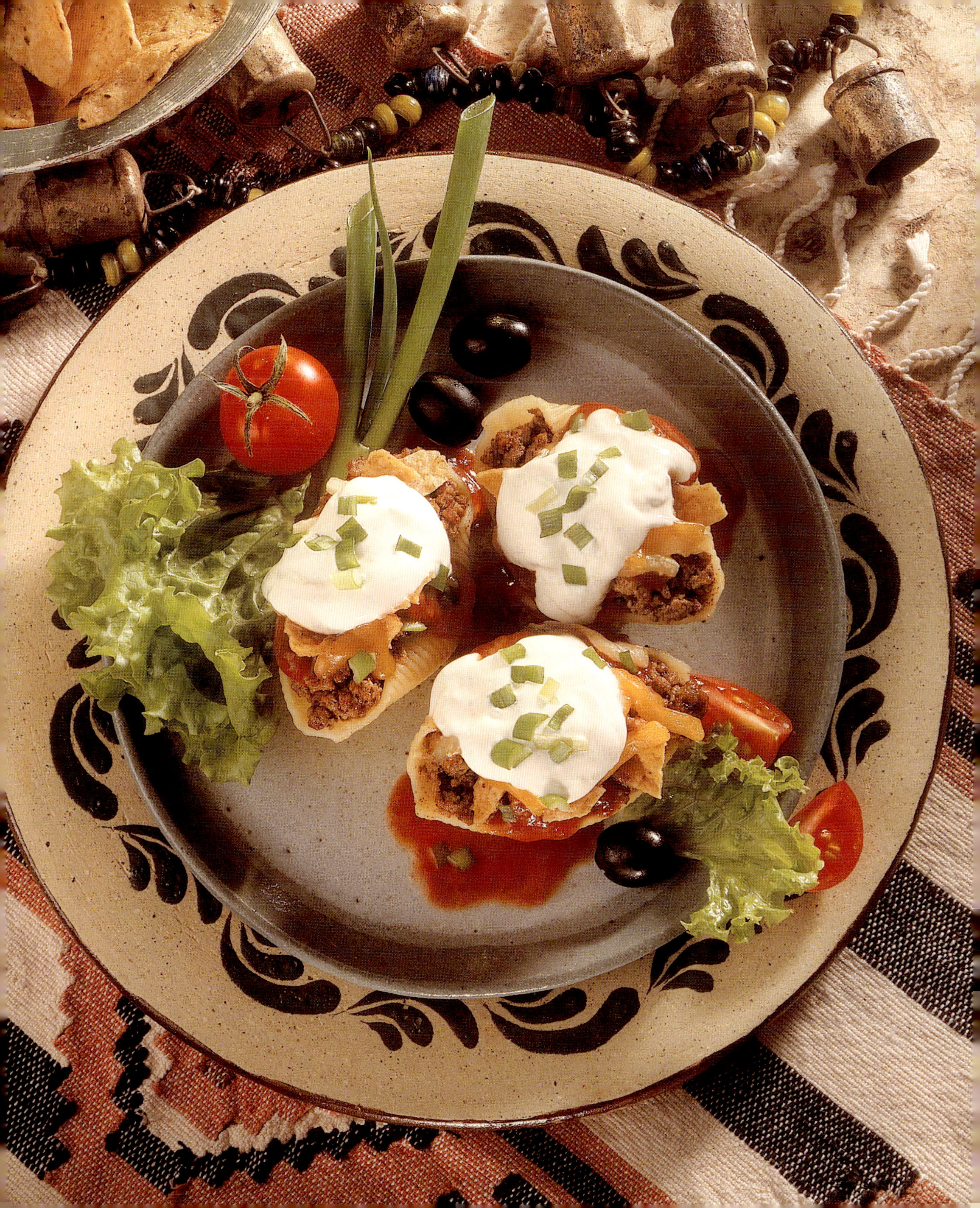

Bifteck à l'étouffée

4 à 6 biftecks de bœuf attendris (environ 1½ à 2 livres/680 à 910 g)
  Farine tout usage
1 boîte (10¾ onces/320 ml) de concentré de crème aux champignons, non dilué
1 sachet (1 once/30 g) de mélange sec pour soupe à l'oignon
  Riz cuit, chaud (facultatif)

Instructions de cuisson à la mijoteuse

1. Saupoudrez légèrement la viande de farine et mettez-la dans la mijoteuse.

2. Dans un récipient de taille moyenne, mélangez le concentré de crème aux champignons et le mélange sec pour soupe à l'oignon. Versez ensuite sur la viande. Couvrez et laissez cuire à BASSE température pendant 6 à 8 heures. Servez sur du riz, si désiré.

Donne 4 portions

Burritos au bœuf et aux haricots

Aérosol de cuisson antiadhésif
½ livre (225 g) de ronde de bœuf hachée, coupée en morceaux de ½ pouce (1,25 cm) d'épaisseur
3 gousses d'ail, émincées
1 boîte (environ 15 onces/425 g) de haricots pinto, rincés et égouttés
1 boîte (4 onces/115 g) de piments verts doux coupés en dés, égouttés
¼ tasse (15 g) de coriandre fraîche finement hachée
6 tortillas de maïs (de 6 pouces/15 cm), réchauffées
½ tasse (2 onces/55 g) de cheddar râpé
  Salsa et crème sure (facultatif)

1. Vaporisez une sauteuse antiadhésive avec l'aérosol de cuisson antiadhésif ; faites-la chauffer à feu moyen. Ajoutez la viande et l'ail. Laissez cuire pendant 5 minutes ou jusqu'à ce que la viande soit cuite à votre goût, tout en remuant.

2. Incorporez les haricots, les piments verts et la coriandre dans la sauteuse ; laissez cuire pendant 5 minutes ou jusqu'à ce que le tout soit chaud, tout en remuant.

3. À l'aide d'une cuillère, répartissez le mélange de viande au centre de chacune des tortillas ; parsemez uniformément de fromage chaque tortilla. Pliez l'extrémité inférieure de la tortilla sur la garniture et roulez-la pour la refermer. Servez avec de la salsa et de la crème sure, si désiré.

Donne 6 portions

Casserole arc-en-ciel

- 5 pommes de terre, pelées et coupées en fines tranches
- 1 livre (455 g) de bœuf haché
- 1 oignon, pelé, coupé en deux et émincé
- Sel et poivre
- 1 boîte (environ 28 onces/795 g) de tomates à l'étuvée, égouttées (réservez le jus)
- 1 tasse (240 g) de petits pois surgelés ou 1 boîte (environ 6 onces/170 g) de petits pois

1. Préchauffez le four à 350 °F (175 °C). Vaporisez un plat de cuisson de 3 litres avec un aérosol de cuisson antiadhésif.

2. Faites bouillir les pommes de terre dans une grande casserole d'eau salée jusqu'à ce qu'elles soient presque tendres. Égouttez-les et réservez. Pendant ce temps, faites cuire le bœuf haché dans une sauteuse de taille moyenne jusqu'à ce qu'il perde sa couleur rosée, tout en remuant. Égouttez le gras.

3. Disposez en couches dans le plat de cuisson la moitié du bœuf haché, la moitié des pommes de terre et la moitié des oignons, puis assaisonnez de sel et de poivre ; continuez avec une couche de tomates (la moitié) et une couche de petits pois (la moitié). Répétez l'ensemble de l'opération et terminez en ajoutant le jus des tomates que vous avez réservé.

4. Couvrez le plat de cuisson, puis enfournez laissez cuire pendant environ 40 minutes ou jusqu'à ce que la majeure partie du liquide ait été absorbée.

Donne 4 à 6 portions

Pointe de surlonge au poivre

- 1 livre (455 g) de pointe de surlonge de bœuf ou de bifteck de ronde
- 2 gousses d'ail, émincées
- Poivre noir
- 1 boîte (10¾ onces/320 ml) de concentré de soupe à l'oignon à la française, non dilué
- 1 boîte (10¾ onces/320 ml) de concentré de crème aux champignons, non dilué
- Nouilles ou riz cuit, chaud

Instructions de cuisson à la mijoteuse

Mettez la viande dans la mijoteuse. Parsemez d'ail et de poivre. Versez les concentrés sur la viande. Couvrez et laissez cuire à BASSE température pendant 8 à 10 heures. Servez sur des nouilles ou du riz.

Donne 2 à 3 portions

Braciola

- 1 boîte (28 onces/840 ml) de sauce tomate
- 2½ cuillères à thé d'origan séché (à diviser)
- 1¼ cuillère à thé de basilic séché (à diviser)
- 1 cuillère à thé de sel
- ½ livre (225 g) de chair à saucisses italiennes piquantes
- ½ tasse (120 g) d'oignons hachés
- ¼ tasse (30 g) de parmesan râpé
- 2 gousses d'ail, émincées
- 1 cuillère à soupe de flocons de persil séché
- 1 ou 2 bavettes de bœuf (environ 2½ livres/1,15 kg)

Instructions de cuisson à la mijoteuse

1. Mélangez la sauce tomate, 2 cuillères à thé d'origan, 1 cuillère à thé de basilic et le sel dans un récipient de taille moyenne et réservez.

2. Faites cuire la chair à saucisses dans une grande sauteuse antiadhésive à feu moyen-vif jusqu'à ce qu'elle perde sa couleur rosée, tout en mélangeant pour bien la séparer; égouttez bien le jus de cuisson. Dans un récipient de taille moyenne, mélangez ensuite la chair à saucisse, l'oignon, le fromage, l'ail et le persil, ainsi que l'origan (½ cuillère à thé) et le basilic (¼ cuillère à thé) restants; réservez le tout.

3. Déposez la viande sur le comptoir de cuisine entre deux feuilles de papier ciré. Aplatissez-la avec un maillet à viande jusqu'à obtenir des tranches d'une épaisseur comprise entre ⅛ et ¼ pouce (3 et 6 mm). Coupez ensuite chaque tranche en lanières larges de 3 pouces (7,5 cm).

4. À l'aide d'une cuillère, déposez une quantité égale du mélange à saucisse sur chacune des tranches de bavette. Roulez les tranches comme un gâteau roulé à la confiture, et attachez-les avec des cure-dents. Déposez chaque rouleau de viande dans la mijoteuse. Versez-y le mélange de sauce tomate réservé. Couvrez et laissez cuire à BASSE température pendant 6 à 8 heures.

5. Coupez chaque rouleau en tranches. Disposez les tranches sur des assiettes et recouvrez de sauce tomate chaude.

Donne 8 portions

Temps de préparation: 35 minutes
Temps de cuisson: 6 à 8 heures

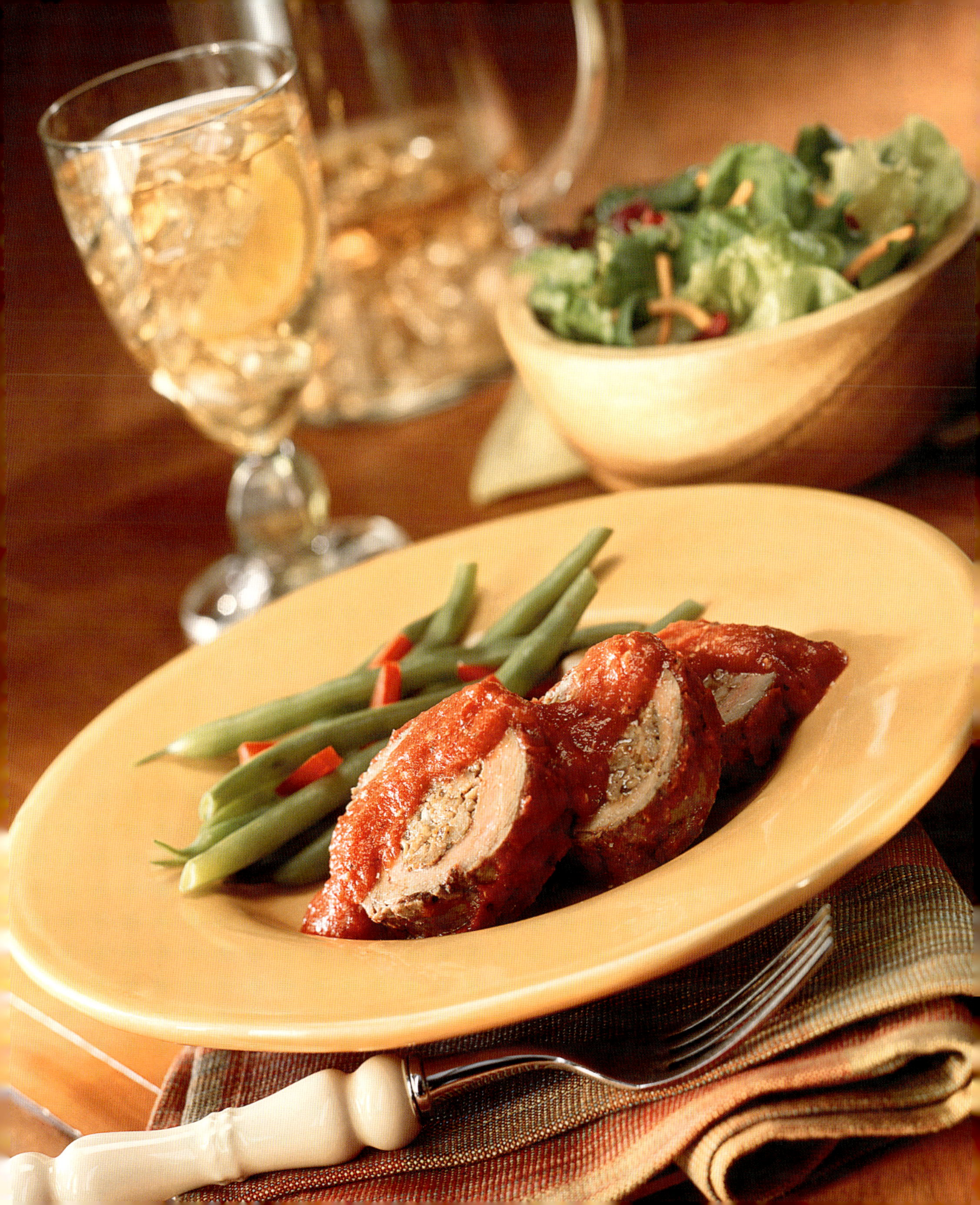

Lo Mein de bœuf à la sichouanaise

- 1 haut de surlonge de bœuf (environ 1 livre/455 g)
- 4 gousses d'ail, émincées
- 2 cuillères à thé de gingembre frais émincé
- ¾ cuillère à thé de piment de Cayenne en poudre (à diviser)
- 1 cuillère à soupe d'huile végétale
- 1 boîte (environ 14 onces/420 ml) de bouillon de légumes
- 1 tasse (250 ml) d'eau
- 2 cuillères à soupe de sauce de soja à teneur réduite en sodium
- 1 paquet (8 onces/225 g) de jardinière de légumes surgelés pour sauté
- 1 paquet (9 onces/255 g) de cheveux d'ange frais (au rayon frais des supermarchés)
- ¼ tasse (15 g) de coriandre fraîche hachée (facultatif)

1. Coupez la viande en deux dans le sens de la longueur, puis en travers afin d'obtenir de fines tranches. Saupoudrez les morceaux de viande d'ail, de gingembre et de piment de Cayenne en poudre (½ cuillère à thé).

2. Faites chauffer l'huile dans une grande sauteuse antiadhésive à feu moyen-vif. Ajoutez la moitié du bœuf et faites sauter les morceaux pendant 2 minutes ou jusqu'à ce qu'ils soient à peine rosés au centre. Retirez la viande de la sauteuse et réservez. Répétez l'opération avec le bœuf restant.

3. Ajoutez le bouillon de légumes, l'eau, la sauce de soja et le reste (¼ cuillère à thé) du piment de Cayenne en poudre dans la sauteuse ; portez à ébullition à feu vif. Ajoutez les légumes et portez de nouveau à ébullition. Réduisez le feu et laissez mijoter à petit feu, à couvert, pendant 3 minutes ou jusqu'à ce que les légumes soient tendres mais encore croquants.

4. Retirez le couvercle et versez les pâtes. Portez de nouveau à ébullition à feu vif. Réduisez le feu. Laissez mijoter à feu moyen, à découvert, pendant 2 minutes, en prenant soin de bien séparer les pâtes à l'aide de deux fourchettes. Remettez la viande dans la sauteuse et le jus de cuisson s'il y en a ; laissez mijoter pendant 1 minute ou jusqu'à ce que les pâtes soient tendres et la viande, chaude. Saupoudrez de coriandre, si désiré.

Donne 4 portions

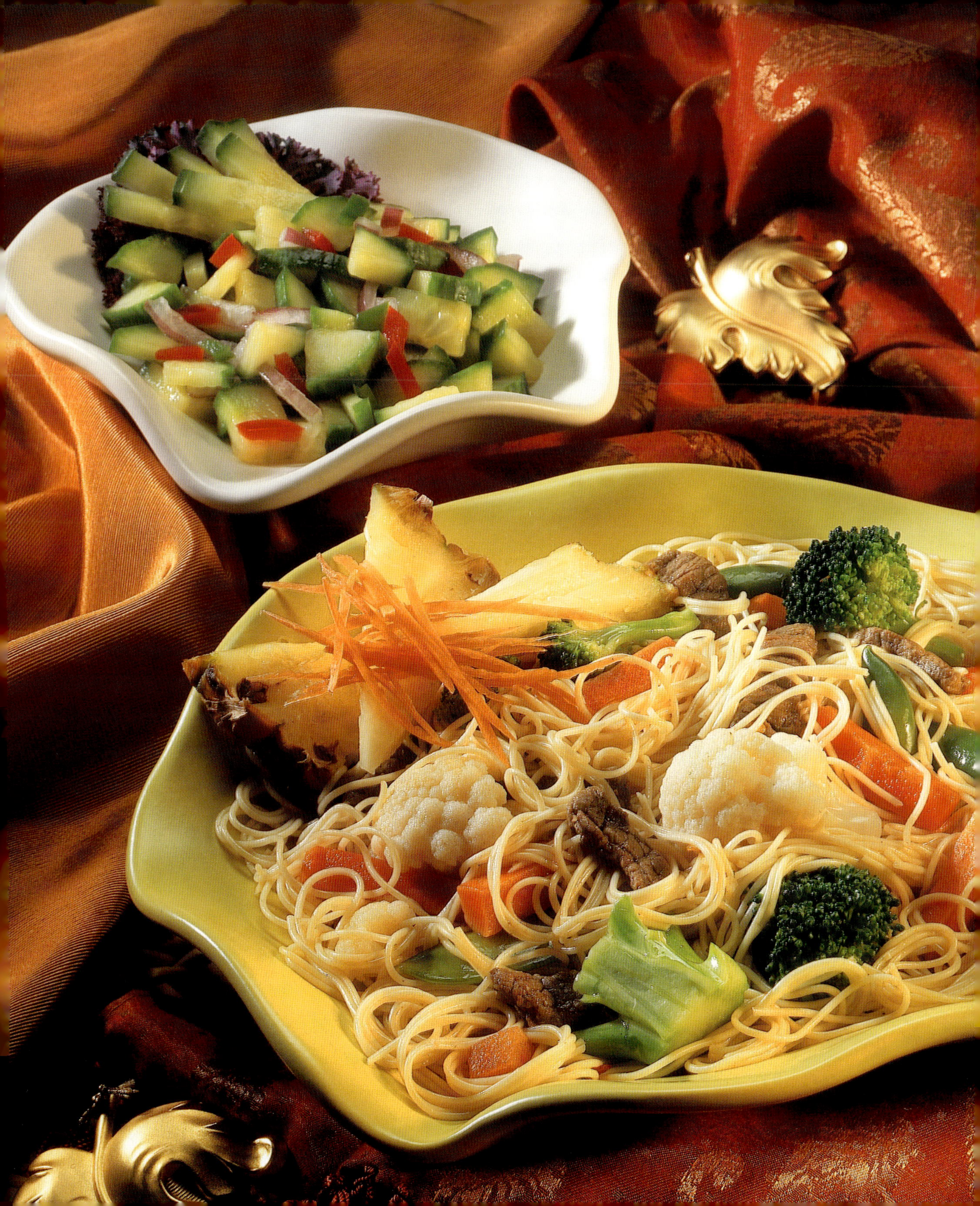

Bœuf braisé et légumes à l'américaine

- 1 bas de paleron de bœuf (2½ livres/1,15 kg)
  Sel et poivre noir
- 3 pommes de terre de taille moyenne (environ 1 livre/455 g), avec la peau et coupées en quartiers
- 2 grosses carottes, coupées en rondelles de ¾ pouce (2 cm) d'épaisseur
- 2 côtes de céleri, coupées en rondelles de ¾ pouce (2 cm) d'épaisseur
- 1 oignon de taille moyenne, tranché
- 1 gros panais, coupé en rondelles de ¾ pouce (2 cm) d'épaisseur
- 2 feuilles de laurier
- 1 cuillère à thé de romarin séché
- ½ cuillère à thé de thym séché
- ½ tasse (125 ml) de bouillon de bœuf à teneur réduite en sodium

Instructions de cuisson à la mijoteuse

1. Retirez l'excédent de gras de la viande et jetez-le. Coupez la viande en petites bouchées et assaisonnez-les de sel et de poivre.

2. Mettez les légumes, les feuilles de laurier, le romarin et le thym dans la mijoteuse. Déposez les morceaux de bœuf sur les légumes et arrosez de bouillon de bœuf. Couvrez et laissez cuire à BASSE température pendant 8½ à 9 heures ou jusqu'à ce que le bœuf se détache à la fourchette.

3. Retirez le bœuf de la mijoteuse et mettez-le dans un plat de service. Disposez les légumes tout autour de la viande. Enlevez et jetez les feuilles de laurier.

Donne 10 à 12 portions

Le coin du cuisinier: Pour préparer la sauce, retirez le jus de cuisson au moyen d'une louche et mettez-le dans une tasse à mesure d'une capacité de 2 tasses (500 ml); laissez-le reposer pendant 5 minutes. Dégraissez-le et jetez le gras. Mesurez le jus de cuisson restant et portez-le à ébullition dans une petite casserole. Pour chaque tasse de jus de cuisson, mélangez 2 cuillères à soupe de farine et ¼ tasse (60 ml) d'eau froide jusqu'à obtenir un mélange homogène. Versez ensuite ce mélange dans la casserole et laissez bouillir sans cesser de remuer pendant 1 minute ou jusqu'à ce que le jus de cuisson ait épaissi.

Temps de préparation: 10 minutes
Temps de cuisson: 8½ heures

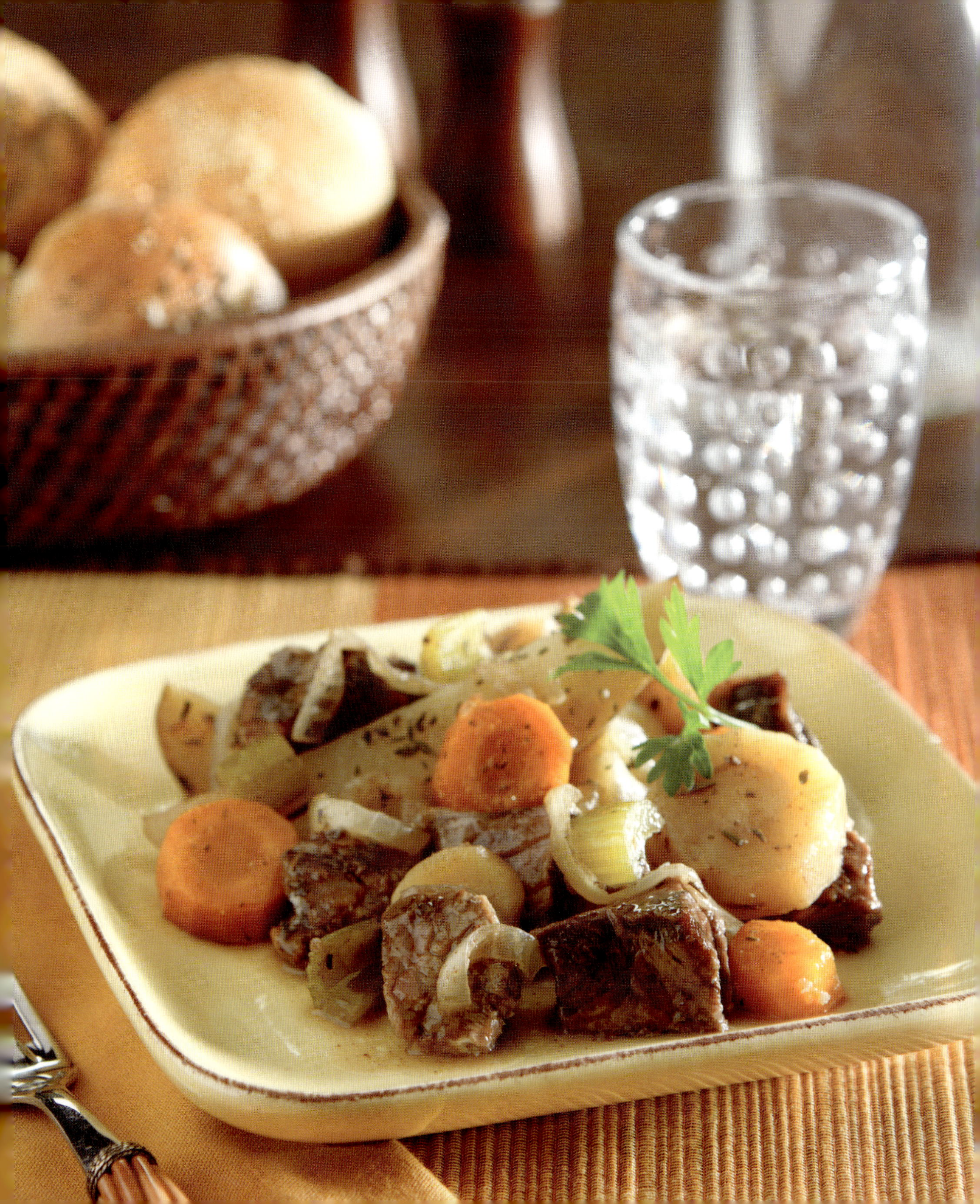

Poivrons épicés farcis à l'italienne

- 3 poivrons (verts, rouges ou jaunes)
- 1 livre (455 g) de bœuf haché
- 1 pot (14 onces/420 ml) de sauce à spaghetti
- 1⅓ tasse (330 g) de rondelles d'oignons panées (à diviser)
- 2 cuillères à soupe de sauce au piment de Cayenne (du commerce)
- ½ tasse (105 g) de riz cru à cuisson rapide
- ¼ tasse (50 g) d'olives mûres tranchées
- 1 tasse (4 onces/115 g) de mozzarella râpée

1. Préchauffez le four à 400 °F (205 °C). Coupez les poivrons en deux dans le sens de la longueur, à travers la tige ; jetez les graines. Disposez les moitiés de poivrons, le côté coupé vers le haut, dans un plat de cuisson peu profond de 2 litres ; réservez.

2. Mettez le bœuf dans un récipient utilisable au four à micro-ondes. Faites-le chauffer au micro-ondes à HAUTE température pendant 5 minutes ou jusqu'à ce que la viande soit dorée, en mélangeant une fois en cours de cuisson. Égouttez le jus. Incorporez la sauce à spaghetti, ⅔ tasse (165 g) de rondelles d'oignons panées, la sauce au piment de Cayenne, le riz et les olives. À l'aide d'une cuillère, déposez une quantité égale de la préparation ainsi obtenue dans les moitiés de poivrons.

3. Couvrez et laissez cuire pendant 35 minutes ou jusqu'à ce que les poivrons soient tendres. Retirez le papier d'aluminium. Parsemez de fromage et des rondelles d'oignons panées restantes (⅔ tasse/165 g). Poursuivez la cuisson pendant 1 minute ou jusqu'à ce que les oignons soient dorés.

Donne 6 portions

Temps de préparation : 10 minutes
Temps de cuisson : 36 minutes

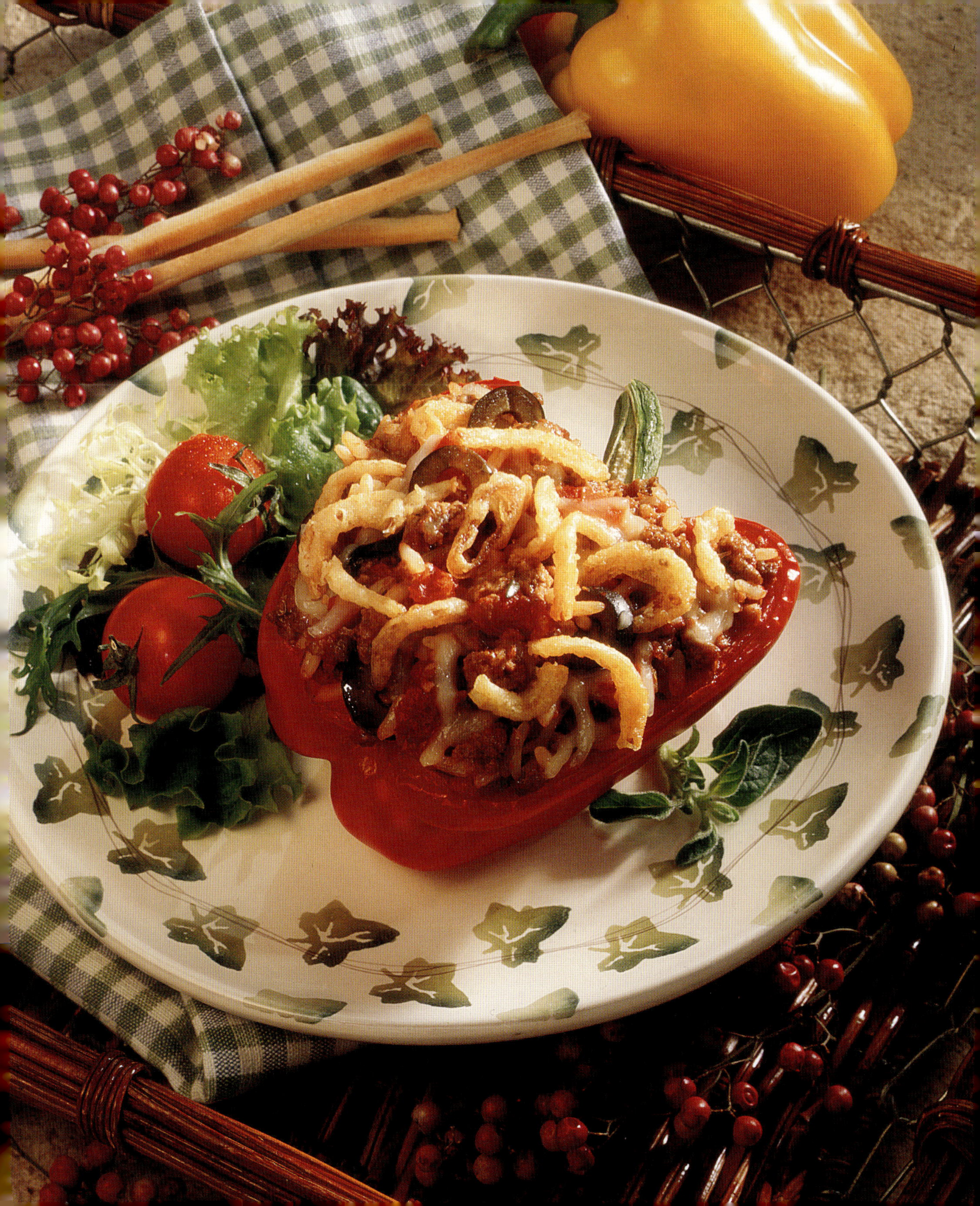

Enchiladas de bœuf festives

    8 onces (225 g) de bœuf haché extra-maigre
    ½ tasse (120 g) d'oignons verts émincés
    2 cuillères à thé d'ail, émincé
    1 tasse (210 g) de riz blanc ou complet cuit, froid
1½ tasse (360 g) de tomates hachées (à diviser)
    ¾ tasse (180 g) de maïs surgelé, décongelé
    1 tasse (4 onces/115 g) de fromage de style mexicain ou de cheddar râpé à teneur réduite en M.G. (à diviser)
    ½ tasse (125 ml) de salsa ou de sauce piquante
  12 tortillas de maïs (6 à 7 pouces/15 à 18 cm)
    1 boîte (10 onces/300 ml) de sauce douce ou piquante pour enchiladas
    1 tasse (240 g) de romaine déchiquetée

1. Préchauffez le four à 375 °F (205 °C). Vaporisez un plat de cuisson de 13 x 9 po (33 x 23 cm) avec un aérosol de cuisson antiadhésif ; réservez.

2. Faites cuire le bœuf haché dans une sauteuse antiadhésive de taille moyenne à feu moyen jusqu'à ce que la viande perde sa couleur rosée ; égouttez le jus de cuisson. Ajoutez les oignons verts et l'ail ; poursuivez la cuisson pendant 2 minutes, tout en remuant.

3. Ajoutez le riz, 1 tasse (240 g) de tomates, le maïs, ½ tasse (55 g) de fromage et la salsa au mélange de viande ; remuez bien. À l'aide d'une cuillère, déposez la préparation ainsi obtenue au centre de chaque tortilla et roulez. Déposez les enchiladas dans le plat huilé, le côté rabattu vers le bas. Avec une cuillère, répartissez uniformément la sauce sur les enchiladas.

4. Couvrez avec du papier d'aluminium ; laissez cuire pendant 20 minutes ou jusqu'à ce que ce soit chaud. Saupoudrez avec le reste (½ tasse/55 g) du fromage ; poursuivez la cuisson pendant 5 minutes ou jusqu'à ce que le fromage soit fondu. Recouvrez de romaine et de la sauce tomate (½ tasse/125 ml) restante.

Donne 6 portions

Temps de préparation : 15 minutes
Temps de cuisson : 35 minutes

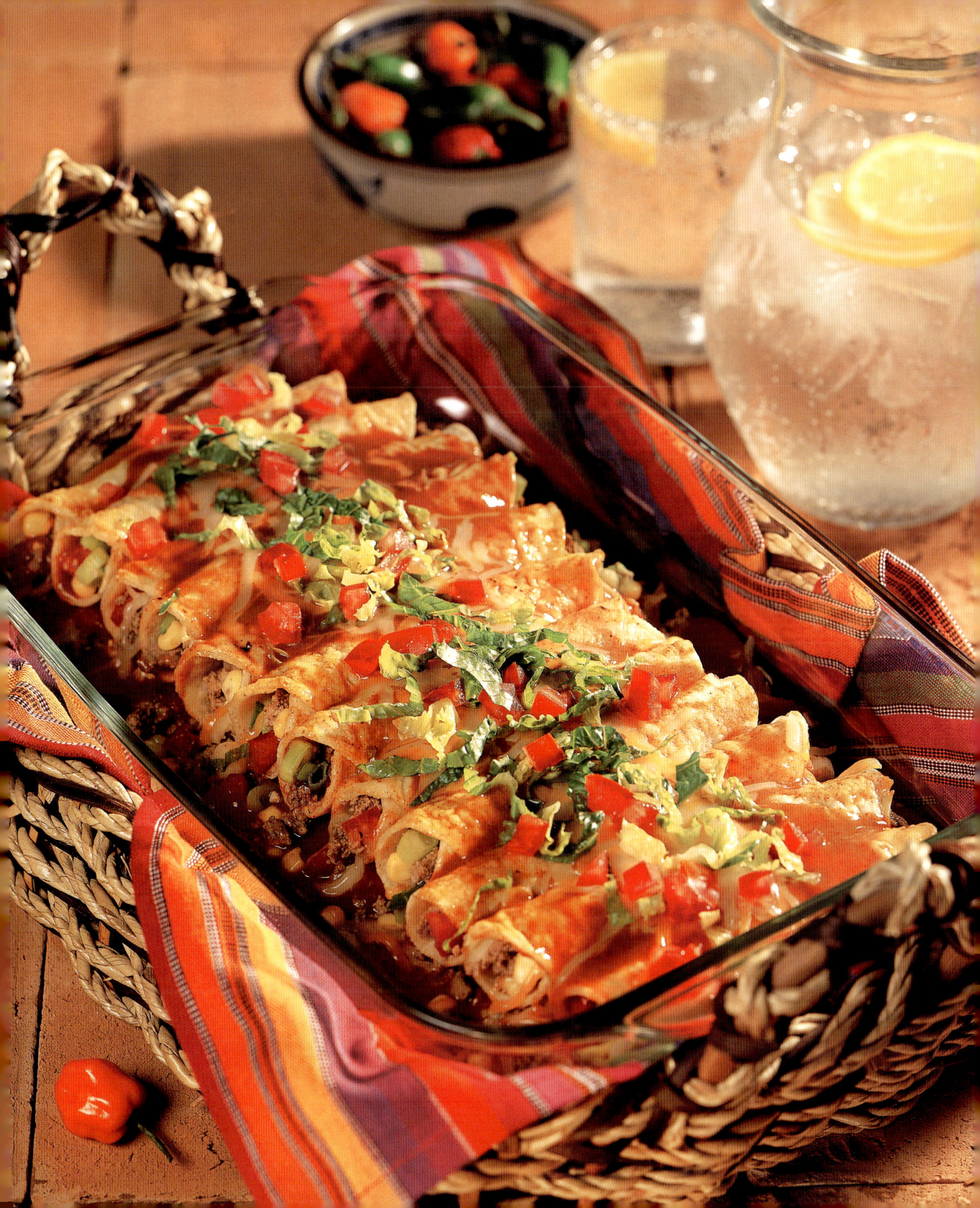

Bœuf bourguignon

1 ou 2 hauts de surlonge de bœuf (environ 3 livres/1,3 kg)
½ tasse (55 g) de farine tout usage
4 tranches de bacon (lard), coupées en dés
2 carottes de taille moyenne, coupées en dés
8 petites pommes de terre nouvelles, avec la peau et coupées en quartiers
8 à 10 champignons, tranchés
20 à 24 petits oignons blancs
3 gousses d'ail, émincées
1 feuille de laurier
1 cuillère à thé de marjolaine séchée
½ cuillère à thé de thym séché
½ cuillère à thé de sel
Poivre noir
2½ tasses (625 ml) de vin de Bourgogne ou de bouillon de bœuf

Instructions de cuisson à la mijoteuse

1. Coupez le bœuf en morceaux de ½ pouce (1,25 cm) d'épaisseur. Enrobez-les de farine et secouez pour enlever l'excédent ; réservez. Faites cuire le bacon dans une grande sauteuse à feu moyen jusqu'à ce qu'il soit partiellement cuit. Ajoutez le bœuf et poursuivez la cuisson jusqu'à coloration. Retirez le bœuf et le bacon à l'aide d'une écumoire.

2. Disposez en couches dans la mijoteuse les carottes, les pommes de terre, les champignons, les oignons blancs, l'ail, la feuille de laurier, la marjolaine, le thym, le bœuf et le bacon ; salez et poivrez à votre goût. Arrosez le tout de vin.

3. Couvrez et laissez cuire à BASSE température pendant 8 à 9 heures ou jusqu'à ce que le bœuf soit tendre. Retirez et jetez la feuille de laurier avant de servir.

Donne 10 à 12 portions

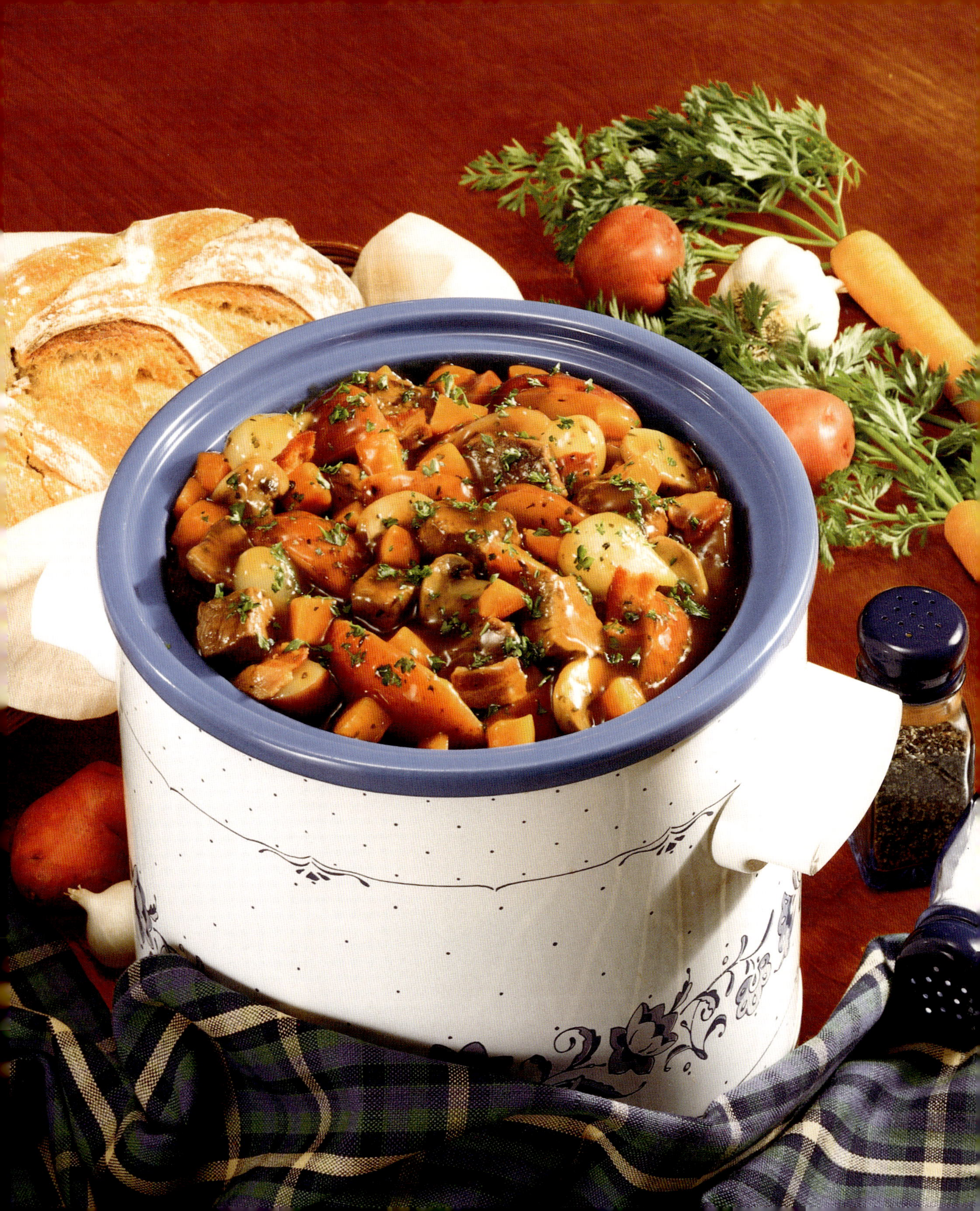

Sauce à spaghetti de maman

7½ tasses (1,875 l) d'eau
3 boîtes (15 onces/425 g chacune) de purée de tomates
3 boîtes (6 onces/170 g chacune) de concentré de tomate*
1 boîte (14½ onces/410 g) de tomates, non égouttées
2 gros oignons, hachés
3 cuillères à soupe de sucre
2 cuillères à soupe de sel
1½ cuillère à soupe d'assaisonnement de type italien
1½ cuillère à soupe d'origan séché
1 cuillère à soupe de poivre noir
6 grosses gousses d'ail, émincées
3 feuilles de laurier
2 à 2½ livres (910 à 1,15 kg) de saucisses italiennes piquantes ou non (facultatif)
3 livres (1,3 kg) de bœuf haché, façonné sous forme de 35 boulettes de viande dorées (facultatif)

*Ajoutez plus de concentré de tomate si la sauce n'est pas assez épaisse à votre goût.

Instructions de cuisson à la mijoteuse

1. Mélangez tous les ingrédients dans la mijoteuse, sauf les saucisses et les boulettes de viande (ingrédients facultatifs), et remuez bien. Si vous optez pour la version avec saucisses et boulettes de viande, divisez tous les ingrédients en deux et répartissez-en chaque moitié dans deux mijoteuses.

2. Couvrez et laissez cuire à HAUTE température pendant 1 heure. Ajoutez les saucisses et les boulettes de viande dans chaque mijoteuse, si désiré. Couvrez et laissez cuire à BASSE température pendant 6 à 8 heures.

Donne 10 à 12 portions

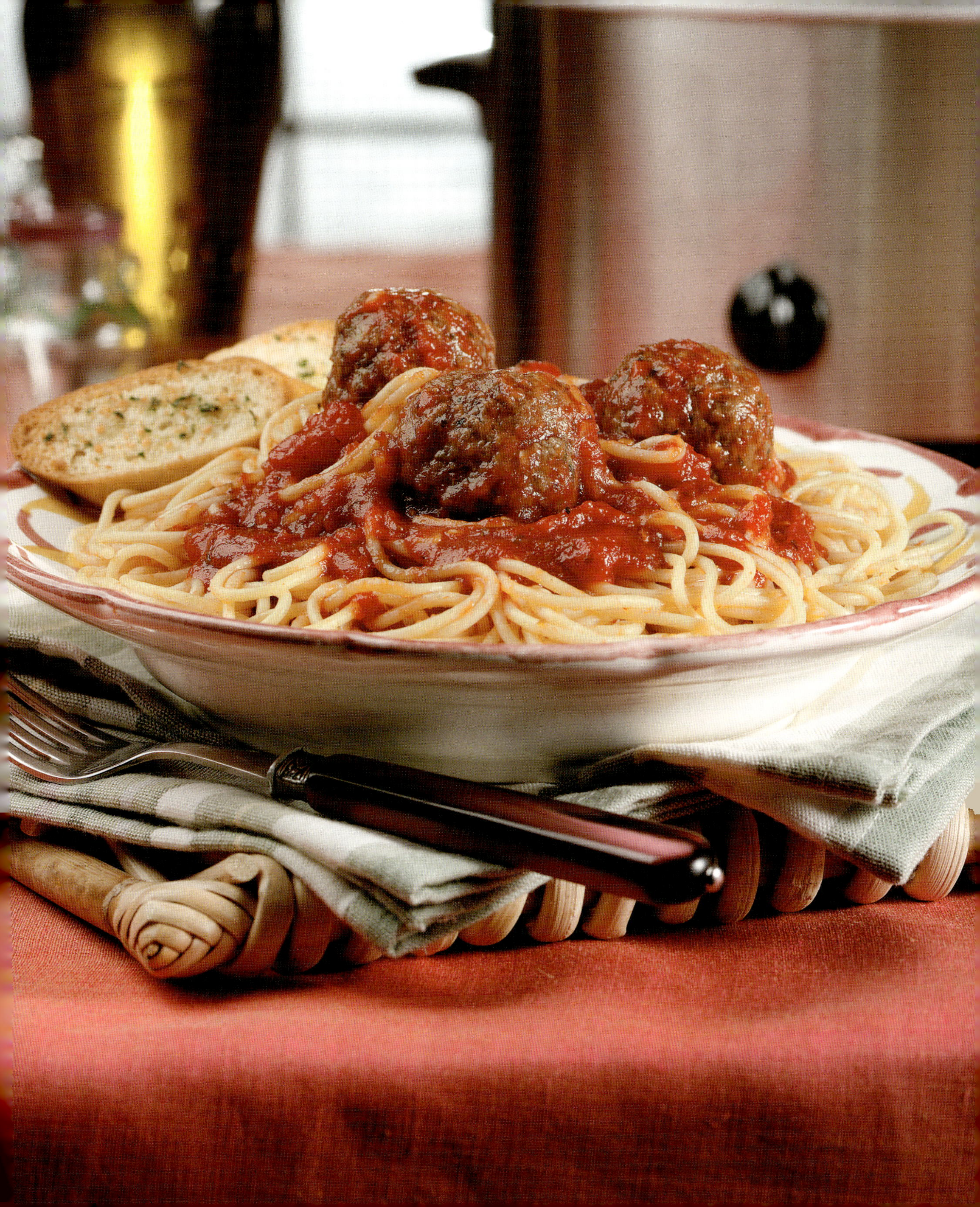

Manicotti

- **1 contenant (16 onces/455 g) de ricotta**
- **2 tasses (8 onces/225 g) de mozzarella râpée**
- **½ tasse (115 g) de fromage cottage**
- **2 cuillères à soupe de parmesan râpé**
- **2 œufs, battus**
- **½ cuillère à thé d'ail, émincé**
- **Sel et poivre noir**
- **1 paquet (environ 8 onces/225 g) de manicotti crus**
- **1 livre (455 g) de bœuf haché**
- **1 pot (26 onces/780 ml) de sauce à spaghetti**
- **2 tasses/500 ml d'eau**

1. Mettez la ricotta, la mozzarella, le fromage cottage, le parmesan, les œufs et l'ail dans un grand récipient ; mélangez bien. Assaisonnez de sel et de poivre.

2. Remplissez les cylindres de manicotti crus du mélange ainsi obtenu à l'aide d'une spatule en caoutchouc étroite. Déposez les pâtes farcies dans un plat de cuisson de 13 x 9 po (33 x 23 cm). Préchauffez le four à 375 °F (190 °C).

3. Faites cuire le bœuf haché dans une grande sauteuse à feu moyen-vif jusqu'à ce qu'il perde sa couleur rosée, tout en remuant pour bien séparer la viande. Égouttez l'excédent de gras. Incorporez ensuite la sauce à spaghetti et l'eau (le mélange obtenu sera liquide). Versez la sauce ainsi obtenue sur les pâtes farcies.

4. Couvrez avec du papier d'aluminium et laissez cuire pendant 1 heure ou jusqu'à ce que la sauce ait épaissi et que les pâtes soient tendres.

Donne 6 portions

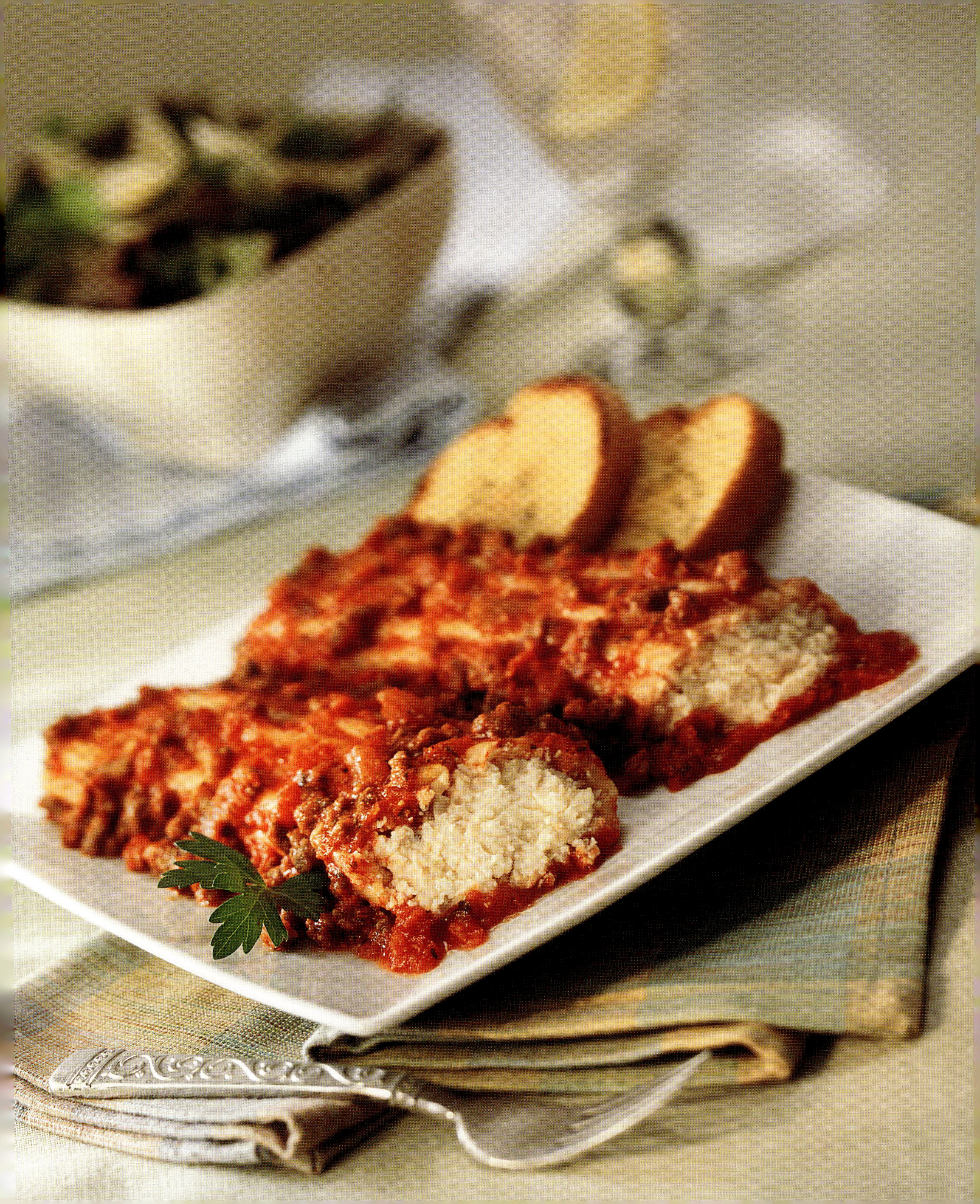

Bœuf Strogonoff facile

- 3 boîtes (10¾ onces/320 ml chacune) de concentré de crème de poulet ou de crème de champignons, non dilué
- 1 tasse (250 ml) de crème sure
- ½ tasse (125 ml) d'eau
- 1 sachet (1 once/30 g) de mélange sec pour soupe à l'oignon
- 2 livres (910 g) de bœuf pour ragoût

Instructions de cuisson à la mijoteuse

Mettez le concentré, la crème sure, l'eau et le mélange sec pour soupe à l'oignon dans la mijoteuse. Ajoutez le bœuf et remuez jusqu'à ce qu'il soit bien enrobé. Couvrez et laissez cuire à BASSE température pendant 6 heures ou à HAUTE température pendant 3 heures.

Donne 4 à 6 portions

Délice d'automne

- 4 à 6 biftecks attendris
- Huile d'olive
- 2 à 3 boîtes (10¾ onces/320 ml chacune) de concentré de crème de champignons, non dilué
- 1 à 1½ tasse (250 à 375 ml) d'eau
- 1 sachet (1 once/30 g) de mélange sec pour soupe à l'oignon

Instructions de cuisson à la mijoteuse

1. Dans une grande sauteuse antiadhésive, faites légèrement dorer les biftecks dans l'huile d'olive à feu moyen. Déposez ensuite les morceaux de viande dans la mijoteuse.

2. Ajoutez le concentré, l'eau (½ tasse/125 ml d'eau par boîte de concentré) et le mélange sec pour soupe à l'oignon dans la mijoteuse; remuez pour bien mélanger le tout. Couvrez et laissez cuire à BASSE température pendant 4 à 6 heures.

Donne 4 à 6 portions

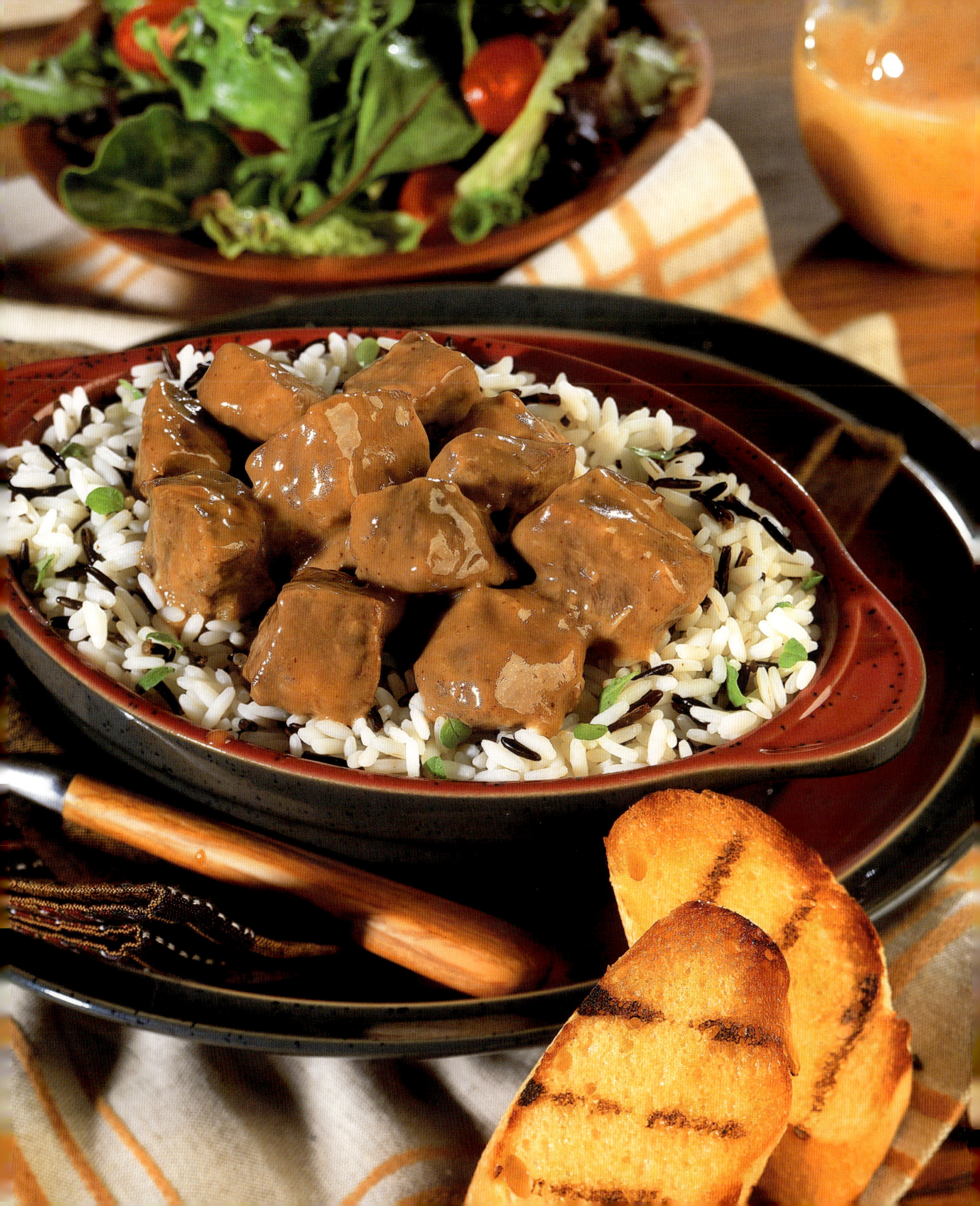

Casserole de bœuf garnie de feuilletés

- 1½ livre (680 g) de bifteck de haut de ronde, cuit et coupé en dés de 1 pouce (2,5 cm) d'épaisseur
- 1 paquet (9 onces/255 g) de mini-carottes surgelées
- 1 paquet (9 onces/255 g) de petits pois et petits oignons blancs surgelés
- 1 grosse pomme de terre pour cuisson au four, cuite et coupée en morceaux de ½ pouce (1,25 cm) d'épaisseur
- 1 pot (18 onces/540 ml) de sauce espagnole de style maison
- ½ cuillère à thé de thym séché
- ½ cuillère à thé de poivre noir
- 1 boîte (10 onces/285 g) de petits feuilletés au lait de beurre

1. Préchauffez le four à 375 °F (190 °C). Vaporisez un plat de cuisson de 2 litres avec un aérosol de cuisson antiadhésif.

2. Mélangez la viande, les légumes surgelés et les dés de pomme de terre dans le plat de cuisson huilé. Versez-y la sauce et saupoudrez de thym et de poivre.

3. Enfournez et laissez cuire, à découvert, pendant 40 minutes. Retirez le plat du four. Augmentez la température du four pour qu'elle atteigne 400 °F (205 °C). Recouvrez de feuilletés et laissez cuire pendant 8 à 10 minutes ou jusqu'à ce que les feuilletés soient bien dorés.

Donne 6 portions

Astuce : Vous pouvez préparer cette casserole avec quasiment n'importe quel type de restants. Vous pouvez remplacer la ronde par d'autres morceaux de bifteck, du rôti de bœuf, du ragoût de viande, du porc, de l'agneau ou encore du poulet. Adaptez le goût de la sauce pour qu'il se marie bien au type de viande choisie. Vous pouvez aussi utiliser des pommes de terre rouges au lieu de pommes de terre pour cuisson au four. Optez pour votre combinaison de légumes préférée, comme un mélange de brocolis, chou-fleur et carottes, ou de brocolis, maïs et poivrons rouges au lieu des petits pois et carottes utilisés dans cette recette.

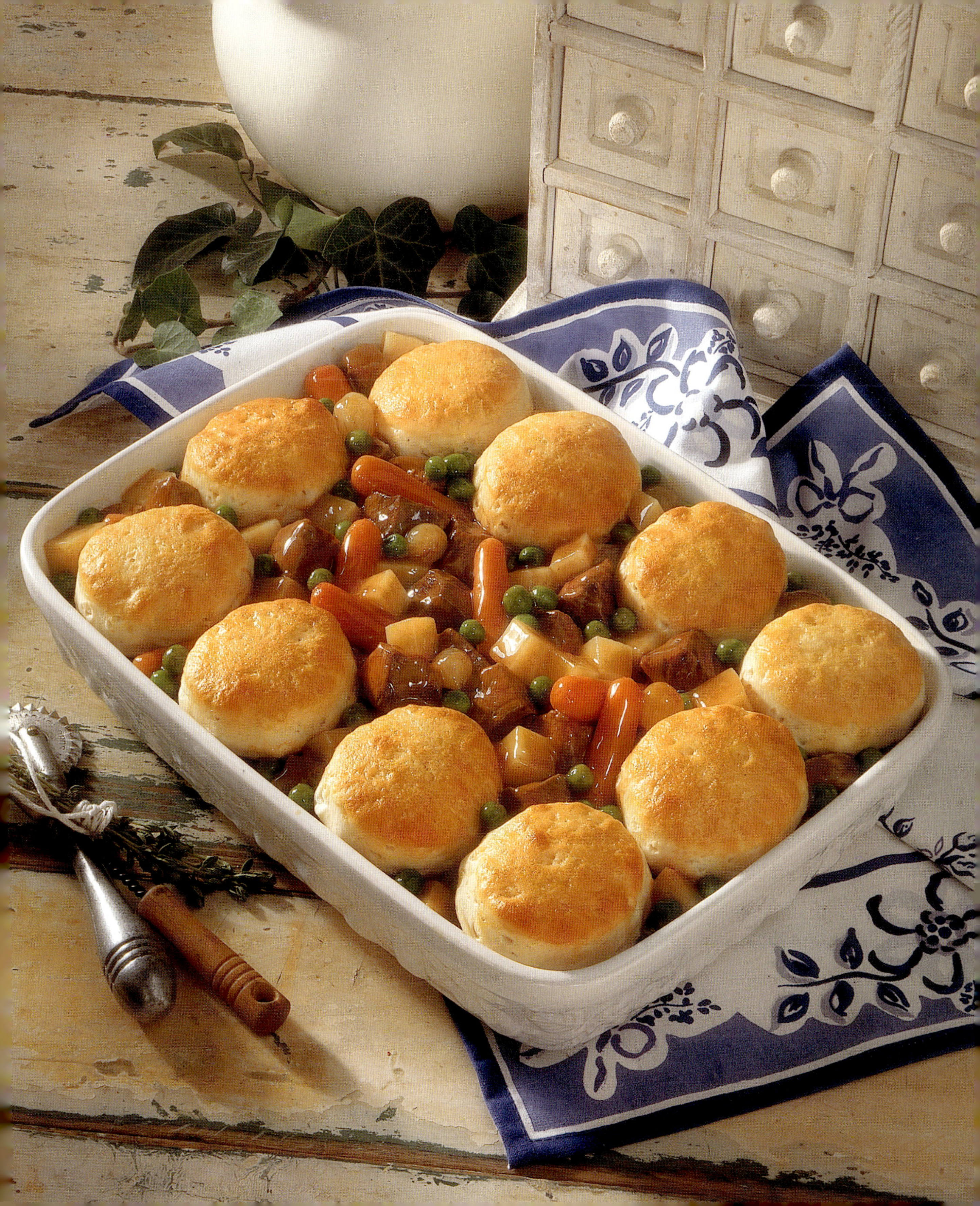

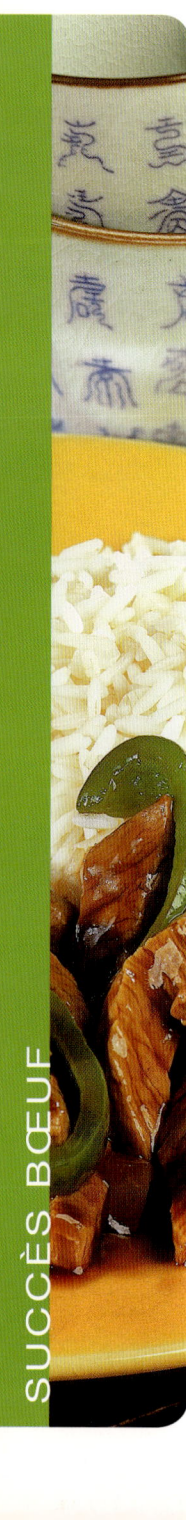

Poivrons farcis à la mijoteuse

1 paquet (environ 7 onces/200 g) de mélange de riz espagnol
1 livre (455 g) de bœuf haché
½ tasse (120 g) de céleri coupé en dés
1 petit oignon, haché
1 œuf, battu
4 poivrons verts de taille moyenne, coupés en deux dans le sens de la longueur, évidés et épépinés
1 boîte (28 onces/795 g) de tomates entières pelées, non égouttées
1 boîte (10¾ onces/320 ml) de concentré de soupe de tomate, non dilué
1 tasse (250 ml) d'eau

Instructions de cuisson à la mijoteuse

1. Réservez le sachet d'assaisonnement contenu dans le paquet de riz. Mélangez le bœuf, le mélange de riz, le céleri, l'oignon et l'œuf dans un grand récipient. Divisez le mélange de viande ainsi obtenu en parts égales afin de le répartir dans les moitiés de poivrons.

2. Versez les tomates et leur jus dans la mijoteuse. Disposez les moitiés de poivrons farcies par-dessus les tomates. Mélangez le concentré de soupe de tomate, l'eau et le sachet d'assaisonnement dans un récipient de taille moyenne. Versez cette préparation sur les poivrons. Couvrez et laissez cuire à BASSE température pendant 8 à 10 heures.

Donne 4 portions

Corned-beef au chou

1 chou pommé (1½ livre/680 g), coupé en 6 quartiers
4 onces (115 g) de mini-carottes
1 corned-beef (3 livres/1,3 kg) avec un sachet d'assaisonnement*
1 litre (4 tasses) d'eau
⅓ tasse (85 ml) de moutarde préparée (facultatif)
⅓ tasse (55 ml) de miel (facultatif)

*Si le sachet d'assaisonnement n'est pas perforé, percez-le avec la pointe d'un couteau à légumes pour y faire plusieurs petits trous.

Instructions de cuisson à la mijoteuse

1. Mettez le chou dans la mijoteuse et recouvrez-le de carottes.

2. Déposez le sachet d'assaisonnement sur les légumes. Placez par-dessus le corned-beef, avec le gras vers le haut. Ajoutez l'eau. Couvrez et laissez cuire à BASSE température pendant 10 heures.

3. Jetez le sachet d'assaisonnement. Juste avant de servir, mélangez la moutarde et le miel dans un petit récipient et utilisez la sauce ainsi obtenue comme trempette, si désiré.

Donne 6 portions

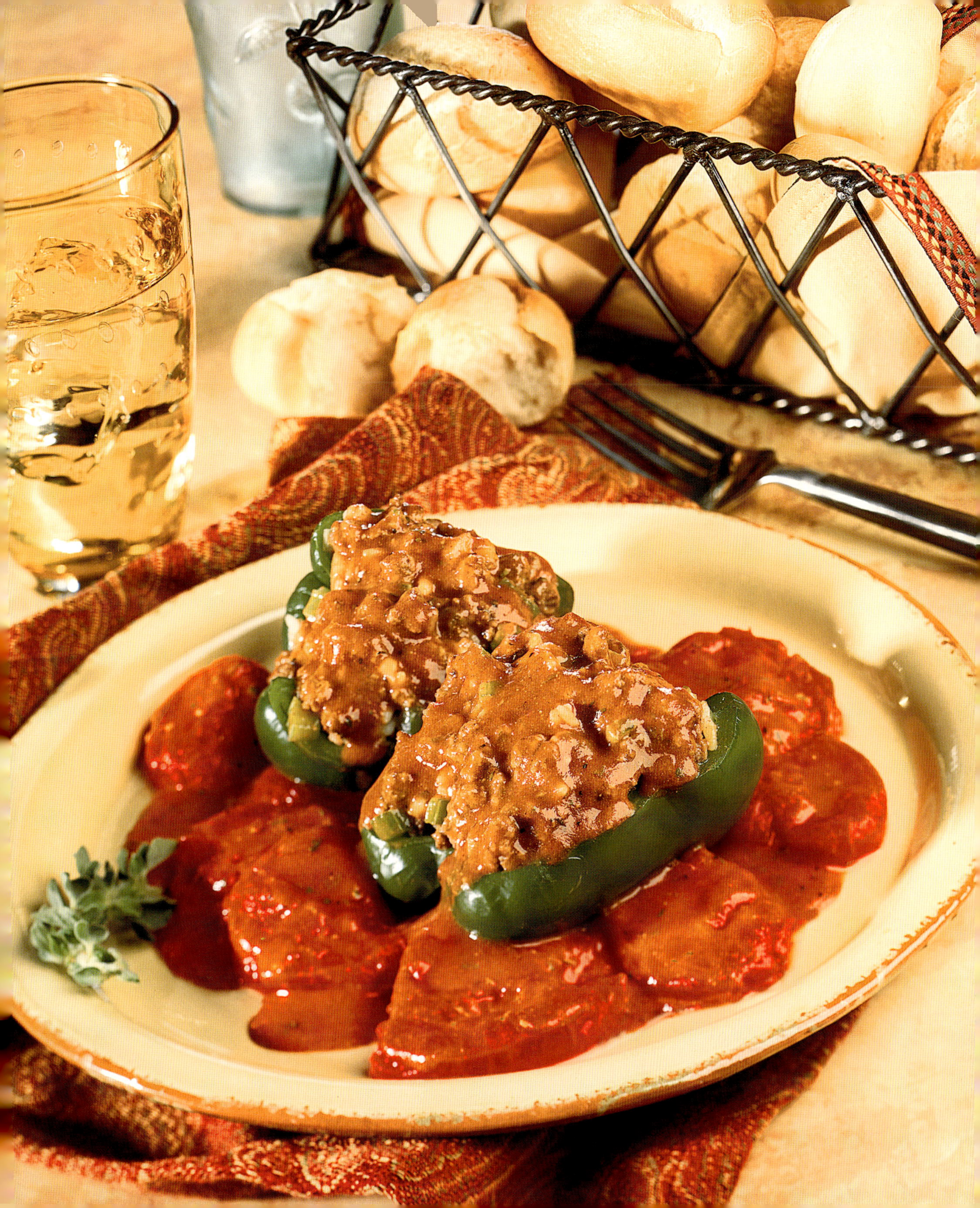

La volaille, c'est super

Poulet à la grecque

6 cuisses de poulet sans peau et désossées
½ cuillère à thé de sel
½ cuillère à thé de poivre noir
1 cuillère à soupe d'huile d'olive
½ tasse (125 ml) de bouillon de poulet
1 citron, coupé en fines tranches
¼ tasse (50 g) d'olives kalamata dénoyautées
½ cuillère à thé d'origan séché
1 gousse d'ail, émincée
Orzo ou riz cuit, chaud

Instructions de cuisson à la mijoteuse

1. Retirez le gras visible du poulet; assaisonnez les cuisses de poulet de sel et de poivre. Faites chauffer l'huile dans une grande sauteuse à feu moyen-vif. Faites-y dorer le poulet de tous les côtés. Mettez ensuite les cuisses de poulet dans la mijoteuse.

2. Ajoutez le bouillon, le citron, les olives, l'origan et l'ail dans la mijoteuse.

3. Couvrez et laissez cuire à BASSE température pendant 5 à 6 heures ou jusqu'à ce que le poulet soit tendre. Servez accompagné d'orzo.

Donne 4 à 6 portions

Temps de préparation: 15 minutes
Temps de cuisson: 5 à 6 heures

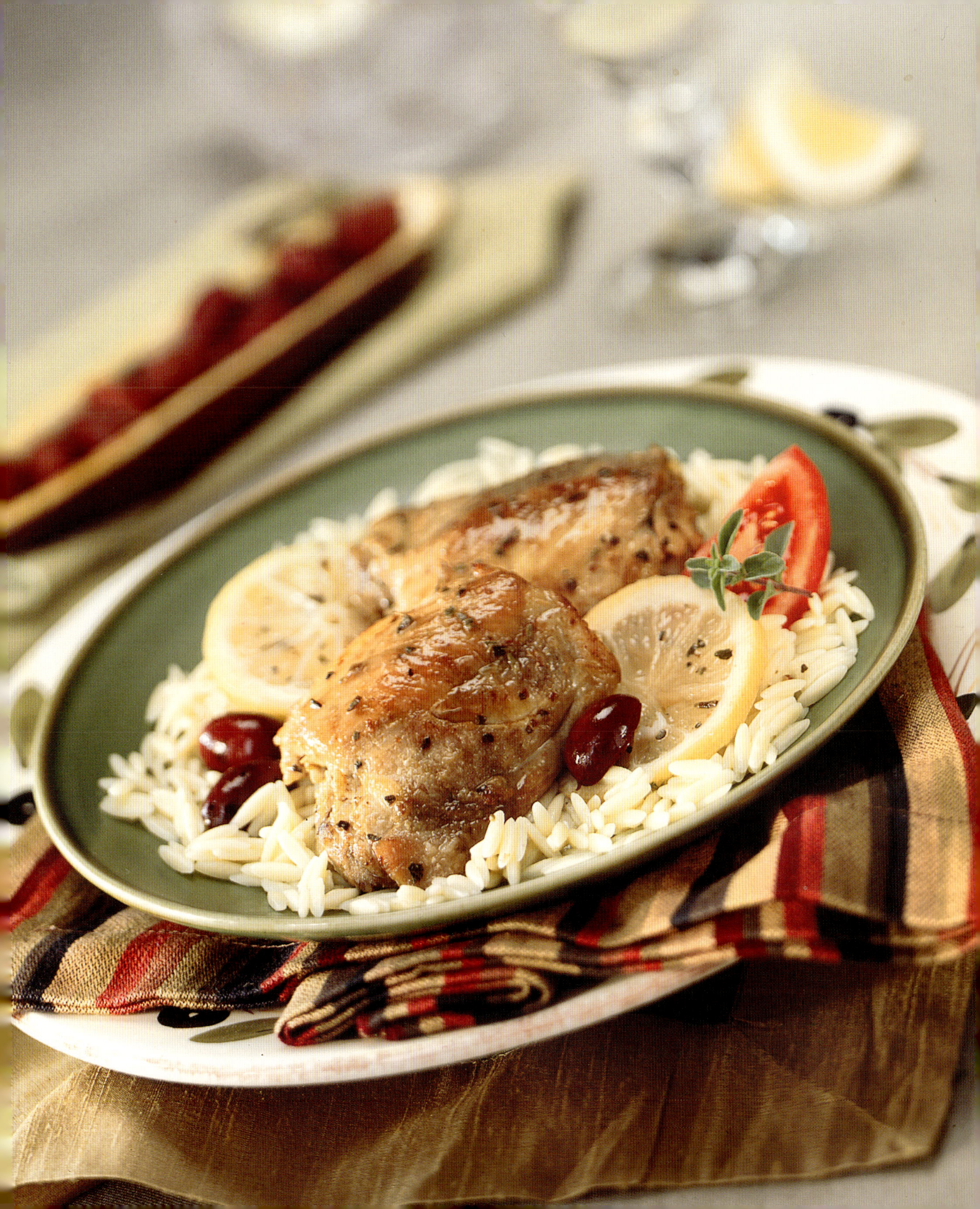

Poulet à l'ananas et aux patates douces

⅔ tasse (75 g) plus 3 cuillères à soupe de farine tout usage (à diviser)
1 cuillère à thé de sel
1 cuillère à thé de muscade moulue
½ cuillère à thé de cannelle moulue
⅛ cuillère à thé de poudre d'oignon
⅛ cuillère à thé de poivre noir
6 poitrines de poulet
3 patates douces, pelées et tranchées
1 boîte (10¾ onces/320 ml) de concentré de crème de poulet, non dilué
½ tasse (125 ml) de jus d'ananas
¼ livre (115 g) de champignons, tranchés
2 cuillères à thé de cassonade claire tassée
½ cuillère à thé de zeste d'orange
   Riz cuit, chaud

Instructions de cuisson à la mijoteuse

1. Mélangez ⅔ tasse (75 g) de farine, le sel, la muscade, la cannelle, la poudre d'oignon et le poivre noir dans un grand récipient. Enrobez bien le poulet de la préparation ainsi obtenue. Déposez les patates douces dans le fond de la mijoteuse. Ajoutez le poulet par-dessus.

2. Mettez le concentré, le jus d'ananas, les champignons, les 3 cuillères à soupe restantes de farine, la cassonade et le zeste d'orange dans un récipient de taille moyenne; mélangez bien le tout. Versez cette préparation dans la mijoteuse.

3. Couvrez et laissez cuire à BASSE température pendant 8 à 10 heures ou à HAUTE température pendant 3 à 4 heures. Servez le poulet, arrosé de sauce, sur du riz.

Donne 6 portions

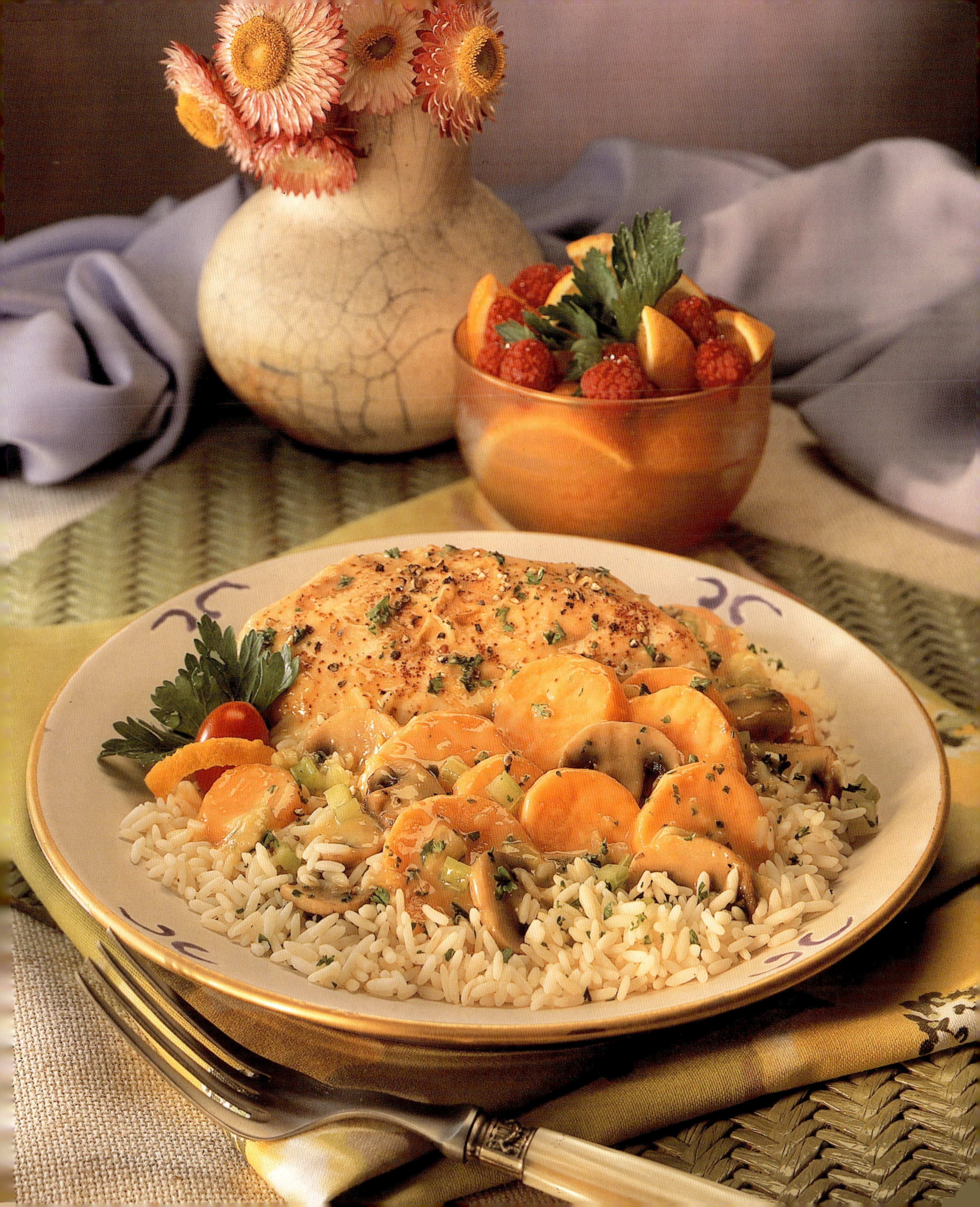

Risotto safrané au poulet

- 1½ livre (680 g) de poitrines de poulet sans peau et désossées
- ¼ cuillère à thé de sel
- ⅛ cuillère à thé de poivre blanc
- 1 cuillère à soupe d'huile d'olive
- 1 tasse (240 g) de champignons frais tranchés
- ½ tasse (120 g) d'oignons verts tranchés
- ½ tasse (120 g) de poivrons rouges hachés
- ½ tasse (120 g) de céleri haché
- 1 cuillère à soupe de beurre
- 1 tasse (210 g) de riz cru
- Pincée de safran en poudre
- ⅓ tasse (85 ml) de vin blanc sec
- 2 tasses (500 ml) de bouillon de poulet
- 3 tasses (750 ml) d'eau
- ⅓ tasse (40 g) de parmesan râpé
- ⅓ tasse (65 g) d'olives noires tranchées
- ⅓ tasse (85 ml) de crème fraîche épaisse (riche en M.G.)

Coupez le poulet en morceaux de 1 pouce (2,5 cm) d'épaisseur et assaisonnez-le de sel et de poivre. Faites chauffer l'huile dans une grande sauteuse à feu moyen-vif. Ajoutez le poulet, les champignons, les oignons, les poivrons et le céleri. Poursuivez la cuisson jusqu'à ce que le poulet ait perdu sa couleur rosée au centre. Retirez le poulet et les légumes de la sauteuse et réservez. Faites fondre le beurre dans la sauteuse, puis ajoutez le riz et le safran. Laissez cuire pendant 2 à 3 minutes, sans cesser de mélanger. Ajoutez le vin et remuez jusqu'à absorption. Versez ensuite 1 tasse (250 ml) de bouillon de poulet et poursuivez la cuisson, à découvert, jusqu'à absorption, tout en remuant fréquemment. Continuez à remuer, puis ajouter la tasse (250 ml) restante de bouillon et l'eau, une tasse à la fois. Attendez que chaque tasse d'eau ait été absorbée avant d'ajouter la suivante. Laissez cuire pendant environ 25 à 30 minutes jusqu'à ce que le riz soit tendre et que vous obteniez une consistance crémeuse. Incorporez le fromage, les olives, la crème et la préparation à base de poulet; faites bien chauffer et servez immédiatement.

Donne 4 portions

Conseil: Pour obtenir la meilleure consistance possible, utilisez un riz à grain moyen pour faire votre risotto. Vous pouvez cependant utiliser un riz à grain long.

Recette favorite extraite du site de **USA Rice**

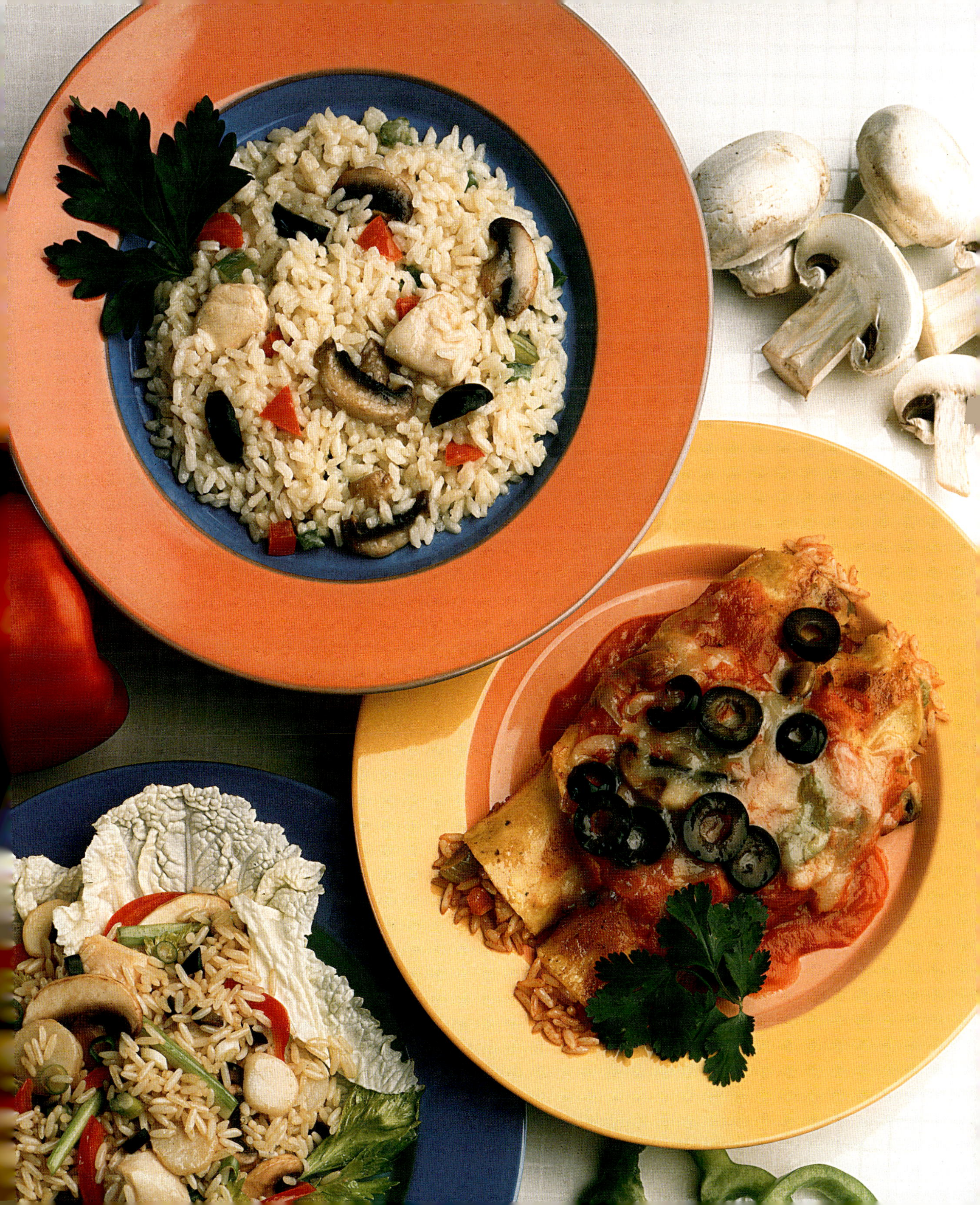

Suprême de poulet d'Heidi

- 1 boîte (10¾ onces/320 ml) de concentré de crème de poulet, non dilué
- 1 sachet (1 once/30 g) de mélange sec pour soupe à l'oignon
- 6 poitrines de poulet sans peau et désossées (environ 1½ livre/680 g)
- ½ tasse (120 g) de simili-bacon en morceaux ou ½ livre (225 g) de bacon, croustillant et émietté
- 1 pot (16 onces/455 g) de crème sure à teneur réduite en M.G.

Instructions de cuisson à la mijoteuse

1. Vaporisez la mijoteuse avec un aérosol de cuisson antiadhésif. Mettez le concentré et le mélange sec pour soupe à l'oignon dans un récipient de taille moyenne et mélangez bien. Étalez les poitrines de poulet et le mélange ainsi obtenu dans la mijoteuse. Saupoudrez de bacon émietté.

2. Couvrez et laissez cuire à BASSE température pendant 8 heures ou à HAUTE température pendant 4 heures.

3. Incorporez la crème sure durant la dernière heure de cuisson.

Donne 6 portions

Casserole de riz au poulet et brocoli

- 1 paquet de riz aromatisé aux brocolis (du commerce)
- 2 tasses (500 ml) d'eau bouillante
- 4 poitrines de poulet sans peau et désossées (environ 1 livre/455 g)
- ¼ cuillère à thé de poudre d'ail
- 2 tasses (480 g) de brocolis surgelés
- 1 tasse (4 onces/115 g) de cheddar râpé à teneur réduite en M.G.

1. Faites chauffer le four à 425°F (220°C). Dans un plat de cuisson de 13 x 9 po (33 x 23 cm), mélangez le riz et le contenu du sachet d'assaisonnement inclus dans le paquet. Ajoutez l'eau bouillante et remuez bien. Ajoutez le poulet et saupoudrez d'ail. Couvrez et laissez cuire pendant 30 minutes.

2. Ajoutez les brocolis et le fromage. Couvrez et poursuivez la cuisson pendant 8 à 10 minutes ou jusqu'à ce que le poulet ait perdu sa couleur rosée au centre.

Donne 4 portions

Enchiladas au poulet et au fromage

- ¼ tasse (½ bâtonnet/55 g) de beurre
- 1 tasse (240 g) d'oignons hachés
- 2 gousses d'ail, émincées
- ¼ tasse (30 g) de farine tout usage
- 1 tasse (250 ml) de bouillon de poulet
- 4 onces (115 g) de fromage à la crème, coupé en morceaux
- 2 tasses (8 onces/225 g) de fromage râpé de style mexicain (à diviser)
- 1 tasse (250 g) de poulet cuit effiloché
- 1 boîte (7 onces/200 g) de piments verts doux en dés, égouttés
- ½ tasse (120 g) de piments doux d'Espagne en dés
- 6 tortillas (7 à 8 pouces/17,5 à 20 cm)
- ¼ tasse (15 g) de coriandre fraîche hachée
- ¾ tasse (190 ml) de salsa

1. Préchauffez le four à 350 °F (175 °C). Vaporisez un plat de cuisson de 13 x 9 po (33 x 23 cm) avec un aérosol de cuisson antiadhésif.

2. Faites fondre le beurre dans une casserole de taille moyenne à feu moyen. Ajoutez les oignons et l'ail; laissez cuire, tout en remuant, jusqu'à ce que les oignons soient tendres. Incorporez la farine et poursuivez la cuisson pendant 1 minute, tout en remuant. Versez le bouillon de poulet petit à petit; laissez cuire, tout en remuant, pendant 2 à 3 minutes ou jusqu'à ce que la sauce ait légèrement épaissi. Ajoutez le fromage à la crème et remuez jusqu'à ce qu'il soit fondu. Incorporez ½ tasse (55 g) de fromage râpé, le poulet, les piments verts et les piments doux d'Espagne.

3. À l'aide d'une cuillère, déposez environ ⅓ tasse (85 ml) de la préparation sur chaque tortilla. Roulez les tortillas et déposez-les dans le plat de cuisson huilé, le côté rabattu vers le bas. Versez le restant de la préparation sur les enchiladas; saupoudrez le reste du fromage râpé (1½ tasse/170 g).

4. Laissez cuire pendant 20 minutes ou jusqu'à ce que des bulles se forment à la surface et que le dessus soit légèrement doré. Parsemez de coriandre et servez accompagné de salsa.

Donne 6 portions

Escalopes de poulet

   10 tranches de pain blanc, coupé en dés
1½ tasse (165 g) de chapelure ou de craquelins émiettés (à diviser)
    4 tasses (1 kg) d'escalopes de poulet, cuit et coupé en dés
    3 tasses (750 ml) de bouillon de poulet
    1 tasse (240 g) d'oignons hachés
    1 tasse (240 g) de céleri haché
    1 boîte (8 onces/225 g) de champignons tranchés, égouttés
    1 pot (environ 4 onces/115 g) de piments doux d'Espagne, coupés en dés
    3 œufs, légèrement battus
       Sel et poivre noir
    1 cuillère à soupe de margarine

1. Préchauffez le four à 350 °F (175 °C).

2. Mélangez les morceaux de pain et 1 tasse (110 g) de craquelins émiettés dans un grand bol mélangeur. Ajoutez le poulet, le bouillon, les oignons, le céleri, les champignons, les piments doux d'Espagne et les œufs et remuez bien. Assaisonnez de sel et de poivre. À l'aide d'une cuillère, mettez la préparation ainsi obtenue dans un plat de cuisson de 2½ litres.

3. Faites fondre la margarine dans une petite casserole. Ajoutez le reste des craquelins émiettés (½ tasse/55 g) et laissez dorer, tout en remuant de temps en temps. Saupoudrez cette chapelure sur le plat de cuisson.

4. Laissez cuire pendant 1 heure ou jusqu'à ce que ce soit chaud ou que des bulles se forment à la surface.

Donne 6 portions

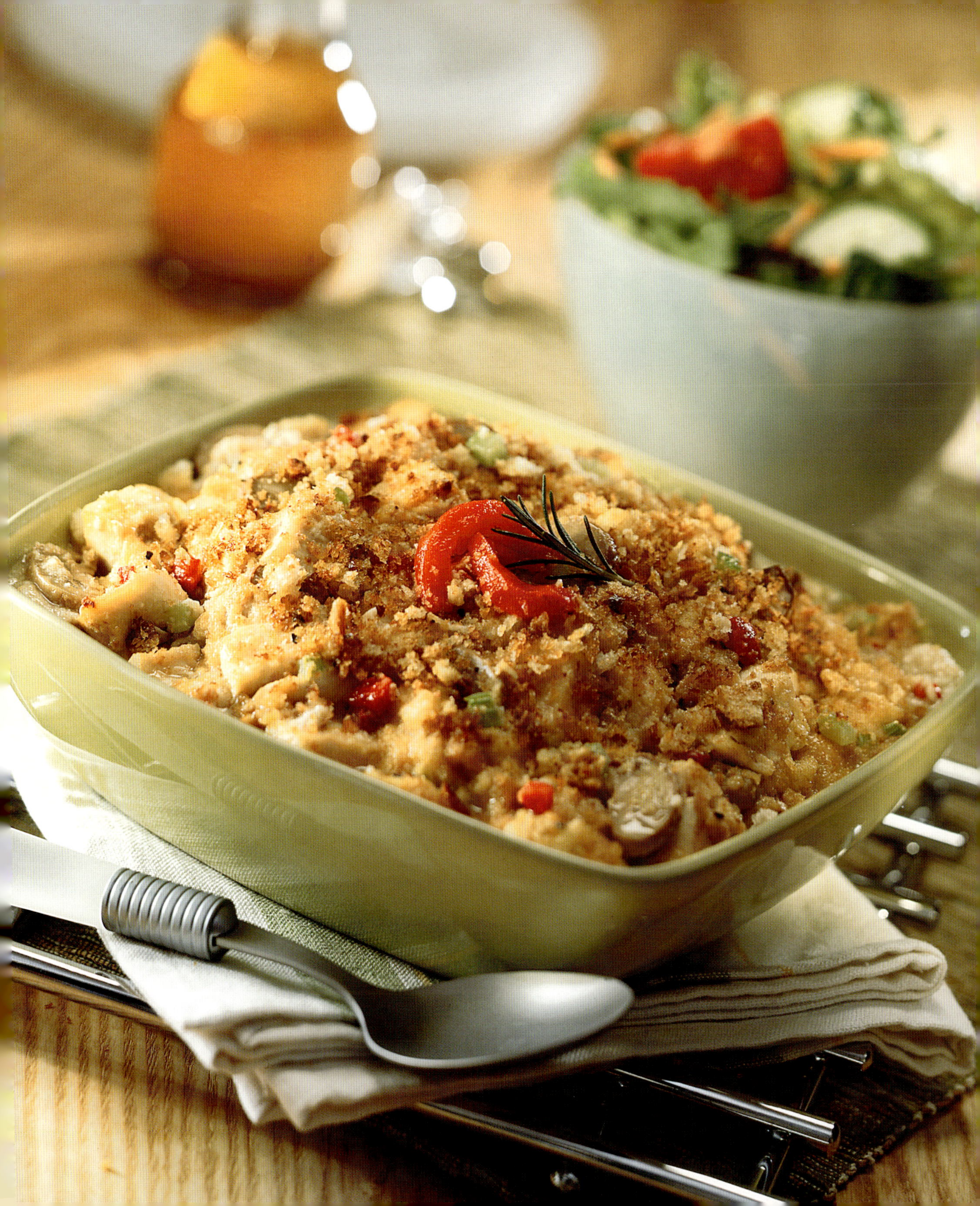

Tarte étagée aux enchiladas

8 tortillas de maïs (6 pouces/15 cm)
1 pot (12 onces/360 ml) de salsa (du commerce)
1 boîte (15½ onces/440 g) de haricots rouges, rincés et égouttés
1 tasse (250 g) de poulet cuit effiloché
1 tasse (115 g) de Monterey Jack râpé, aromatisé aux piments jalapeño

Instructions de cuisson à la mijoteuse

Préparez des poignées en aluminium (voir ci-dessous) et mettez-les dans la mijoteuse. Déposez 1 tortilla dans le fond de la mijoteuse et recouvrez-la d'une petite quantité de salsa, de haricots, de poulet et de fromage. Répétez l'opération avec chaque tortilla et le restant des ingrédients pour obtenir des couches successives. Terminez en parsemant de fromage. Couvrez et laissez cuire à BASSE température pendant 6 à 8 heures ou à HAUTE température pendant 3 à 4 heures. Retirez la tarte de la mijoteuse en soulevant les poignées d'aluminium. Décorez de coriandre fraîche et de morceaux de poivron rouge, si désiré.

Donne 4 à 6 portions

Poignées en aluminium : Découpez trois lanières de 18 x 2 po (46 x 5 cm) dans du papier d'aluminium résistant ou utilisez du papier d'aluminium ordinaire et doublez l'épaisseur. Disposez-les en croisillons comme des rayons de roue et déposez-les ainsi dans la mijoteuse pour que la pile d'enchiladas soit plus facile à soulever.

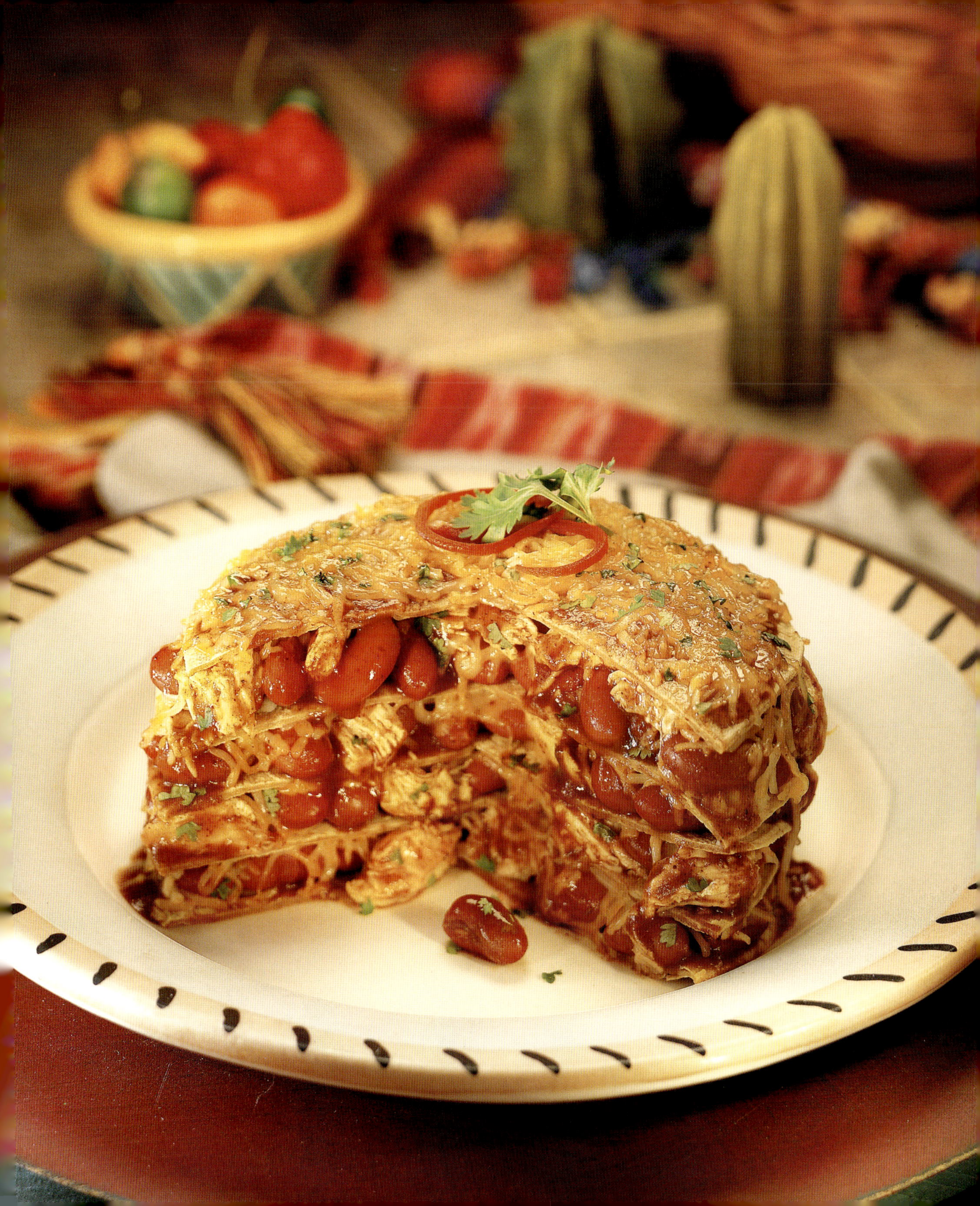

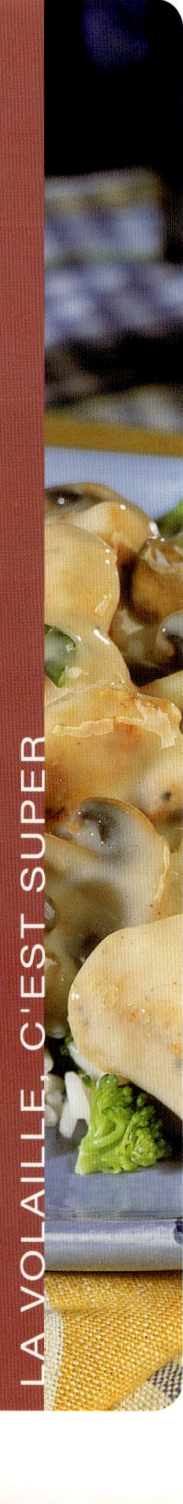

Poulet aigre-piquant

4 à 6 poitrines de poulet sans peau désossées
  (environ 1 à 1½ livre/455 à 680 g)
1 sachet (1 once/30 g) de mélange sec pour soupe aigre-piquante
1 tasse (250 ml) de bouillon de poulet ou de légumes

Instructions de cuisson à la mijoteuse

Mettez le poulet dans la mijoteuse. Ajoutez le mélange sec pour soupe et le bouillon. Couvrez et laissez cuire à BASSE température pendant 5 à 6 heures. Décorez à volonté.

Donne 4 à 6 portions

Casserole de poulet garnie de feuilletés à l'oignon

1 sachet (1,8 onces/50 g) de mélange pour sauce béchamel classique
2¾ tasses (675 ml) de lait (à diviser)
¼ cuillère à thé de thym séché
1 paquet (10 onces/285 g) de petits pois et carottes surgelés, décongelés
1 paquet (10 onces/285 g) de poitrines de poulet tranchées rôties, coupées en petites bouchées
1 tasse (115 g) de mélange à pâte tout usage
1⅓ tasse (330 g) de rondelles d'oignon panées (à diviser)
½ tasse (2 onces/55 g) de cheddar râpé

1. Préchauffez le four à 400 °F (205 °C). Préparez la sauce béchamel en suivant les instructions indiquées sur le sachet, en utilisant 2¼ tasses (560 ml) de lait ; incorporez le thym. Mélangez les légumes, le poulet et la sauce béchamel préparée dans un plat de cuisson peu profond de 2 litres.

2. Mettez le mélange à pâte, ⅔ tasse (150 ml) de rondelles d'oignons panées et le lait restant (½ tasse/125 ml) dans un récipient de taille moyenne et mélangez bien. Versez 6 à 8 cuillères de pâte sur la préparation à base de poulet.

3. Laissez cuire pendant 25 minutes ou jusqu'à ce que la pâte soit dorée. Parsemez de fromage et du reste d'oignons. Poursuivez la cuisson pendant 3 minutes ou jusqu'à ce que le fromage soit fondu et que les oignons soient dorés.

Donne 6 portions

Conseil : Vous pouvez remplacer les poitrines de poulet tranchées rôties par 2 tasses (500 g) de découpes de poulet cuit.

Variante : Pour un goût de cheddar plus prononcé, remplacez les rondelles d'oignons panées par des rondelles d'oignons panées aromatisées au cheddar.

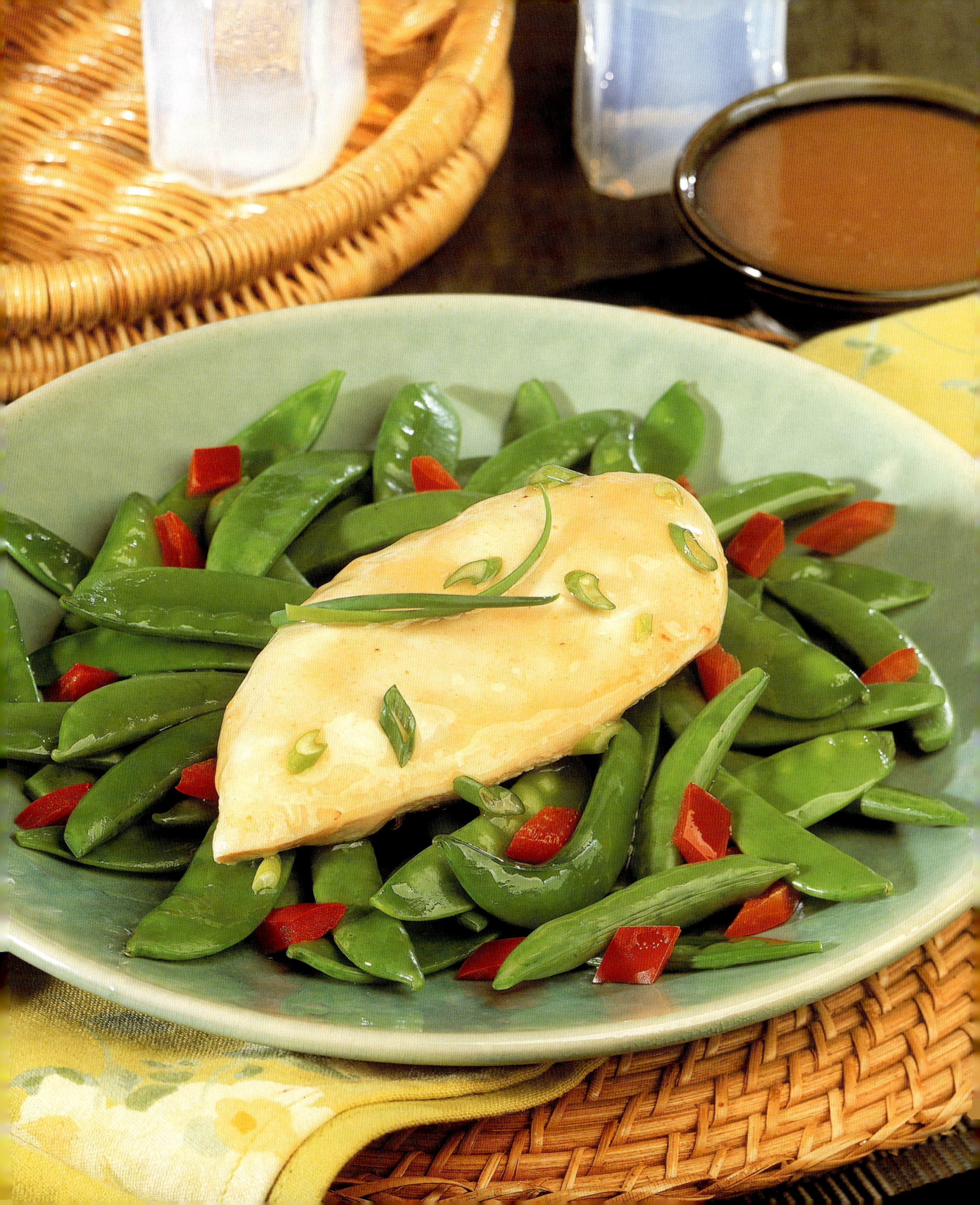

Poulet et champignons à la crème

    1 cuillère à thé de sel
    ½ cuillère à thé de poivre noir
    ¼ cuillère à thé de paprika
    3 poitrines de poulet sans peau désossées, coupées en gros morceaux
    1 ½ tasse (360 g) de champignons frais tranchés
    ½ tasse (120 g) d'oignons verts tranchés
    1 ¾ cuillère à thé de granules de bouillon de poulet
    1 tasse (250 ml) de vin blanc sec
    ½ tasse (125 ml) d'eau
    1 boîte (5 onces/150 ml) de lait concentré
    5 cuillères à thé de fécule de maïs
      Riz cuit, chaud

Instructions de cuisson à la mijoteuse

1. Mélangez le sel, le poivre et le paprika dans un petit récipient et saupoudrez-en le poulet.

2. Disposez en couches le poulet, les champignons et les oignons verts dans la mijoteuse; parsemez des granules de bouillon. Versez le vin et l'eau par-dessus. Couvrez et laissez cuire à BASSE température pendant 5 à 6 heures ou à HAUTE température pendant 3 heures. Retirez le poulet et les légumes et déposez-les dans un plat. Couvrez pour garder au chaud.

3. Mélangez le lait concentré et la fécule de maïs dans une petite casserole, tout en remuant jusqu'à obtenir une sauce homogène. Ajoutez 2 tasses (500 ml) du jus de cuisson de la mijoteuse; portez à ébullition et laissez bouillir pendant 1 minute ou jusqu'à épaississement, sans cesser de remuer. Servez le poulet sur du riz et arrosez le tout de sauce.

Donne 3 ou 4 portions

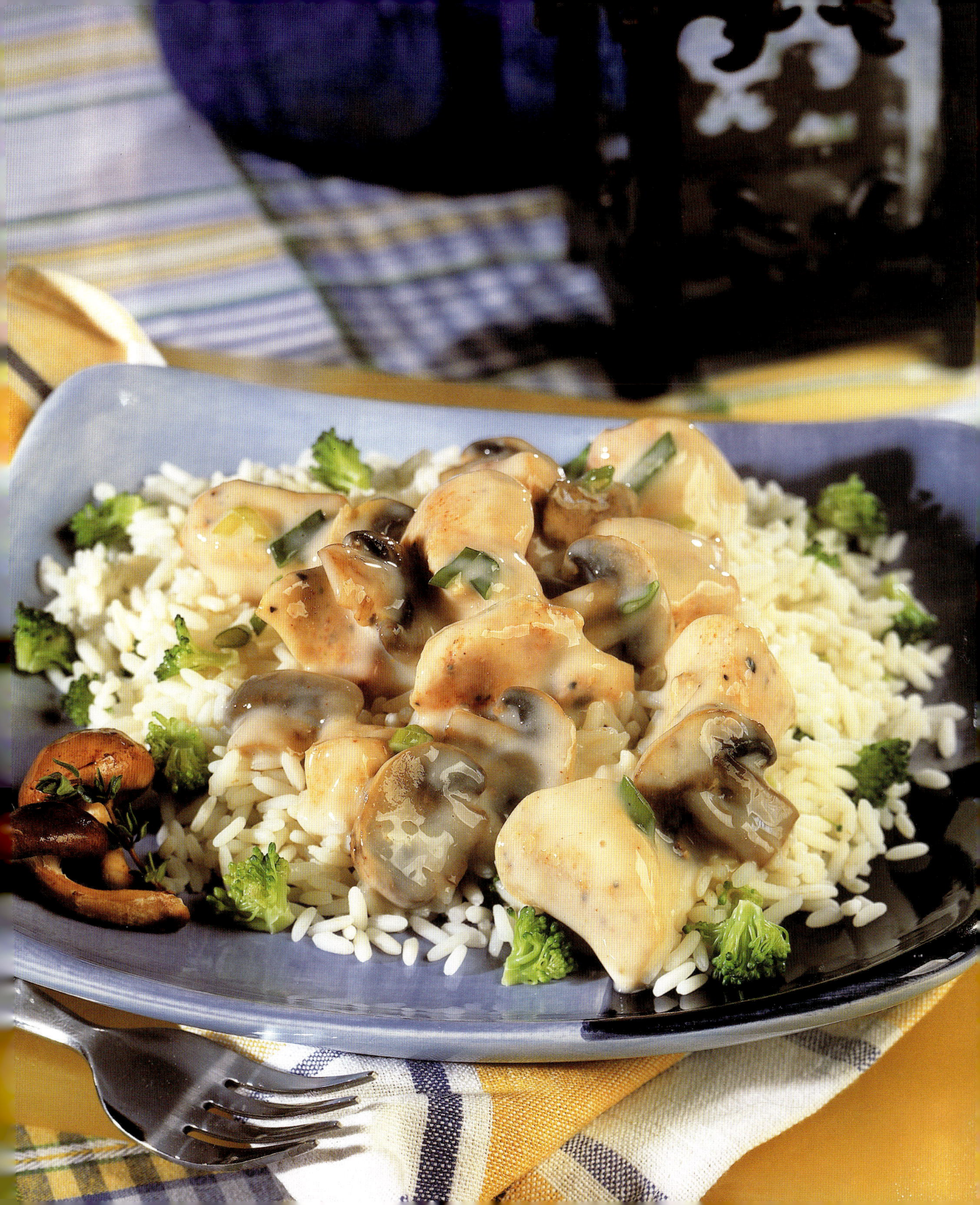

Poulet au fromage suisse fondu

  1 cuillère à soupe d'huile d'olive
  ¼ tasse (60 g) d'oignons, émincés
  1 gousse d'ail, émincée
  4 poitrines de poulet sans peau désossées
  1 paquet (environ 6 onces/170 g) de riz sauvage à grain long
1⅔ tasse (415 ml) de bouillon de poulet
  1 tasse (240 g) de champignons tranchés
  ½ tasse (120 g) de poivrons verts hachés
  ½ tasse (120 g) de poivrons rouges hachés
  4 tranches de fromage suisse

1. Faites chauffer l'huile dans une grande sauteuse à feu moyen. Ajoutez les oignons et l'ail et laissez cuire, tout en remuant, pendant 2 minutes ou jusqu'à ce que les oignons soient tendres. Ajoutez le poulet et poursuivez la cuisson pendant 5 à 7 minutes jusqu'à ce qu'il soit légèrement doré, en le retournant une fois en cours de cuisson. Ajoutez le riz, le contenu du sachet d'assaisonnement inclus dans le paquet et le bouillon de poulet. Portez à ébullition. Couvrez et laissez mijoter pendant 20 minutes ou jusqu'à ce que le riz soit cuit.

2. Incorporez les champignons et les poivrons. Laissez cuire, à couvert, pendant 5 à 8 minutes ou jusqu'à ce que le poulet ait perdu sa couleur rosée au centre et que le jus de cuisson soit clair lorsque vous piquez la viande.

3. Mettez une tranche de fromage sur chaque poitrine de poulet et retirez du feu. Laissez reposer pendant 5 minutes ou jusqu'à ce que le fromage soit fondu. Assaisonnez à votre goût.

Donne 4 portions

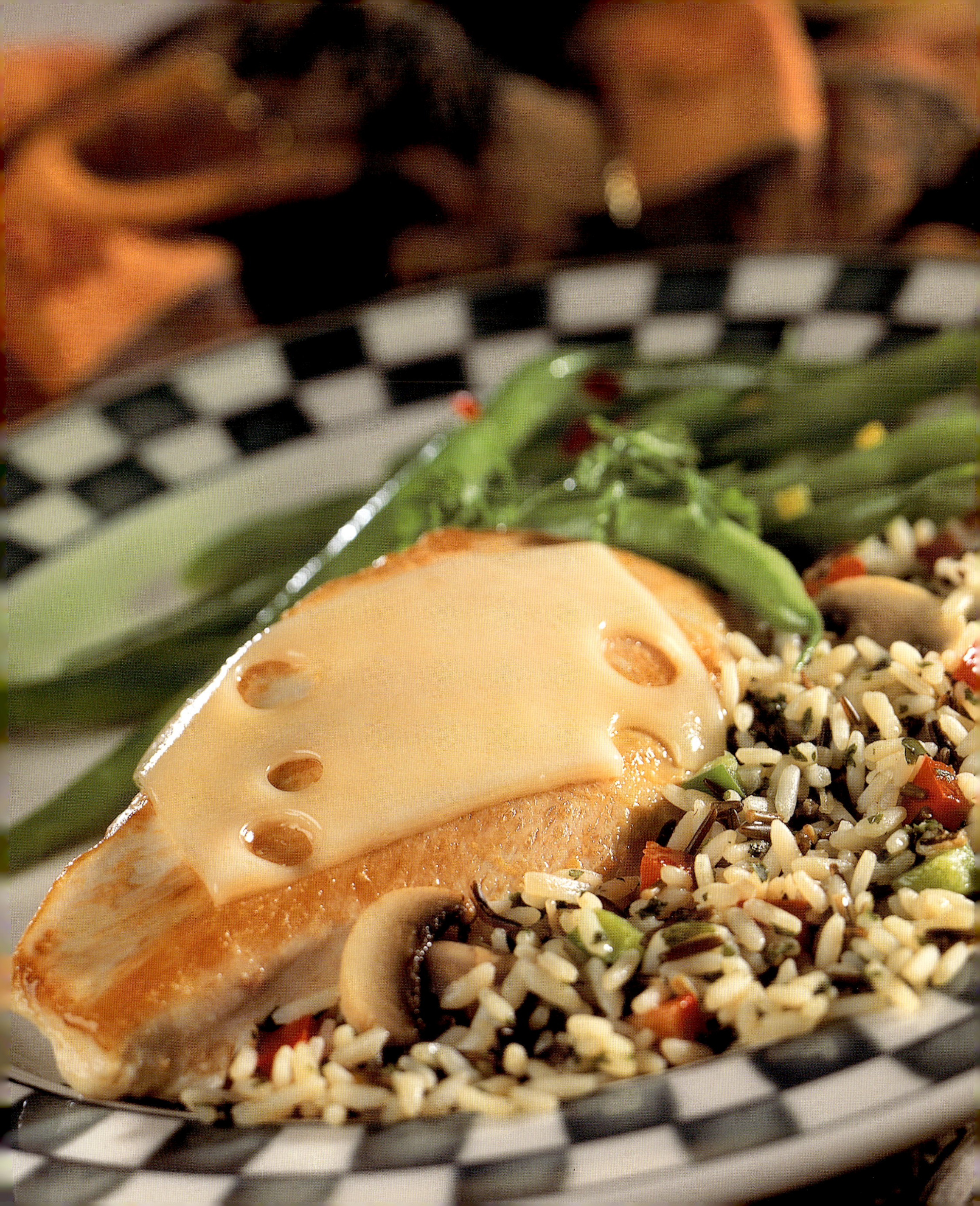

Poulet San Marino

        1 poulet (3 livres/1,35 kg), sans la peau et coupé en morceaux
    ¼ tasse (30 g) de farine tout usage
        1 boîte (8 onces/240 ml) de sauce tomate
    ⅓ tasse (35 g) de tomates séchées dans l'huile d'olive, hachées
    ¼ tasse (60 ml) de vin rouge
        1 cuillère à soupe de zeste de citron
        2 tasses (480 g) de champignons tranchés
        2 tasses (500 g) de rondelles d'oignons panées (à diviser)
            Riz ou pâtes cuites, chaudes (facultatif)

Instructions de cuisson à la mijoteuse

1. Enrobez légèrement les morceaux de poulet de farine. Mettez le poulet dans la mijoteuse. Ajoutez la sauce tomate, les tomates séchées, le vin et le zeste de citron. Couvrez et laissez cuire à BASSE température pendant 4 heures (ou à HAUTE température pendant 2 heures).

2. Ajoutez les champignons et 1 tasse (250 g) de rondelles d'oignons panées. Couvrez et laissez cuire à BASSE température pendant 2 heures (ou à HAUTE température pendant 1 heure), jusqu'à ce que le poulet ait perdu sa couleur rosée près de l'os. Retirez le poulet et déposez-le dans un plat préalablement chauffé. Dégraissez le jus de cuisson.

3. Servez le poulet accompagné de riz ou de pâtes, si désiré. À l'aide d'une cuillère, arrosez de sauce et parsemez avec le reste des rondelles d'oignons panées.

Donne 4 portions

Temps de préparation : 5 minutes
Temps de cuisson : 6 heures

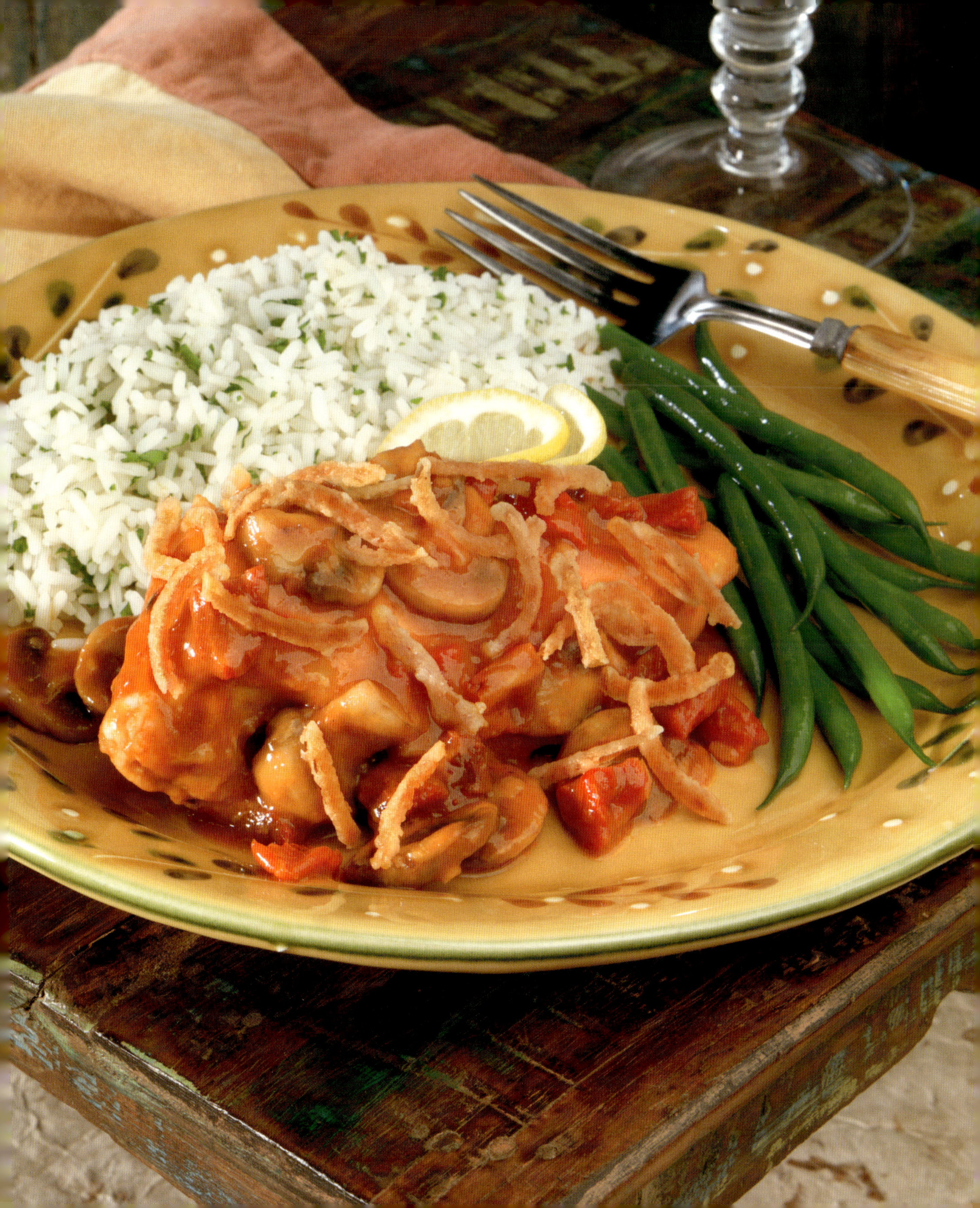

Poulet et nouilles aux trois fromages

   3 tasses (750 g) de poulet cuit haché
1 ½ tasse (340 g) de fromage cottage
   1 boîte (10¾ onces/320 ml) de concentré de crème de poulet, non dilué
   1 paquet (8 onces/225 g) de nouilles aux œufs larges, cuites et égouttées
   1 tasse (115 g) de Monterey Jack râpé
   ½ tasse (120 g) de céleri coupé en dés
   ½ tasse (120 g) d'oignons coupés en dés
   ½ tasse (120 g) de poivrons verts coupés en dés
   ½ tasse (120 g) de poivrons rouges coupés en dés
   ½ tasse (120 g) de parmesan râpé
   ½ tasse (120 g) de bouillon de poulet
   1 boîte (4 onces/115 g) de champignons tranchés, égouttés
   2 cuillères à soupe de beurre, fondu
   ½ cuillère à thé de thym séché

Instructions de cuisson à la mijoteuse

Mettez tous les ingrédients dans la mijoteuse. Remuez pour bien enrober le tout. Couvrez et laissez cuire à BASSE température pendant 6 à 10 heures ou à HAUTE température pendant 3 à 4 heures.

Donne 6 portions

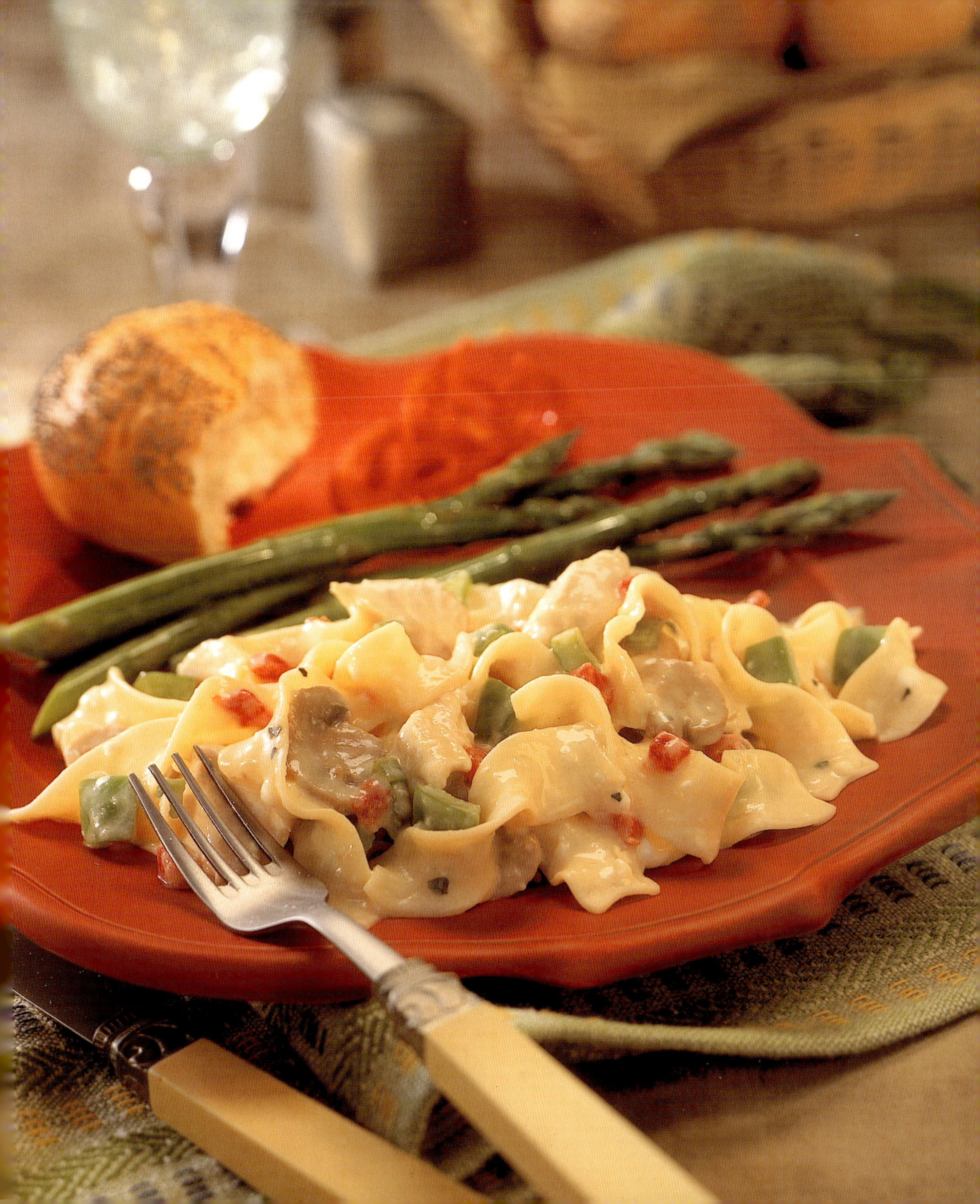

Poulet et riz au gingembre et à l'orange

¾ tasse (180 g) de riz
½ tasse (125 g) de vermicelles
1 cuillère à soupe de margarine ou de beurre
1½ tasse (375 ml) de bouillon de poulet
1 tasse (250 ml) de jus d'orange
¾ livre (340 g) de poitrines de poulet sans peau et désossées, coupées en fines lanières
2 gousses d'ail, émincées
¼ cuillère à thé de gingembre moulu
1 pincée de piment de Cayenne en poudre (facultatif)
1½ tasse (360 g) de carottes, coupées en petits bâtonnets fins ou 3 tasses (720 g) de fleurons de brocoli

1. Dans une grande sauteuse, faites sauter le riz, les vermicelles et la margarine à feu moyen, en remuant souvent jusqu'à coloration.

2. Incorporez le bouillon de poulet, le jus d'orange, le poulet, l'ail, le gingembre et le piment de Cayenne. Portez à ébullition à feu vif.

3. Couvrez et baissez le feu. Laissez mijoter pendant 10 minutes.

4. Incorporez les carottes.

5. Couvrez et poursuivez la cuisson ; laissez mijoter pendant encore 5 à 10 minutes ou jusqu'à ce que le liquide ait été absorbé et que le riz soit tendre.

Donne 4 portions

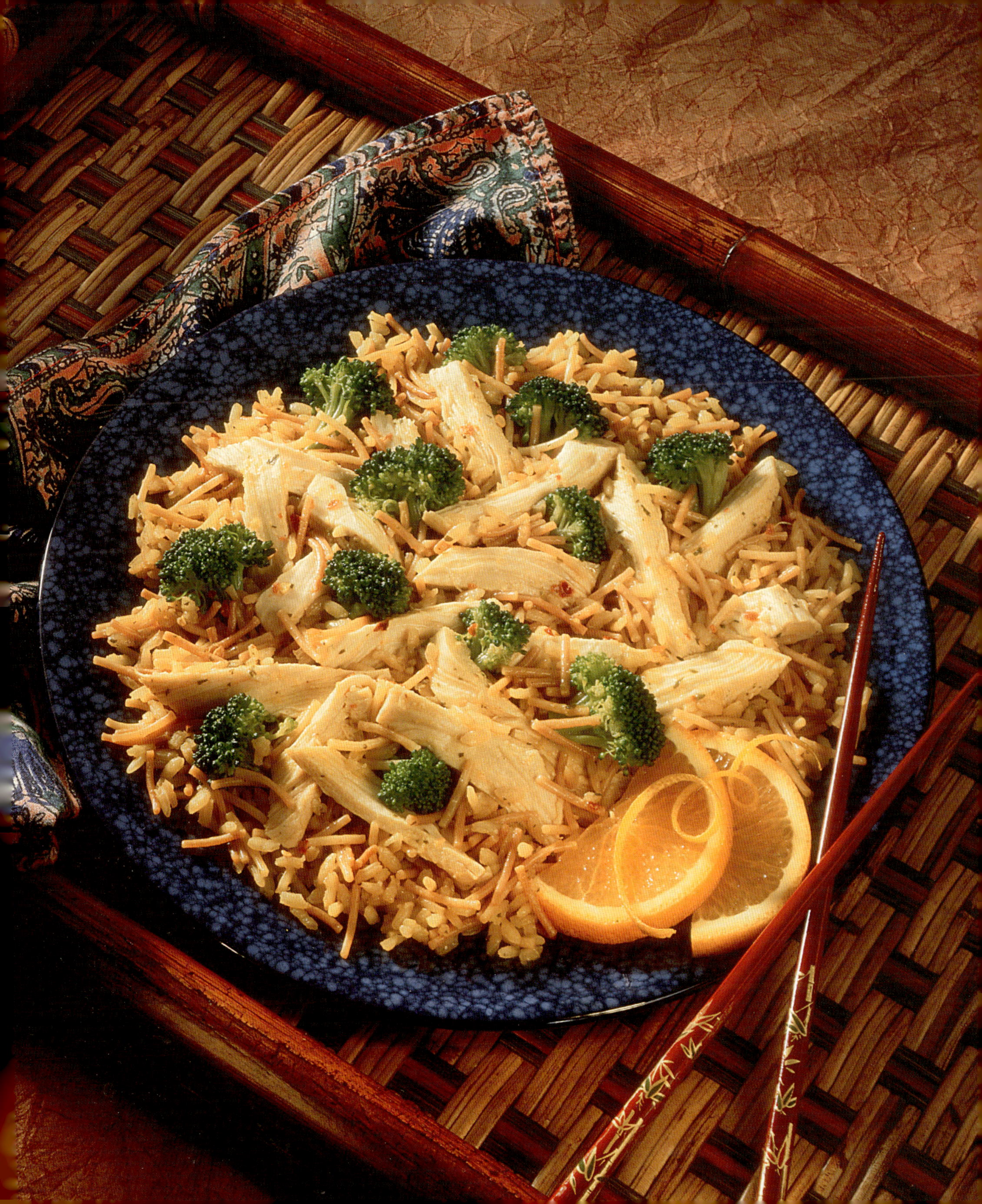

Coq au vin tout simple

  4 cuisses de poulet
   Sel et poivre noir
  2 cuillères à soupe d'huile d'olive
  ½ livre (225 g) de champignons tranchés
  1 oignon, coupé en rondelles
  ½ tasse (125 ml) de vin rouge
  ½ cuillère à thé de basilic séché
  ½ cuillère à thé de thym séché
  ½ cuillère à thé d'origan séché
   Riz cuit, chaud

Instructions de cuisson à la mijoteuse

1. Assaisonnez le poulet de sel et de poivre. Faites chauffer l'huile dans une grande sauteuse et faites-y dorer le poulet des deux côtés. Retirez le poulet et mettez-le dans la mijoteuse. Faites sauter les champignons et les oignons dans la même sauteuse. Ajoutez le vin ; remuez et raclez les morceaux de volaille collés au fond de la sauteuse. Ajoutez ce mélange à la mijoteuse. Saupoudrez de basilic, de thym et d'origan.

2. Couvrez et laissez cuire à BASSE température pendant 8 à 10 heures ou à HAUTE température pendant 3 à 4 heures.

3. Servez le poulet accompagné de riz et arrosé de sauce.

Donne 4 portions

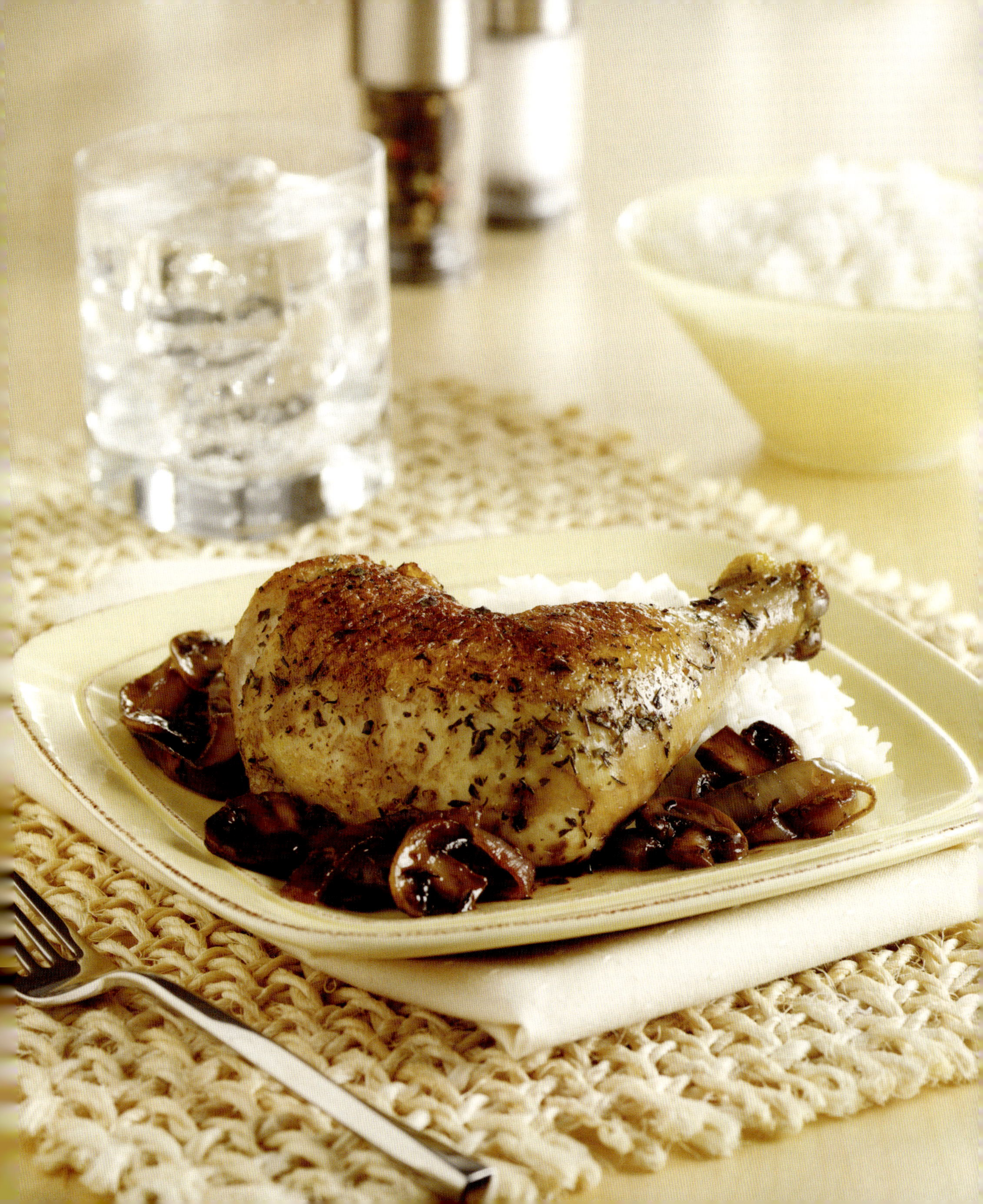

Mijoté de poulet au curry et aux légumes, accompagné de semoule

> 1 paquet (16 onces/455 g) de jardinière de légumes surgelés, comme brocolis, carottes et chou-fleur ou poivrons et oignons émincés
> 1 livre (455 g) d'aiguillettes de poulet
> 2 cuillères à thé de curry en poudre (à diviser)
> ¾ cuillère à thé de sel à l'ail
> ⅛ cuillère à thé de piment de Cayenne en poudre
> 4½ cuillères à thé d'huile végétale
> 1 boîte (environ 14 onces/420 ml) de bouillon de poulet
> 1 tasse (170 g) de semoule crue

1. Décongelez les légumes en suivant les instructions indiquées sur le paquet.

2. Pendant que les légumes décongèlent, mettez le poulet dans un récipient de taille moyenne. Saupoudrez-le de curry (1 cuillère à thé), de sel à l'ail et de piment de Cayenne en poudre. Remuez pour bien l'enrober.

3. Faites chauffer l'huile dans une grande sauteuse à feu moyen-vif. Ajoutez le poulet en prenant soin de l'étaler sur une seule couche. Laissez cuire pendant 5 à 6 minutes ou jusqu'à ce que le poulet ait perdu sa couleur rosée au centre, tout en remuant de temps en temps.

4. Transférez le poulet dans un plat; réservez. Ajoutez le bouillon et le curry restant (1 cuillère à thé) dans la sauteuse. Portez à ébullition à feu vif, tout en raclant les morceaux de volaille collés au fond de la sauteuse.

5. Incorporez les légumes décongelés dans la sauteuse; portez de nouveau à ébullition. Ajoutez la semoule, puis le poulet. Couvrez et retirez du feu. Laissez poser pendant 5 minutes ou jusqu'à absorption du liquide.

Donne 4 portions

Remarque: Pour une touche originale à votre plat, accompagnez chaque portion d'une cuillère de yogourt nature.

Temps de préparation et de cuisson: 19 minutes

Poulet tomate basilic aux brocolis

    4 demi-poitrines de poulet sans peau et désossées
       Sel et poivre noir (facultatif)
    2 cuillères à soupe de margarine ou de beurre
    1 tasse (240 g) de riz aromatisé au poulet
    2 tasses (500 ml) d'eau
    1 cuillère à thé de basilic séché
    2 tasses (480 g) de fleurons de brocoli
    1 tomate de taille moyenne, épépinée et hachée
    1 tasse (4 onces/115 g) de mozzarella râpée

1. Assaisonnez le poulet de sel et de poivre, si désiré.

2. Dans une grande sauteuse, faites fondre la margarine à feu moyen-vif. Ajoutez le poulet et laissez cuire pendant 2 minutes de chaque côté ou jusqu'à ce qu'il soit doré. Retirez le poulet de la sauteuse et réservez, ainsi que le jus de cuisson. Gardez au chaud.

3. Dans la même sauteuse, faites sauter le riz à feu moyen dans le jus de cuisson réservé jusqu'à coloration. Incorporez l'eau et le basilic. Déposez le poulet sur le mélange de riz et portez à ébullition à feu vif.

4. Couvrez et baissez le feu. Laissez mijoter pendant 15 minutes. Incorporez ensuite les brocolis et la tomate hachée.

5. Couvrez et poursuivez la cuisson ; laissez mijoter pendant encore 5 minutes ou jusqu'à ce que liquide ait été absorbé et que le poulet ait perdu sa couleur rosée au centre. Parsemez de fromage. Couvrez et laissez reposer quelques minutes avant de servir.

Donne 4 portions

Casserole de poulet aux artichauts et aux olives

1½ tasse (190 g) de pâtes (rotini) crues
1 cuillère à soupe d'huile d'olive
1 oignon de taille moyenne, haché
½ poivron vert, haché
2 tasses (500 g) de poulet cuit effiloché
1 boîte (14½ onces/410 g) de tomates en dés aux fines herbes italiennes, non égouttées
1 boîte (14 onces/395 g) de cœurs d'artichaut, égouttés et coupés en quartiers
1 boîte (6 onces/170 g) d'olives noires tranchées, égouttées
1 cuillère à thé d'assaisonnement de type italien
2 tasses (8 onces/225 g) de mozzarella râpée

1. Préchauffez le four à 350 °F (175 °C). Vaporisez un plat de cuisson de 2 litres avec un aérosol de cuisson antiadhésif.

2. Faites cuire les pâtes en suivant les instructions indiquées sur le paquet pour qu'elles soient *al dente*. Égouttez-les et réservez.

3. Pendant ce temps, faites chauffer l'huile dans une grande sauteuse à feu moyen. Ajoutez les oignons et le poivron ; laissez cuire pendant 1 minute, tout en remuant. Incorporez le poulet, les tomates avec leur jus, les pâtes, les cœurs d'artichaut, les olives et l'assaisonnement de type italien ; remuez pour bien mélanger.

4. Mettez la moitié de la préparation ainsi obtenue dans le plat de cuisson huilé ; saupoudrez de la moitié du fromage. Recouvrez ensuite de l'autre moitié de la préparation et parsemez du fromage restant.

5. Faites cuire, à couvert, pendant 35 minutes ou jusqu'à ce que ce soit chaud et que des bulles se forment à la surface.

Donne 8 portions

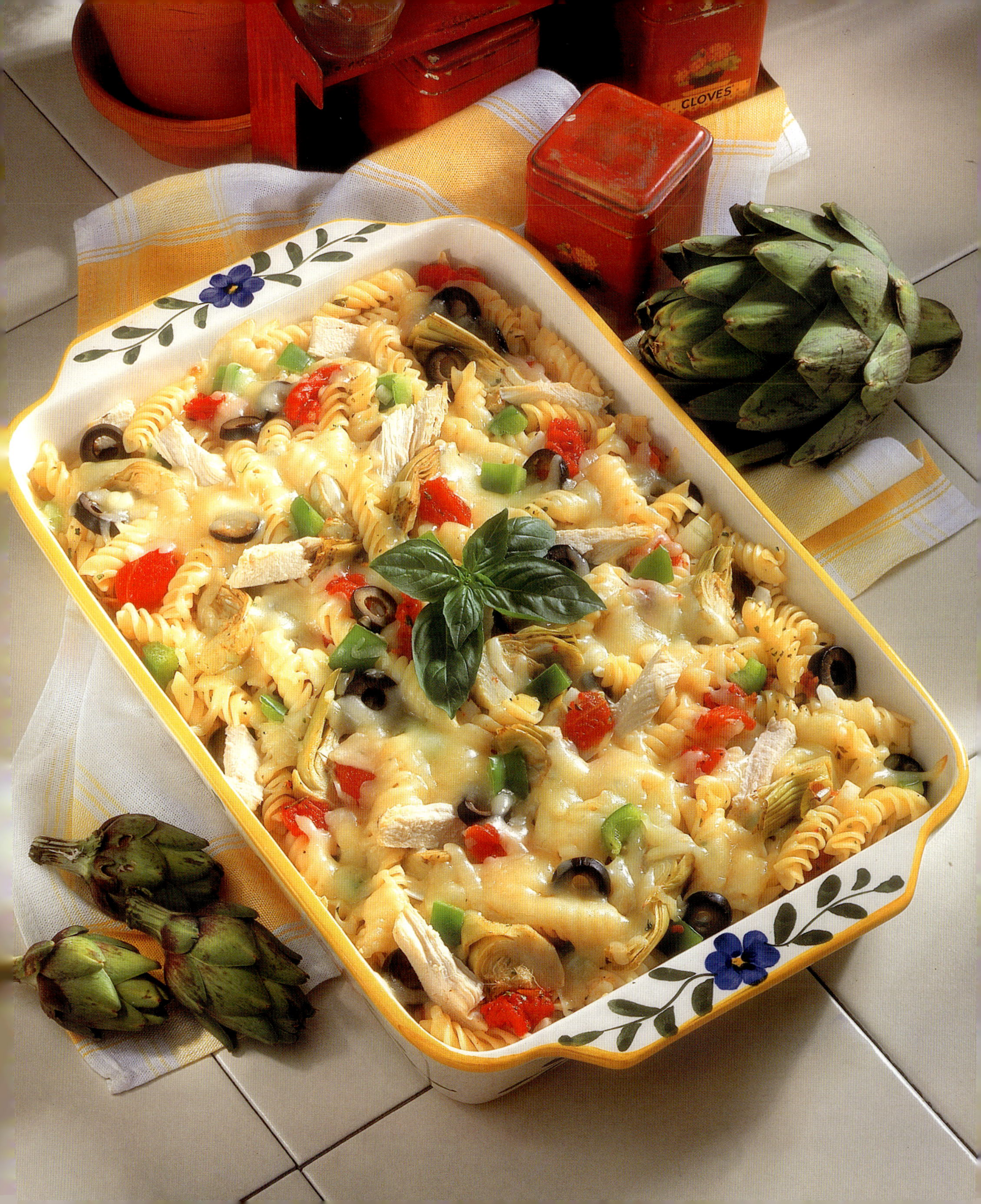
CLOVES

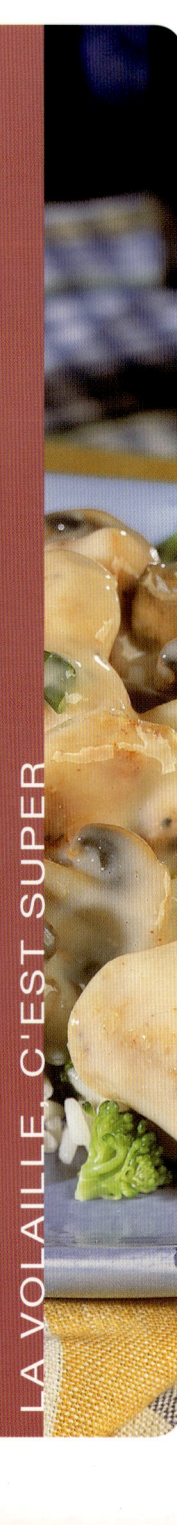

Paëlla

¼ tasse (60 ml) d'huile d'olive
1 livre (455 g) de poitrines de poulet sans peau désossées, coupées en lanières de 1 pouce (2,5 cm) d'épaisseur
½ livre (225 g) de saucisses italiennes, coupées en tranches de 1 pouce (2,5 cm) d'épaisseur
1 oignon, haché
3 gousses d'ail, émincées
2 boîtes (14½ onces/435 ml chacune) de bouillon de poulet
2 tasses (420 g) de riz blanc à grain long, cru
1 bouteille (8 onces/225 g) de jus de palourdes
1 pot (2 onces/55 g) de piments hachés, égouttés
2 feuilles de laurier
1 cuillère à thé de sel
¼ cuillère à thé de filaments de safran, émiettés (facultatif)
1 livre (455 g) de crevettes crues, décortiquées et déveinées
1 boîte (16 onces/455 g) de tomates entières, égouttées
1 paquet (10 onces/285 g) de petits pois surgelés, décongelés
12 palourdes du Pacifique, nettoyées
¼ tasse (60 ml) d'eau
Un brin de fines herbes fraîches (facultatif)

1. Préchauffez le four à 350°F (175°C). Dans une grande sauteuse, faites chauffer l'huile d'olive à feu moyen. Ajoutez le poulet et laissez cuire, tout en remuant, pendant 8 à 10 minutes ou jusqu'à ce qu'il soit doré de tous les côtés. Retirez le poulet à l'aide d'une écumoire et réservez. Mettez la saucisse dans la sauteuse et laisser cuire pendant 8 à 10 minutes ou jusqu'à coloration. Retirez la saucisse à l'aide d'une écumoire et réservez. Mettez l'oignon et l'ail dans la sauteuse et laissez cuire, tout en remuant, pendant 5 à 7 minutes ou jusqu'à ce que l'oignon soit tendre. Transférez le poulet, les morceaux de saucisse, l'oignon et l'ail dans un grand poêlon.

2. Ajoutez à ce mélange le bouillon de poulet, le riz, le jus de palourdes, les piments, les feuilles de laurier, le sel et, si désiré, le safran. Couvrez et laissez cuire pendant 30 minutes. Ajoutez les crevettes, les tomates et les petits pois; remuez bien. Couvrez et poursuivez la cuisson pendant encore 15 minutes ou jusqu'à ce que le riz soit tendre, que le liquide ait été absorbé et que les crevettes deviennent opaques. Retirez les feuilles de laurier.

3. Pendant ce temps, mettez les palourdes et l'eau dans une marmite ou une grande casserole. Couvrez et laissez cuire à feu moyen pendant 5 à 10 minutes ou jusqu'à ce que les palourdes s'ouvrent; retirez les palourdes dès qu'elles sont ouvertes. Jetez celles qui ne se sont pas ouvertes. Disposez les palourdes sur le dessus de la paëlla. Décorez avec un brin de fines herbes fraîches, si désiré.

Donne 4 à 6 portions

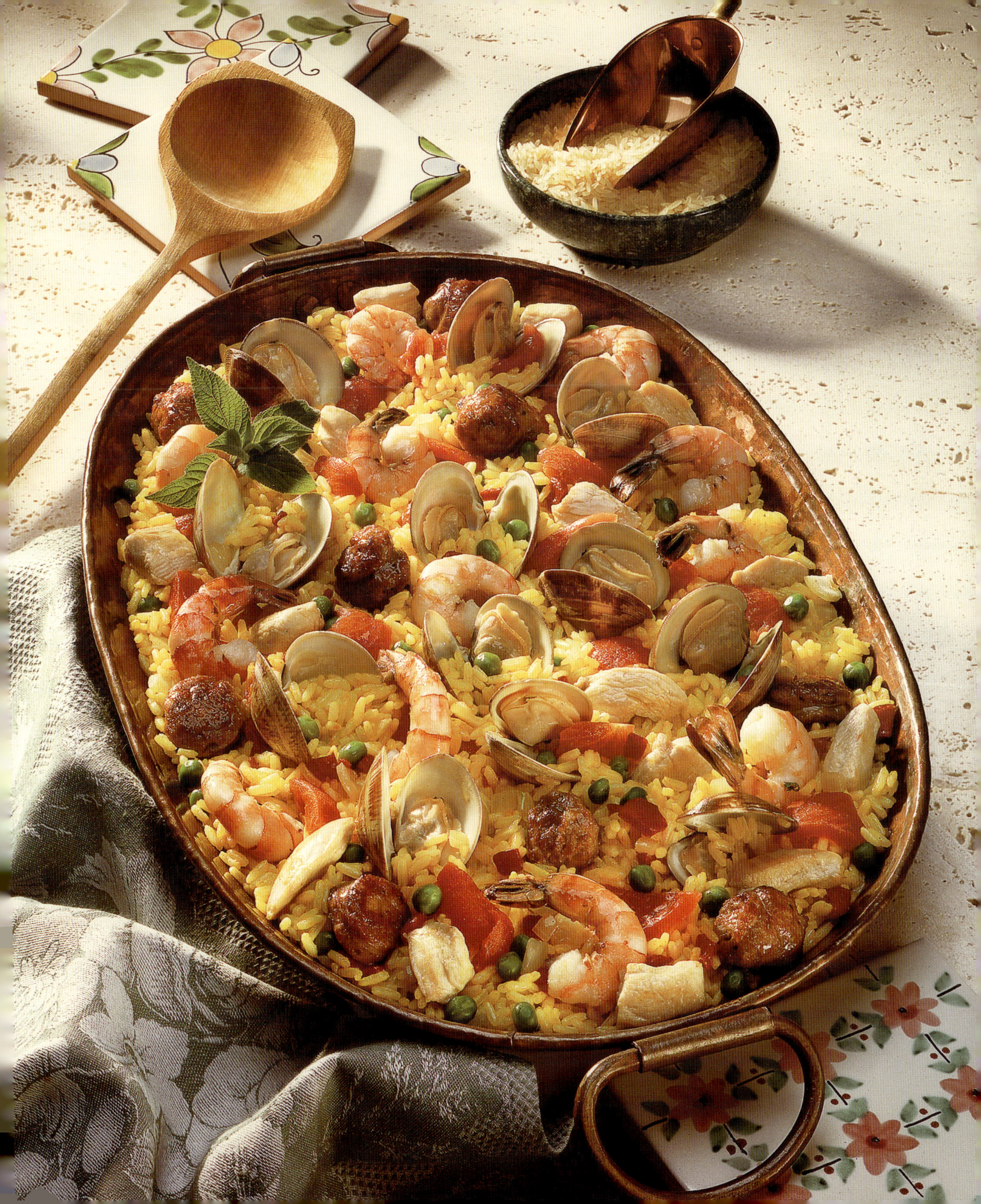

Poulet aux 40 gousses d'ail

1 poulet frit (3 livres/1,3 kg), coupé en portions individuelles
Sel et poivre noir
1 à 2 cuillères à soupe d'huile d'olive
¼ tasse (60 ml) de vin blanc sec
2 cuillères à soupe (30 ml) de vermouth sec
2 cuillères à soupe de persil frais haché ou 2 cuillères à thé de persil séché
2 cuillères à thé de basilic séché
1 cuillère à thé d'origan séché
1 pincée de piment de Cayenne en poudre
40 gousses d'ail (environ 2 têtes*), pelées
4 côtes de céleri, tranchées
Jus et zeste de 1 citron
Fines herbes (facultatif)

*Le bulbe entier d'ail s'appelle une tête.

Instructions de cuisson à la mijoteuse

1. Retirez la peau du poulet, si désiré. Assaisonnez-le de sel et de poivre. Faites chauffer l'huile dans une grande sauteuse à feu moyen. Ajoutez le poulet et laissez cuire pendant 10 minutes ou jusqu'à ce qu'il soit doré de tous les côtés. Retirez ensuite le poulet du feu.

2. Mélangez le vin, le vermouth, le persil, le basilic, l'origan et le piment de Cayenne en poudre dans un grand récipient. Ajoutez l'ail et le céleri et enrobez bien le tout. Transférez l'ail et le céleri dans la mijoteuse à l'aide d'une écumoire. Puis ajoutez le poulet au mélange de fines herbes et enrobez-le bien. Déposez ensuite le poulet sur le céleri dans la mijoteuse. Versez le jus de citron dans la mijoteuse et saupoudrez de zeste ; ajoutez le mélange de fines herbes.

3. Couvrez et laissez cuire à BASSE température pendant 6 heures ou jusqu'à ce que le poulet ait perdu sa couleur rosée au centre. Décorez de fines herbes, si désiré.

Donne 4 à 6 portions

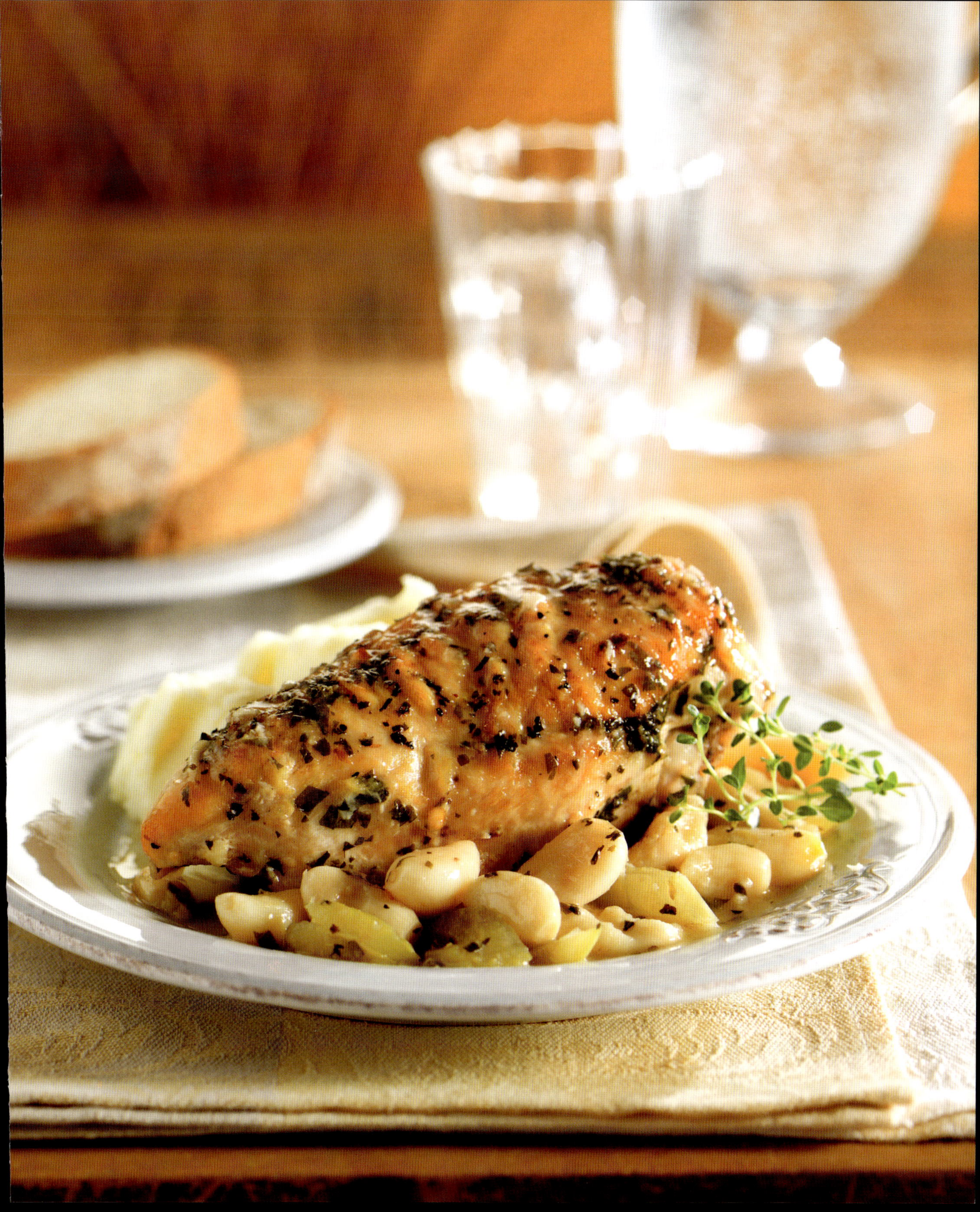

Poulet à la californienne

- 2 poivrons verts de taille moyenne, coupés en fines lanières
- 1 gros oignon, coupé en quartiers, puis en fines tranches
- 4 cuisses de poulet
- 4 pilons de poulet
- 1 cuillère à soupe d'assaisonnement au chili
- 2 cuillères à thé d'origan
- 1 pot (16 onces/500 ml) de salsa aux piments chipotle
- ½ tasse (125 ml) de ketchup
- 2 cuillères à thé de cumin moulu
- ½ cuillère à thé de sel
- Nouilles cuites, chaudes

Instructions de cuisson à la mijoteuse

1. Mettez les poivrons et l'oignon dans la mijoteuse; déposez le poulet par-dessus. Saupoudrez le poulet d'assaisonnement au chili et d'origan. Ajoutez la salsa. Laissez cuire, à couvert, à BASSE température pendant 7 à 8 heures ou jusqu'à ce que le poulet soit tendre.

2. Retirez les morceaux de poulet et mettez-les dans un plat de service; gardez au chaud. Incorporez le ketchup, le cumin et le sel au liquide de cuisson qui se trouve dans la mijoteuse. Retirez le couvercle et laissez cuire à HAUTE température pendant 15 minutes ou jusqu'à ce que ce soit chaud.

3. Versez la sauce ainsi obtenue sur le poulet. Servez accompagné de nouilles.

Donne 4 portions

Conseil : Pour obtenir une sauce plus épaisse, mélangez 1 cuillère à soupe de fécule de maïs et 2 cuillères à soupe d'eau, puis incorporez le tout au liquide de cuisson, en même temps que le ketchup, le cumin et le sel.

Temps de préparation : 10 minutes
Temps de cuisson : 7 à 8 heures (à BASSE température)

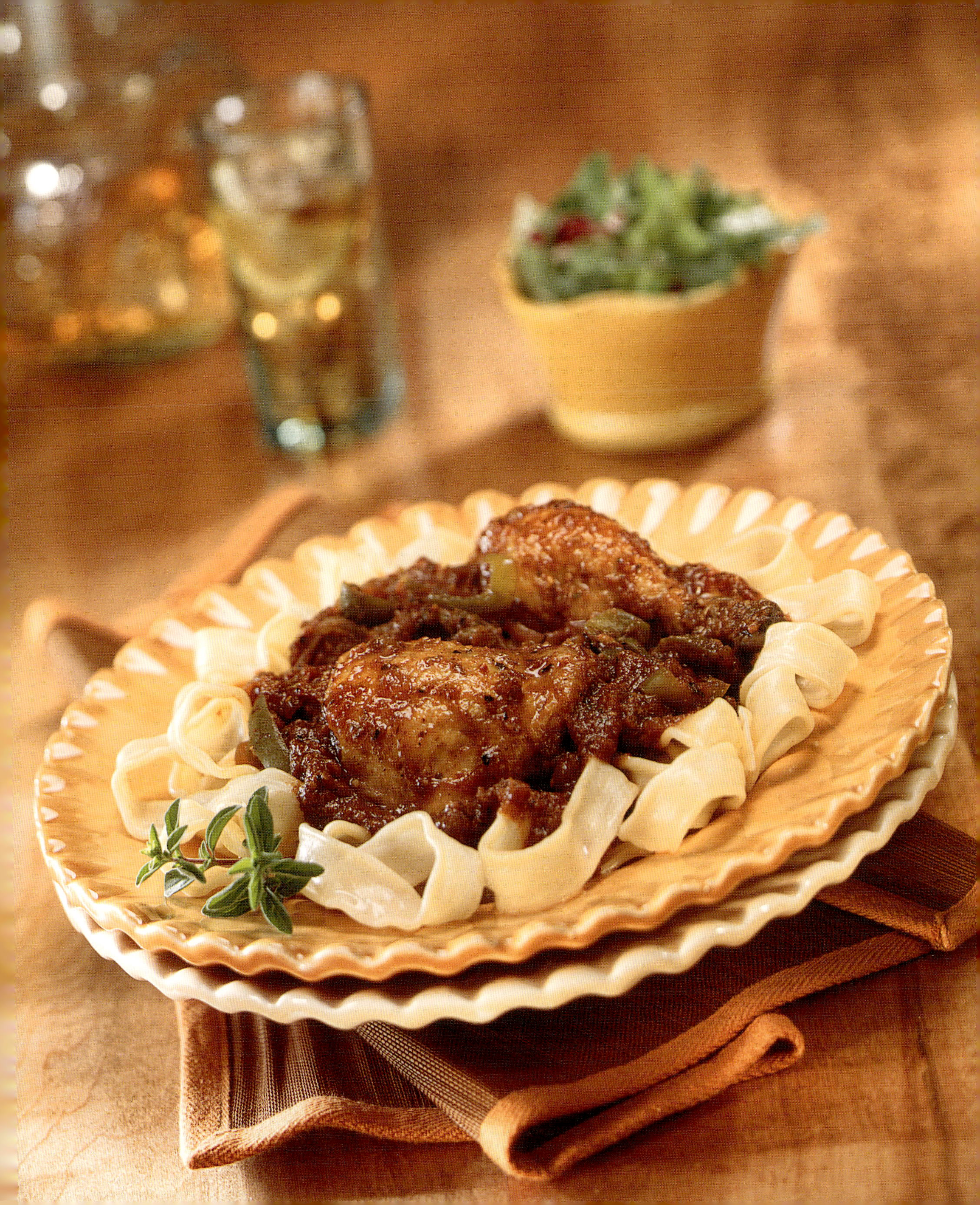

Poulet Alfredo facile

1½ livre (680 g) de poitrines de poulet, coupées en morceaux de ½ pouce (1,25 cm) d'épaisseur
1 oignon de taille moyenne, haché
1 cuillère à soupe de ciboulette séchée
1 cuillère à soupe de basilic séché
1 cuillère à soupe d'huile d'olive extra-vierge
1 cuillère à thé de poivre au citron
¼ cuillère à thé de gingembre moulu
½ livre (225 g) de brocolis, hachés grossièrement
1 poivron rouge, haché
1 boîte (8 onces/225 g) de châtaignes d'eau tranchées, égouttées
1 tasse (240 g) de mini-carottes
3 gousses d'ail, émincées
1 pot (16 onces/500 ml) de sauce Alfredo
1 paquet (8 onces/225 g) de nouilles aux œufs larges, cuites et égouttées

Instructions de cuisson à la mijoteuse

1. Mettez le poulet, l'oignon, la ciboulette, le basilic, l'huile d'olive, le poivre au citron et le gingembre dans la mijoteuse et remuez bien. Ajoutez les brocolis, le poivron, les châtaignes d'eau, les carottes et l'ail et mélangez bien.

2. Couvrez et laissez cuire à BASSE température pendant 8 heures ou à HAUTE température pendant 4 heures.

3. Ajoutez la sauce Alfredo et poursuivez la cuisson à HAUTE température pendant 30 minutes ou jusqu'à ce que ce soit chaud. Servez sur des nouilles aux œufs.

Donne 6 portions

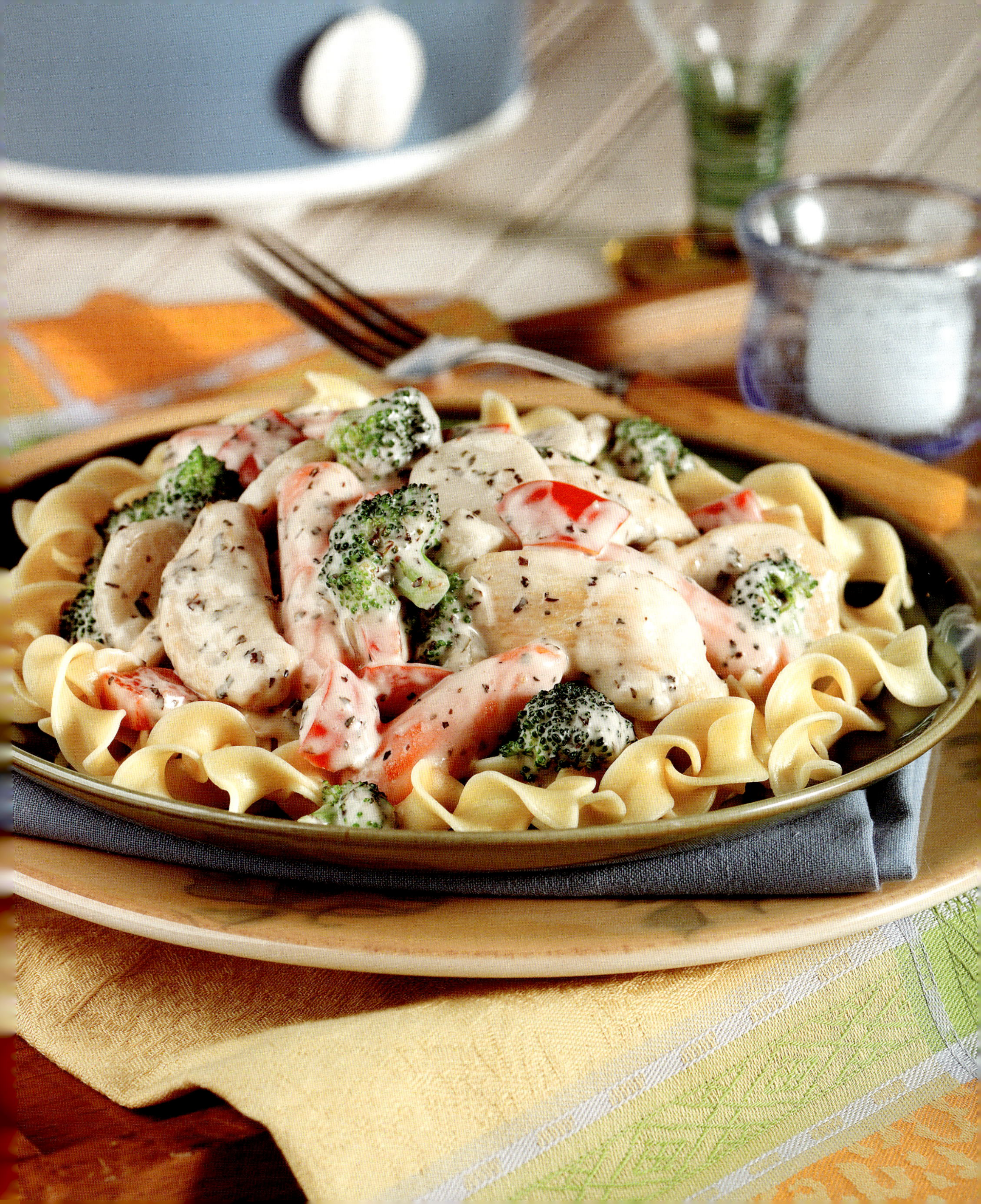

Poulet à la normande

- 2 cuillères à soupe de beurre (à diviser)
- 3 tasses (720 g) de pommes pelées et coupées en fines tranches, comme les pommes Fuji ou Braeburn (environ 3 pommes)
- 1 livre (455 g) de poulet haché
- ¼ tasse (60 ml) d'eau-de-vie de pomme ou de jus de pomme
- 1 boîte (10¾ onces/320 ml) de concentré de crème de poulet, non dilué
- ¼ tasse (60 g) d'oignons verts, finement hachés (la partie verte seulement)
- 2 cuillères à thé de sauge fraîche émincée ou ½ cuillère à thé de feuilles de sauge séchée
- ¼ cuillère à thé de poivre noir
- 1 paquet (12 onces/340 g) de nouilles aux œufs, cuites et égouttées

1. Préchauffez le four à 350°F (175°C). Huilez un plat de cuisson carré de 9 pouces (23 cm).

2. Faites fondre 1 cuillère à soupe de beurre dans une sauteuse antiadhésive de 12 pouces (30 cm) de diamètre. Ajoutez les tranches de pommes et laissez cuire à feu moyen pendant 7 à 10 minutes ou jusqu'à ce qu'elles soient tendres. Retirez les pommes de la sauteuse.

3. Dans la même sauteuse, mettez le poulet haché et laissez cuire à feu moyen jusqu'à ce qu'il soit doré, en le séparant à la cuillère. Incorporez l'eau-de-vie de pomme et poursuivez la cuisson pendant 2 minutes. Incorporez le concentré de crème de poulet, les oignons verts, la sauge, le poivre et les tranches de pommes. Laissez mijoter le tout pendant 5 minutes.

4. Incorporez le beurre restant (1 cuillère à soupe) dans les nouilles et remuez bien, puis déposez-les dans le plat de cuisson huilé à l'aide d'une cuillère. Recouvrez du mélange de poulet et laissez cuire pendant 15 minutes ou jusqu'à ce que ce soit chaud.

Donne 4 portions

Remarque: Vous pouvez remplacer le poulet par de la dinde ou du porc haché, ou encore par du tofu émietté, si désiré.

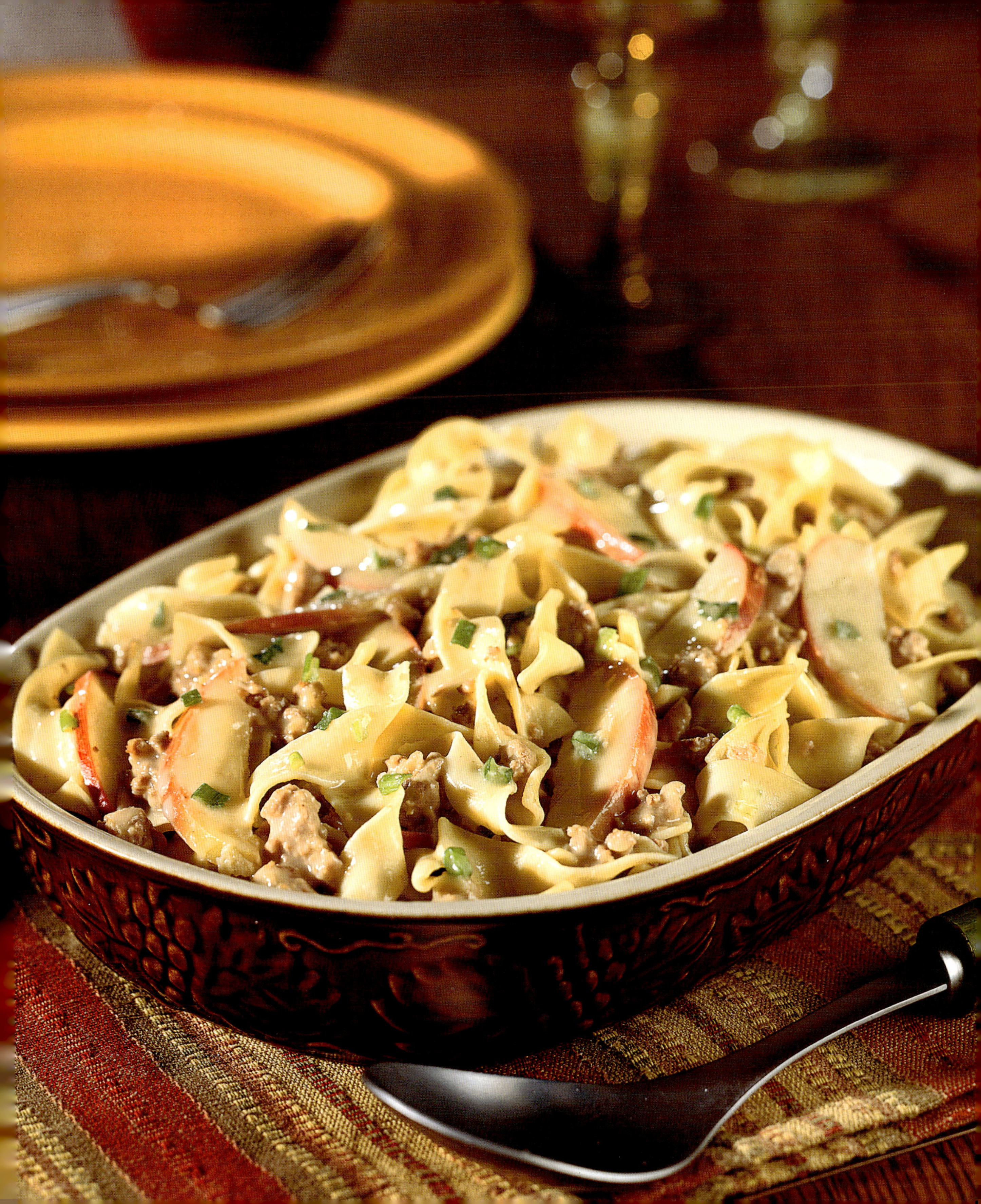

Le porc sans pareil

Côtes de porc et garniture aux pommes

    6 côtelettes de porc sans peau de ¾ pouce (2 cm) d'épaisseur (environ 1½ livre ou 680 g)
    ¼ cuillère à thé de sel
    ⅛ cuillère à thé de poivre noir
    1 cuillère à soupe d'huile végétale
    1 petit oignon, haché
    2 côtes de céleri, hachées
    2 pommes Granny Smith, pelées et hachées grossièrement (environ 2 tasses/500 ml)
    1 boîte (14½ onces/435 ml) de bouillon de poulet à teneur réduite en sodium
    1 boîte (10¾ onces/320 ml) de concentré de crème de céleri, non dilué
    ¼ tasse (60 ml) de vin blanc sec
    6 tasses (1,5 kg) de cubes de pain à farce assaisonné aux fines herbes (croûtons)

1. Préchauffez le four à 375 °F (190 °C). Vaporisez un plat de cuisson de 13 x 9 po (33 x 23 cm) avec un aérosol de cuisson antiadhésif.

2. Assaisonnez les côtes de porc de sel et de poivre, des deux côtés. Faites chauffer l'huile dans une grande sauteuse profonde à feu moyen-vif. Ajoutez les côtes de porc et laissez-les cuire jusqu'à ce qu'elles soient dorées des deux côtés, en les retournant une fois en cours de cuisson. Retirez les côtes de porc de la sauteuse et réservez.

3. Dans la même sauteuse, mettez l'oignon et le céleri. Laissez cuire à feu doux pendant 3 minutes ou jusqu'à ce que l'oignon soit tendre. Ajoutez les pommes et poursuivez la cuisson pendant 1 minute. Incorporez ensuite le bouillon, le concentré et le vin ; remuez bien. Laissez frémir et retirez du feu. Incorporez les cubes de pain et laissez reposer jusqu'à ce qu'ils soient tous humidifiés.

4. Étalez uniformément la préparation ainsi obtenue dans le plat de cuisson huilé. Déposez les côtes de porc par-dessus ; versez le jus de cuisson, s'il y en a sur les côtes de porc. Couvrez avec du papier d'aluminium bien serré et laissez cuire pendant 30 à 40 minutes ou jusqu'à ce que les côtes de porc soient juteuses et à peine rosées au centre.

Donne 6 portions

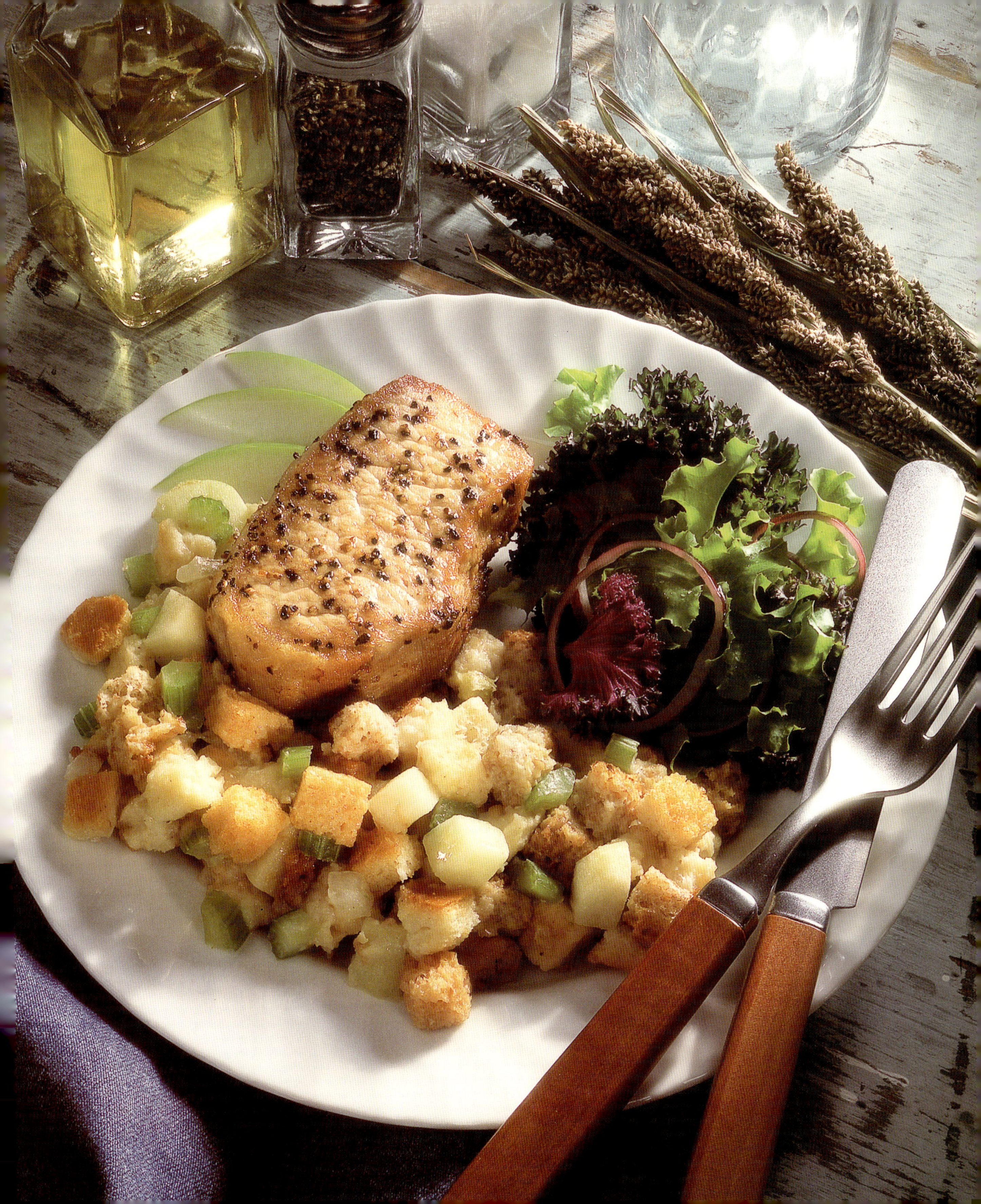

Casserole marocaine, facile à réaliser

- 2 cuillères à soupe d'huile végétale
- 1 livre (455 g) de porc pour ragoût, coupé en dés de 1 pouce (2,5 cm) d'épaisseur
- ½ tasse (120 g) d'oignons hachés
- 3 cuillères à soupe de farine tout usage
- 1 boîte (environ 14 onces/395 g) de tomates en dés, non égouttées
- ¼ tasse (60 ml) d'eau
- 1 cuillère à thé de gingembre moulu
- 1 cuillère à thé de cumin moulu
- 1 cuillère à thé de cannelle moulue
- ½ cuillère à thé de sucre
- ½ cuillère à thé de sel
- ½ cuillère à thé de poivre noir
- 2 pommes de terre rouges de taille moyenne avec la peau, coupées en morceaux de ½ pouce (1,25 cm) d'épaisseur
- 1 grosse patate douce, pelée et coupée en morceaux de ½ pouce (1,25 cm) d'épaisseur
- 1 tasse (240 g) de haricots de Lima surgelés, décongelés et égouttés
- 1 tasse (240 g) de haricots verts surgelés, décongelés et égouttés
- ¾ tasse (180 g) de carottes tranchées
- Pain pita

1. Préchauffez le four à 325 °F (160 °C).

2. Faites chauffer l'huile dans une grande sauteuse à feu moyen-vif. Ajoutez le porc et les oignons; laissez cuire jusqu'à ce que le porc soit doré de tous les côtés, en remuant de temps en temps. Saupoudrez la farine sur la viande. Remuez jusqu'à ce que la farine ait absorbé le jus de cuisson. Poursuivez la cuisson pendant encore 2 minutes.

3. Incorporez les tomates et leur jus, l'eau, le gingembre, le cumin, la cannelle, le sucre, le sel et le poivre. Transférez le tout dans un plat de cuisson de 2 litres, enfournez et laissez cuire pendant 30 minutes.

4. Incorporez ensuite les pommes de terre rouges, les patates douces, les haricots de Lima, les haricots verts et les carottes. Couvrez et laissez cuire pendant 1 heure ou jusqu'à ce que les pommes de terre et les patates douces soient tendres. Servez accompagné de pain pita chaud.

Donne 6 portions

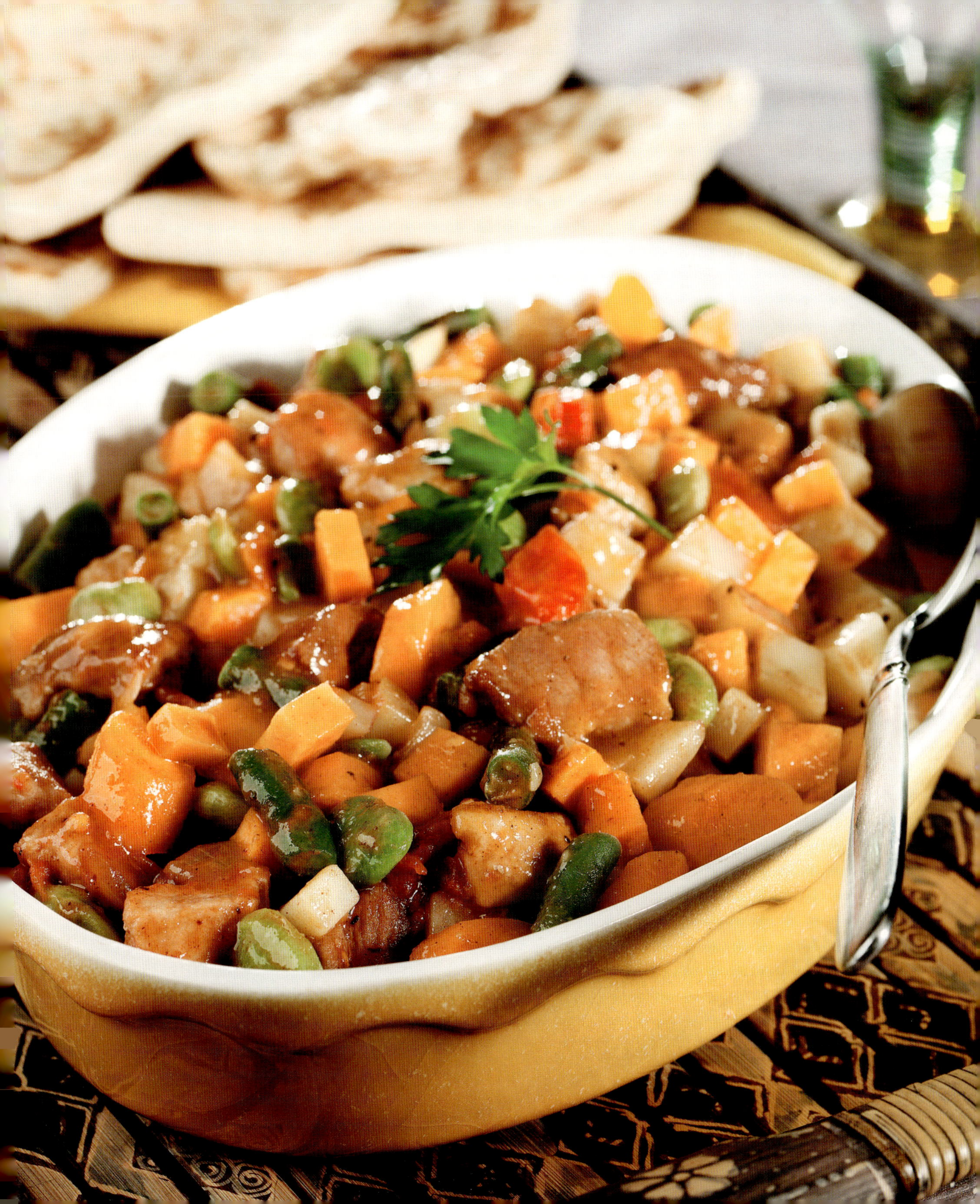

Saucisses à l'italienne

> 1 livre (455 g) de saucisses italiennes douces en chapelet, coupées en morceaux de 1 pouce (1,25 cm) d'épaisseur
> 1 boîte (environ 15 onces/425 g) de haricots pinto, rincés et égouttés
> 1 tasse (250 ml) de sauce pour pâtes
> 1 poivron vert, coupé en lanières
> 1 petit oignon, coupé en deux et tranché
> ½ cuillère à thé de sel
> ¼ cuillère à thé de poivre noir
> Riz cuit, chaud
> Basilic frais (facultatif)

Instructions de cuisson à la mijoteuse

1. Faites cuire les saucisses dans une sauteuse antiadhésive à feu moyen-vif jusqu'à ce qu'elles soient bien cuites, en remuant pour émietter la chair. Égouttez le gras.

2. Mettez les saucisses, les haricots, la sauce pour pâtes, le poivron, l'oignon, le sel et le poivre dans la mijoteuse. Couvrez et laissez cuire à BASSE température pendant 4 à 6 heures ou à HAUTE température pendant 2 à 3 heures. Servez accompagné de riz. Décorez avec du basilic frais, si désiré.

Donne 4 à 5 portions

Ragoût de porc du Panama

> 2 petites patates douces (environ 12 onces/340 g), pelées et coupées en morceaux de 2 pouces (5 cm) d'épaisseur
> 1 paquet (10 onces/285 g) de maïs surgelé
> 1 paquet (9 onces/255 g) de haricots verts coupés surgelés
> 1 tasse (240 g) d'oignons hachés
> 1¼ livre (565 g) de porc maigre pour ragoût, coupé en dés de 1 pouce
> 1 boîte (14½ onces/410 g) de tomates en dés, non égouttées
> ¼ tasse (60 ml) d'eau
> 1 à 2 cuillères à soupe d'assaisonnement au chili
> ½ cuillère à thé de sel
> ½ cuillère à thé de coriandre moulue

Instructions de cuisson à la mijoteuse

1. Mettez les patates douces, le maïs, les haricots verts et les oignons dans la mijoteuse. Déposez les morceaux de porc par-dessus.

2. Mélangez les tomates et leur jus, l'eau, l'assaisonnement au chili, le sel et la coriandre dans un récipient de taille moyenne. Versez ensuite le mélange ainsi obtenu sur les côtes de porc, dans la mijoteuse. Couvrez et laissez cuire à BASSE température pendant 7 à 9 heures.

Donne 6 portions

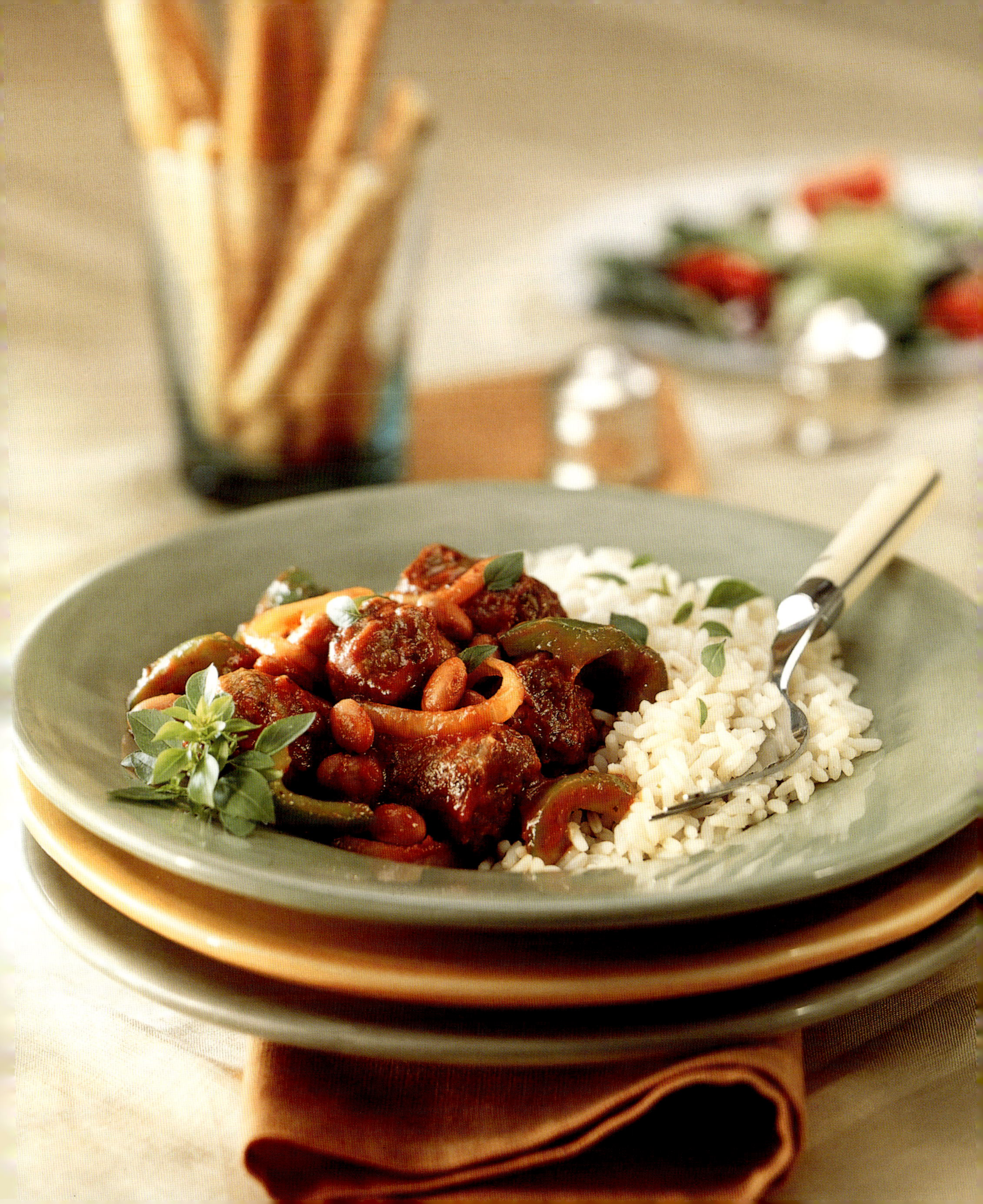

Roulés de porc effiloché

- 1 tasse (250 ml) de salsa (à diviser)
- 2 cuillères à soupe de fécule de maïs
- 1 rôti de surlonge de porc non désossé (2 livres/910 g)
- 6 tortillas de 8 pouces (20 cm)
- 3 tasses (750 g) de salade mélangée à base de brocolis
- ⅓ tasse (40 g) de cheddar râpé à teneur réduite en sodium

Instructions de cuisson à la mijoteuse

1. Mélangez ¼ tasse (60 ml) de salsa et la fécule de maïs dans un petit récipient et remuez jusqu'à obtenir une consistance homogène. Versez ce mélange dans la mijoteuse. Déposez le rôti de porc par-dessus. Versez la salsa restante (¾ tasse/190 ml) sur la viande.

2. Couvrez et laissez cuire à BASSE température pendant 6 à 8 heures ou jusqu'à ce que la température interne atteigne 165 °F (75 °C) ; insérez un thermomètre à viande dans la partie la plus épaisse du rôti (sans toucher l'os) pour vérifier la température. Transférez le porc sur une planche à découper ; couvrez-le avec du papier d'aluminium et laissez-le reposer pendant 10 à 15 minutes ou jusqu'à ce que le rôti soit suffisamment froid pour être manipulé. La température interne va continuer à monter de 5 °F à 10 °F (2 °C à 5 °C) pendant ce temps-là. Dégraissez le rôti sur la partie extérieure. À l'aide de deux fourchettes, effilochez le porc grossièrement.

3. Répartissez la viande effilochée dans chacune des tortillas. Déposez par-dessus 2 cuillères à soupe de la préparation à base de salsa dans chaque tortilla. Ensuite, parsemez uniformément du mélange de salade à base de brocolis et de fromage. Pliez l'extrémité inférieure de la tortilla sur la garniture ; repliez les côtés, puis roulez complètement pour enfermer la garniture. Servez le mélange de salsa restant comme trempette.

Donne 6 portions

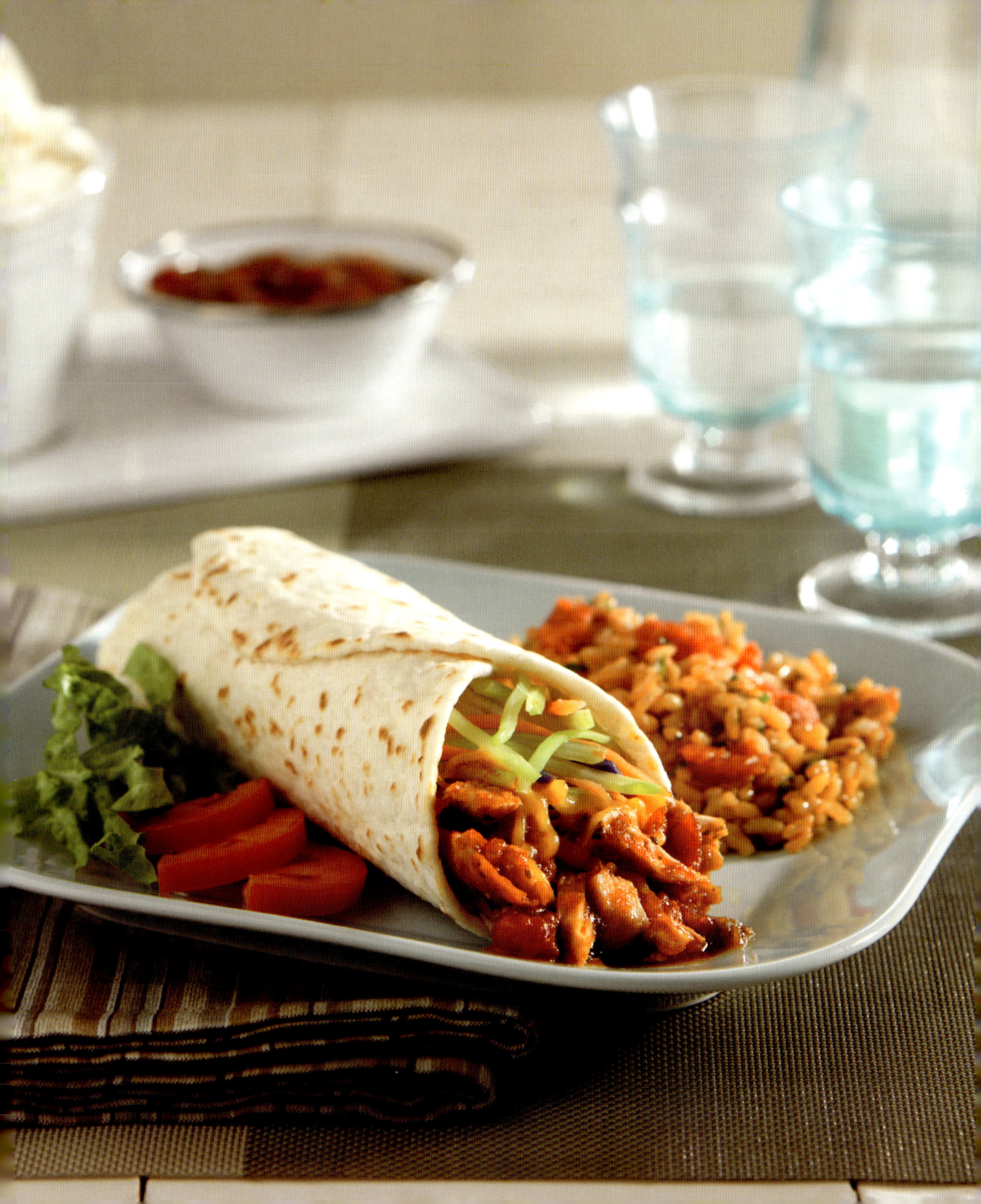

Côtes de porc sucrées et épicées

- 5 tasses (1,25 l) de sauce barbecue*
- ¾ tasse (150 g) de cassonade
- ¼ tasse (60 ml) de miel
- 2 cuillères à soupe d'assaisonnement à la cajun
- 1 cuillère à soupe de poudre d'ail
- 1 cuillère à soupe de poudre d'oignon
- 6 livres (2,7 kg) de côtes levées de porc ou de bœuf, coupées en portions de 3 côtes

*La sauce barbecue apporte un goût prononcé à cette recette. Utilisez votre sauce préférée afin de pleinement apprécier ce plat.

Instructions de cuisson à la mijoteuse

1. Mélangez la sauce barbecue, la cassonade, le miel, l'assaisonnement à la cajun, la poudre d'ail et la poudre d'oignon dans un récipient de taille moyenne. Retirez ensuite 1 tasse (250 ml) du mélange ainsi obtenu ; réfrigérez et réservez pour la trempette.

2. Mettez les côtes de porc dans une grande mijoteuse. Versez dessus le mélange à base de sauce barbecue. Couvrez et laissez cuire à BASSE température pendant 8 heures ou jusqu'à ce que la viande soit très tendre.

3. Enlevez le couvercle et retirez les côtes de la mijoteuse. Dégraissez la sauce. Servez les côtes de porc accompagnées de la sauce réservée.

Donne 10 portions

Suggestion du cuisinier : Ce plat est excellent servi sur du riz.

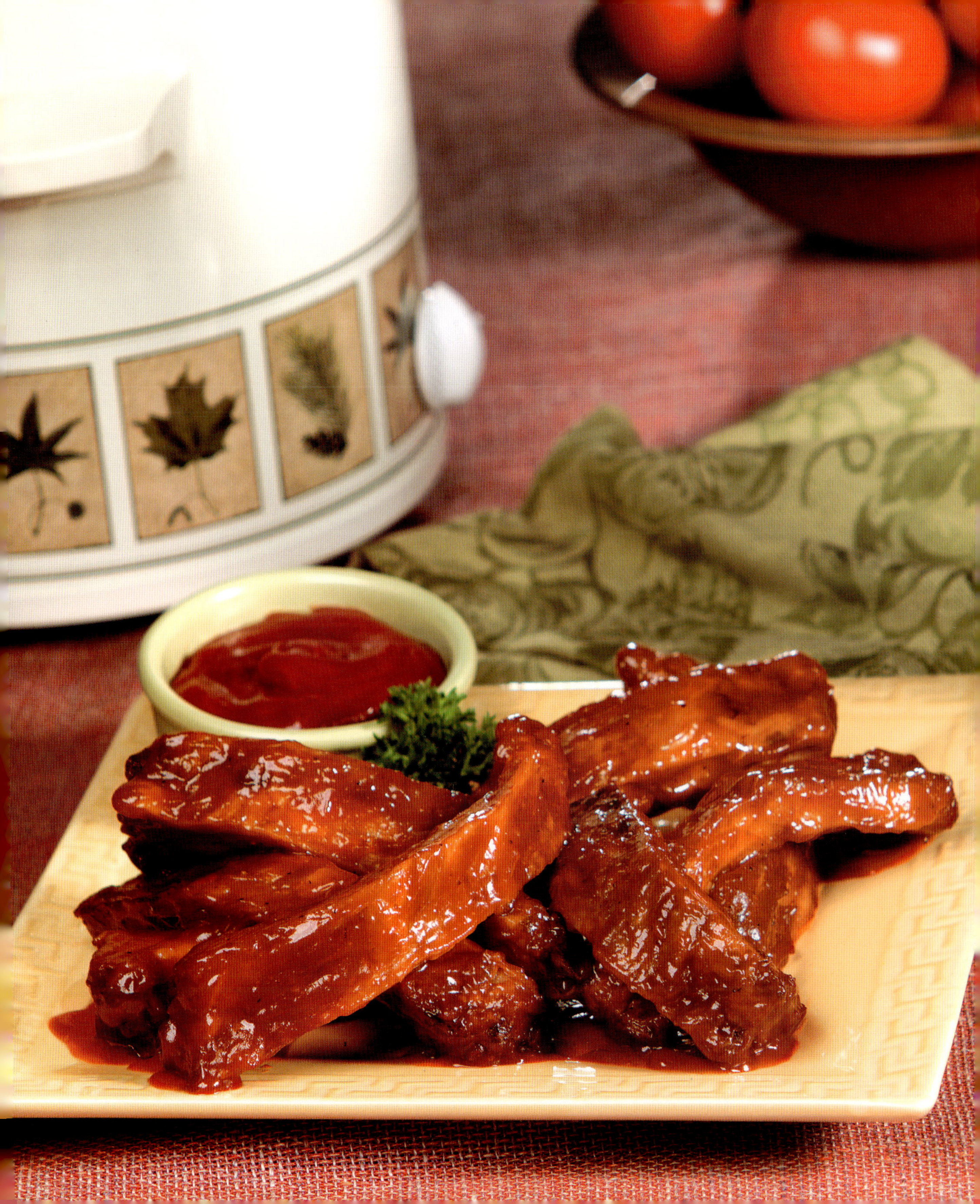

Côtes de porc et haricots au lard de la Caroline

- **2 boîtes (16 onces/455 g chacune) de haricots au lard**
- **½ tasse (120 g) d'oignons hachés**
- **½ tasse (120 g) de poivrons verts hachés**
- **¼ tasse (60 ml) moutarde préparée**
- **¼ tasse (50 g) de cassonade claire tassée**
- **2 cuillères à soupe de sauce Worcestershire**
- **1 cuillère à soupe de sauce au piment de Cayenne**
- **6 côtes de porc désossées de 1 pouce (2,25 cm) d'épaisseur**

1. Préchauffez le four à 400°F (205°C). Mélangez tous les ingrédients dans un plat de cuisson peu profond de 3 litres, à l'exception des côtes de porc; remuez bien. Déposez les côtes de porc sur le dessus et retournez-les une fois pour les enrober de sauce.

2. Enfournez, à découvert, et laissez cuire pendant 30 à 35 minutes ou jusqu'à ce que le porc ait perdu sa couleur rosée au centre. En cours de cuisson, remuez une fois les haricots qui encerclent les côtes de porc. Servez accompagné de haricots verts ou de purée de pommes de terre, si désiré.

Donne 6 portions

Temps de préparation: 10 minutes
Temps de cuisson: 30 minutes

Longe de porc laquée

- **1 paquet (1 livre/455 g) de mini-carottes**
- **4 côtelettes de longe de porc désossées**
- **1 pot (8 onces/225 g) de gelée d'abricot**

Instructions de cuisson à la mijoteuse

1. Mettez les carottes dans le fond de la mijoteuse. Déposez les côtelettes de porc par-dessus et badigeonnez-les de gelée d'abricot.

2. Couvrez et laissez cuire à BASSE température pendant 8 heures ou à HAUTE température pendant 4 heures.

Donne 4 portions

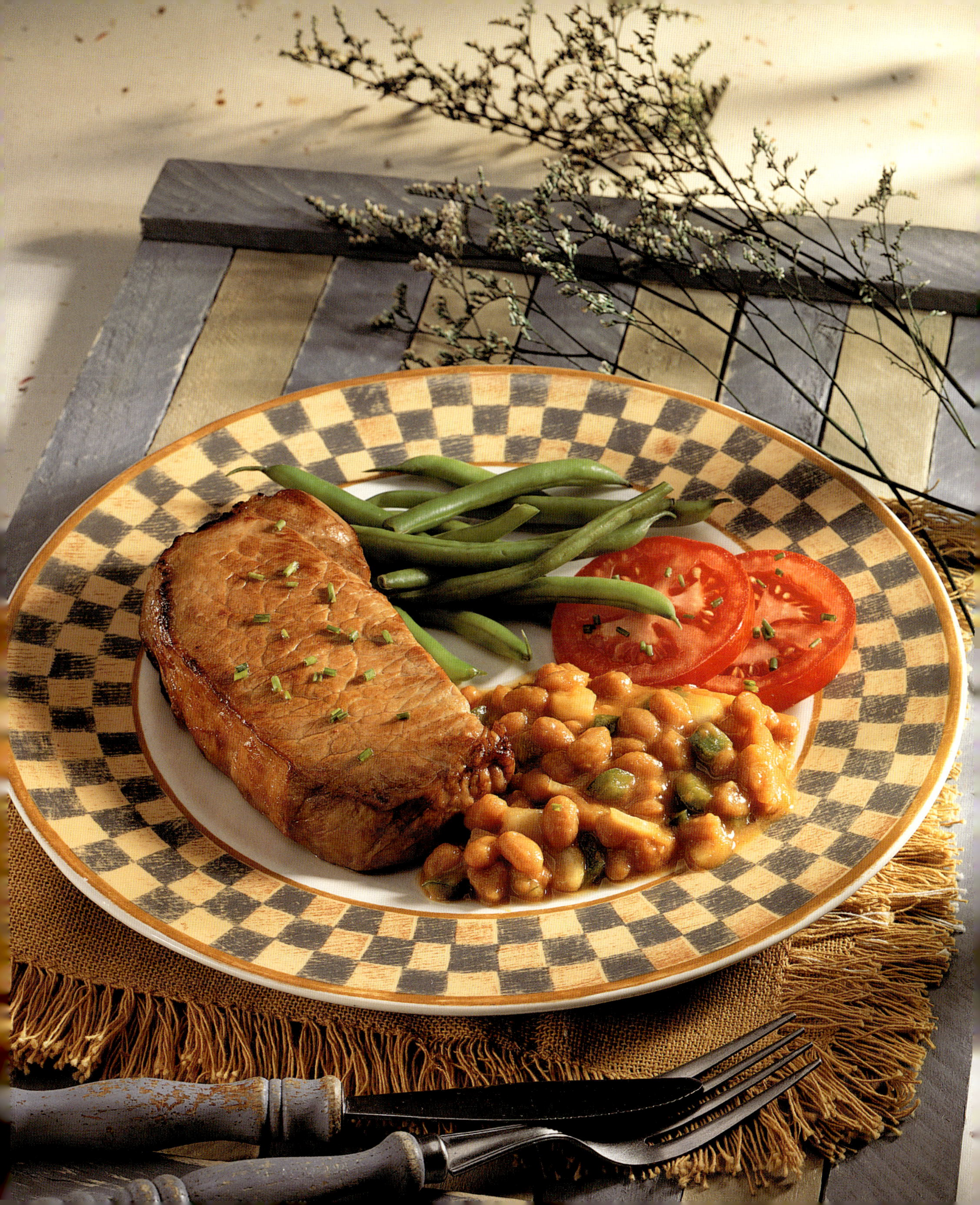

Porc et sa délicieuse garniture aux pommes

- 1 paquet (6 onces/170 g) de mélange à pâte pour pain de maïs
- 1 boîte (14½ onces/435 ml) de bouillon de poulet
- 1 petite pomme, pelée, évidée et hachée
- ¼ tasse (60 g) de céleri haché
- 1⅓ tasse (330 g) de rondelles d'oignons panées (à diviser)
- 4 côtes de porc désossées, de ¾ de pouce (2 cm) d'épaisseur (environ 1 livre/455 g)
- ½ tasse (125 ml) de sauce aigre-douce pêche-abricot
- 1 cuillère à soupe de moutarde de Dijon au miel

1. Préchauffez le four à 375°F (190°C). Mettez le mélange à pâte, le bouillon, la pomme, le céleri et ⅔ tasse (165 g) de rondelles d'oignons panées dans un grand récipient. Avec une cuillère, déposez le mélange ainsi obtenu dans un plat de cuisson peu profond de 2 litres, huilé. Déposez les côtes de porc par-dessus.

2. Mélangez la sauce aigre-douce et la moutarde dans un petit récipient. Versez cette préparation sur le porc. Laissez cuire pendant 40 minutes ou jusqu'à ce que le porc ait perdu sa couleur rosée au centre.

3. Parsemez avec les rondelles d'oignons panées restantes et poursuivez la cuisson pendant encore 5 minutes ou jusqu'à ce que les oignons soient dorés.

Donne 4 portions

Temps de préparation: 10 minutes
Temps de cuisson: 45 minutes

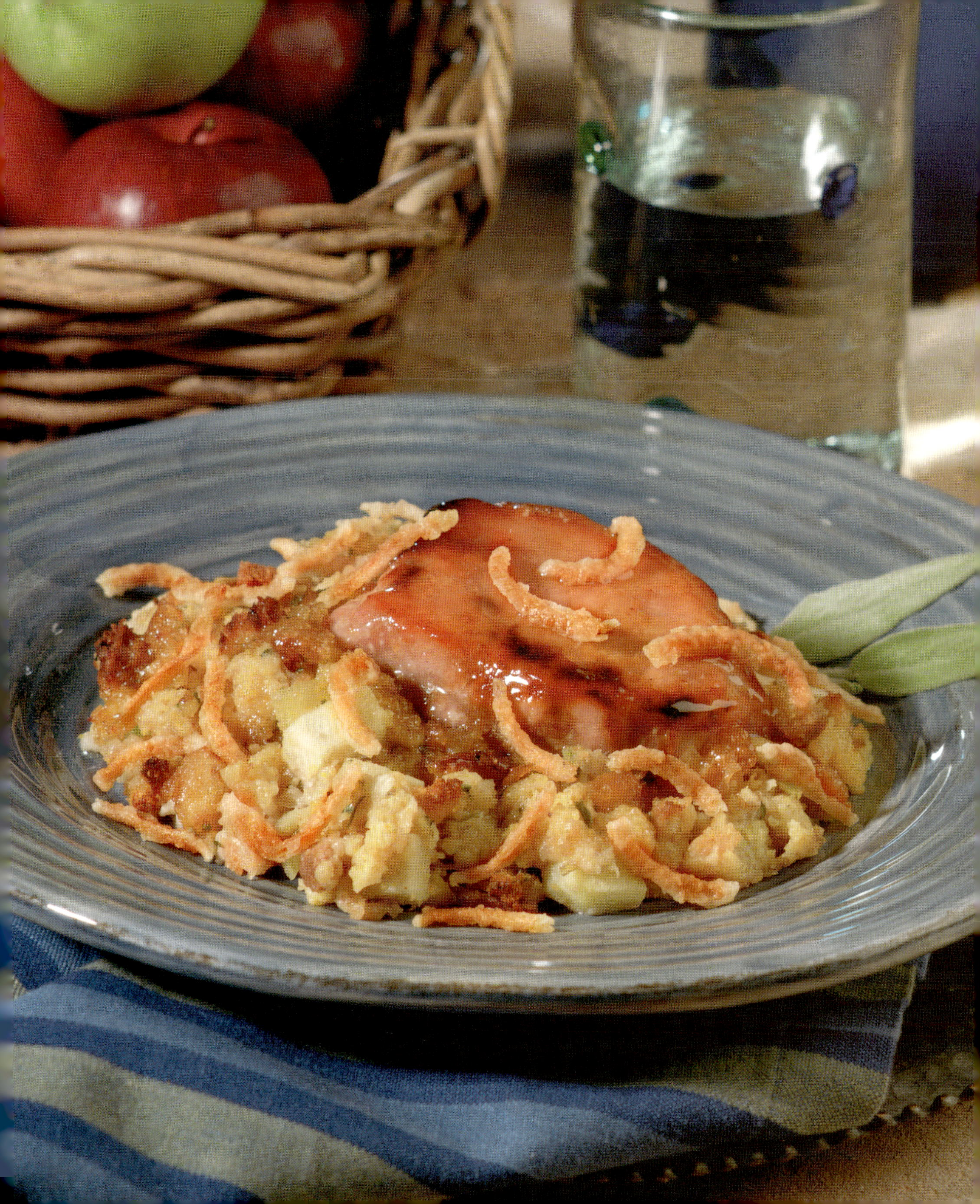

Farce de porc épicé à l'asiatique

- 1 rôti de surlonge de porc désossé (environ 3 livres/1,3 kg)
- ½ tasse (125 ml) de sauce tamari (sauce de soja)
- 1 cuillère à soupe de sauce chili à l'ail ou de pâte de piments
- 2 cuillères à thé de gingembre frais émincé
- 2 cuillères à soupe d'eau
- 1 cuillère à soupe de fécule de maïs
- 2 cuillères à thé d'huile de sésame grillé

Instructions de cuisson à la mijoteuse

1. Coupez le rôti en morceaux de 2 à 3 pouces (5 à 7,5 cm). Mettez le porc, la sauce tamari, la sauce chili à l'ail et le gingembre dans la mijoteuse; mélangez bien. Couvrez et laissez cuire à BASSE température pendant 8 à 10 heures ou jusqu'à ce que le porc se détache à la fourchette.

2. Retirez le rôti de porc du jus de cuisson et laissez-le refroidir un peu. Enlevez l'excédent de gras et jetez-le. Effilochez le porc à l'aide de deux fourchettes. Laissez reposer le jus de cuisson pendant 5 minutes pour que le gras remonte à la surface. Dégraissez le jus.

3. Mélangez l'eau, la fécule de maïs et l'huile de sésame et battez au fouet avant d'incorporer le tout au jus de cuisson. Laissez cuire à HAUTE température jusqu'à épaississement. Ajoutez la viande effilochée dans la mijoteuse et remuez bien. Poursuivez la cuisson pendant encore 15 à 30 minutes ou jusqu'à ce que ce soit chaud.

Donne 5½ tasses (1,375 kg) de farce

Baluchons de porc épicé à l'asiatique : Déposez ¼ tasse (60 g) de farce au porc dans de grandes feuilles de laitue. Roulez pour refermer.

Donne environ 20 baluchons.

Porc Moo Shu : Étalez un peu de sauce aux prunes sur de petites tortillas chaudes. À l'aide d'une cuillère, déposez ¼ tasse (60 g) de farce au porc et ¼ tasse (60 g) de légumes sautés dans chaque tortilla. Roulez pour refermer et servez immédiatement.

Donne environ 20 tortillas.

Temps de préparation : 15 à 20 minutes
Temps de cuisson : 8 à 10 heures

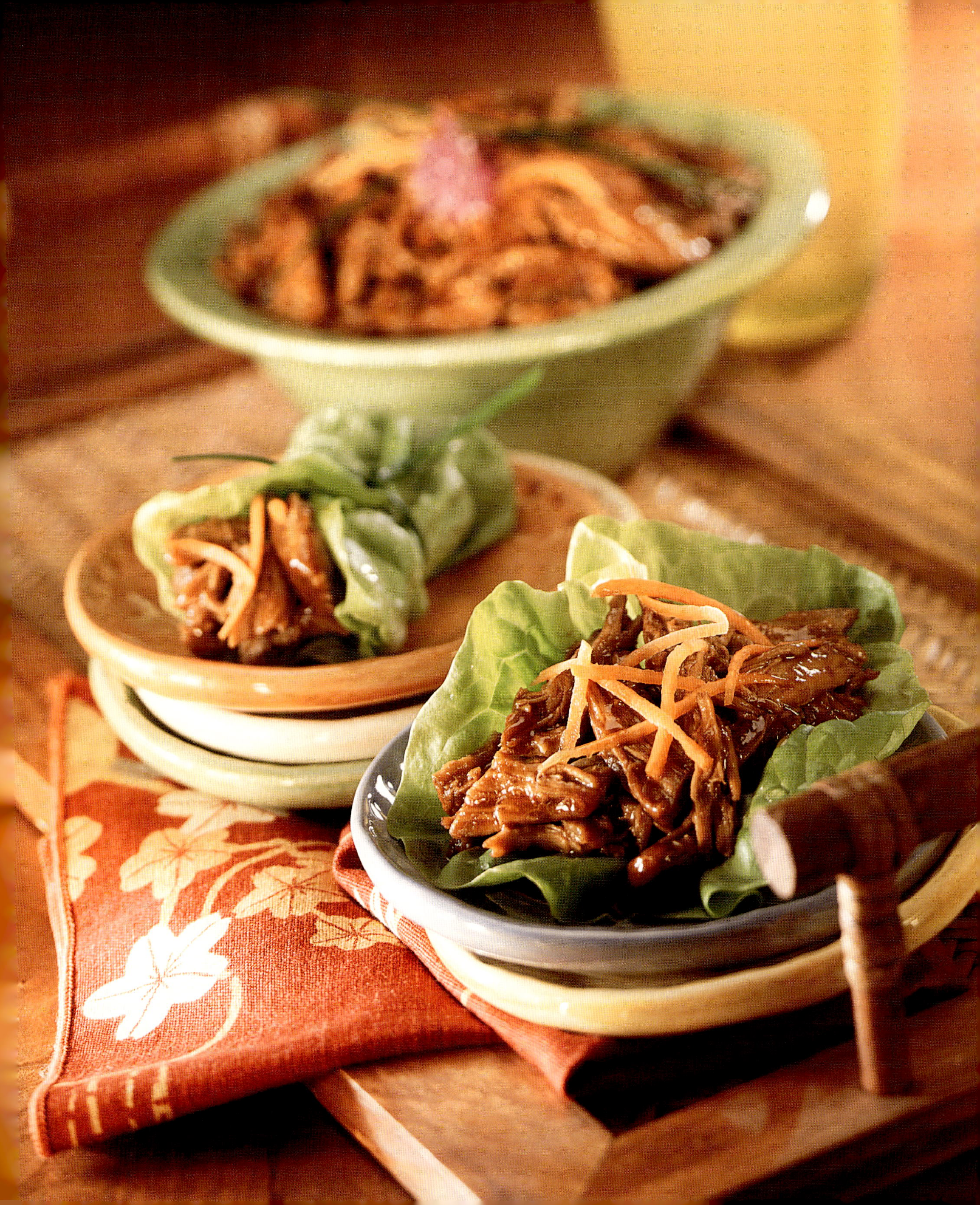

Côtes de porc au miel

1 boîte (10¾ onces/320 ml) de concentré de bouillon de bœuf, non dilué
½ tasse (125 ml) d'eau
3 cuillères à soupe de sauce de soja
2 cuillères à soupe de miel
2 cuillères à soupe de sirop d'érable
2 cuillères à soupe de sauce barbecue
½ cuillère à thé de moutarde sèche
2 livres (910 g) de petites côtes de porc levées, dégraissées

Instructions de cuisson à la mijoteuse

1. Mettez tous les ingrédients dans la mijoteuse, à l'exception des côtes de porc; mélangez bien.

2. Coupez les côtes en portions de 3 à 4 côtes. Ajoutez les côtes dans la mijoteuse. (Si les côtes de porc sont particulièrement grasses, faites-les griller pendant 10 minutes avant de les mettre dans la mijoteuse.)

3. Couvrez et laissez cuire à BASSE température pendant 6 à 8 heures ou à HAUTE température pendant 4 à 6 heures ou jusqu'à ce que les côtes soient tendres. Coupez-les individuellement et servez-les arrosées de sauce.

Donne 4 portions

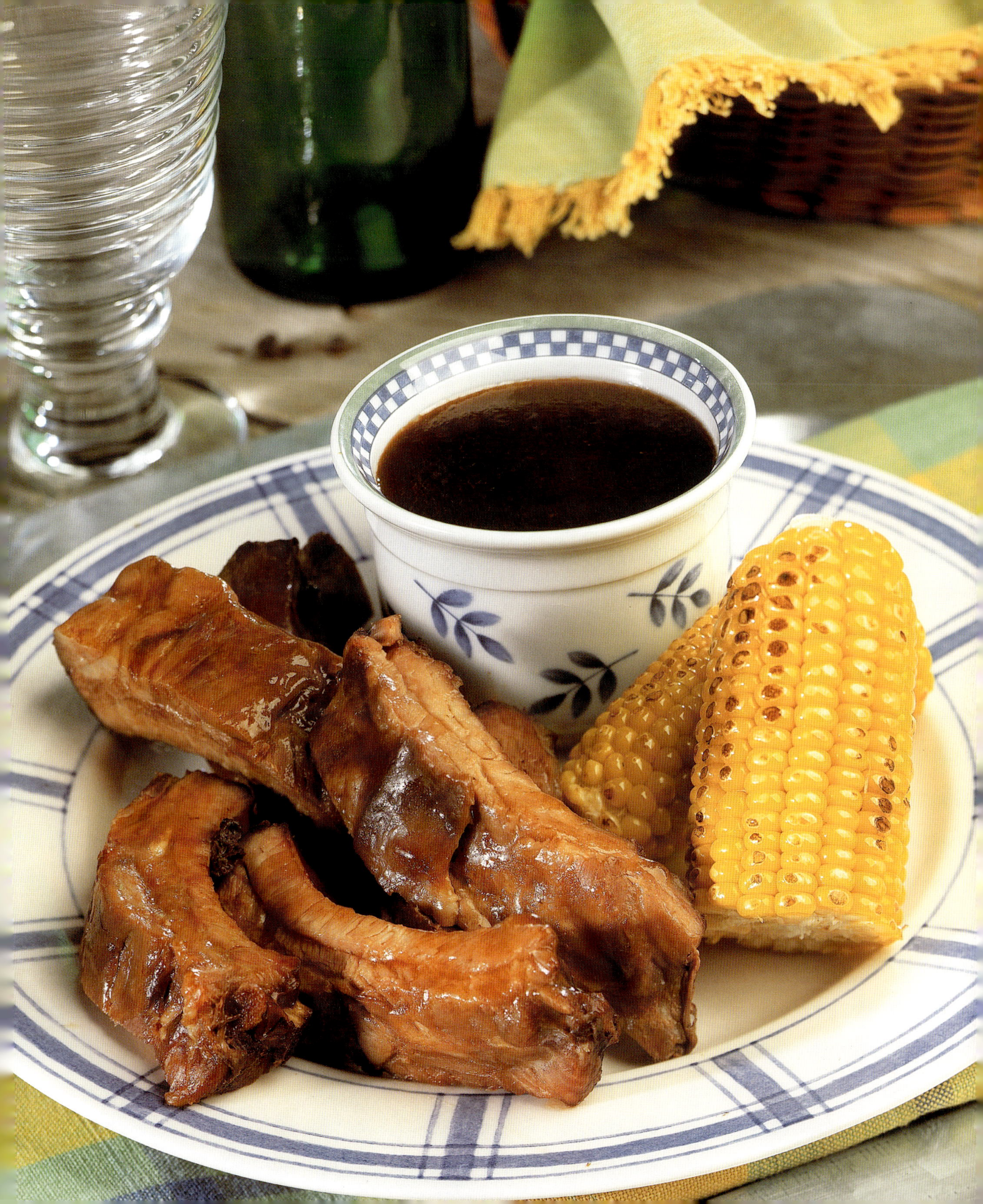

Casserole à la hongroise

- 1 livre (455 g) de porc haché
- ¼ cuillère à thé de sel
- ¼ cuillère à thé de muscade moulue
- ¼ cuillère à thé de poivre noir
- 1 cuillère à soupe d'huile végétale
- 1 tasse (250 ml) de crème sure à teneur réduite en M.G. (à diviser)
- 1 cuillère à soupe de fécule de maïs
- 1 boîte (10¾ onces/320 ml) de concentré de crème de céleri, non dilué
- 1 tasse (250 ml) de lait
- 1 cuillère à thé de paprika doux hongrois
- 1 paquet (12 onces/340 g) de nouilles aux œufs, cuites et égouttées
- 2 cuillères à thé d'aneth frais émincé (facultatif)

1. Préchauffez le four à 325 °F (160 °C). Vaporisez un plat de cuisson de 13 x 9 po (33 x 23 cm) avec un aérosol de cuisson antiadhésif.

2. Mélangez le porc, le sel, la muscade et le poivre dans un récipient. Façonnez des boulettes de viande de 1 pouce (2,5 cm) de diamètre. Faites chauffer l'huile dans une grande sauteuse à feu moyen-vif. Ajoutez-y les boulettes de viande. Laissez-les cuire pendant 10 minutes ou jusqu'à ce qu'elles soient dorées de tous les côtés et qu'elles aient perdu leur couleur rosée au centre. Retirez les boulettes de porc de la sauteuse ; jetez le jus de cuisson.

3. Mélangez ¼ tasse (60 ml) de crème sure et la fécule de maïs dans un petit récipient. Avec une cuillère, versez le mélange ainsi obtenu dans la sauteuse déjà utilisée. Ajoutez la crème sure restante (¾ tasse/190 ml), le concentré, le lait et le paprika. Remuez jusqu'à obtenir une consistance homogène.

4. Mettez les nouilles cuites dans le plat de cuisson huilé. Déposez les boulettes de viande par-dessus et arrosez avec la sauce. Laissez cuire pendant 20 minutes ou jusqu'à ce que ce soit chaud. Saupoudrez d'aneth, si désiré.

Donne 4 à 6 portions

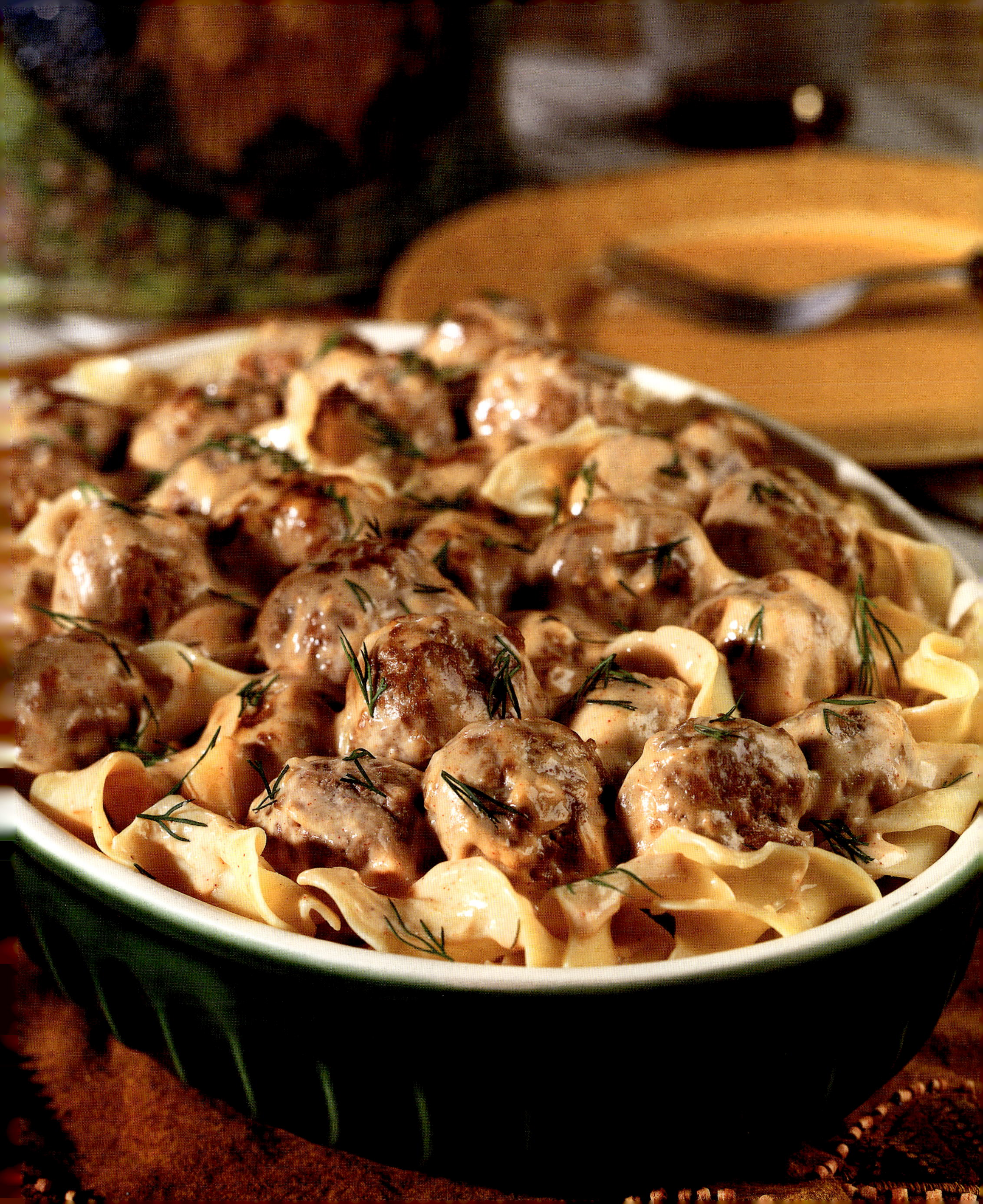

Sandwichs au porc effiloché à l'abricot

2 oignons de taille moyenne, coupés en fines tranches
1 tasse (250 g) de gelée d'abricot
½ tasse (125 ml) de sauce barbecue
½ tasse (100 g) de cassonade foncée tassée
¼ tasse (60 ml) de vinaigre de cidre
2 cuillères à soupe de sauce Worcestershire
½ cuillère à thé de piment de Cayenne en poudre
1 rôti de longe de porc désossé (4 livres/1,8 kg), dégraissé
¼ tasse (60 ml) d'eau froide
2 cuillères à soupe de fécule de maïs
1 cuillère à soupe de gingembre frais râpé
1 cuillère à thé de sel
1 cuillère à thé de poivre noir
10 à 12 petits pains ronds au sésame ou aux oignons, grillés

Instructions de cuisson à la mijoteuse

1. Mettez les oignons, la confiture, la sauce barbecue, la cassonade, le vinaigre, la sauce Worcestershire et le piment de Cayenne en poudre dans un petit récipient. Déposez le rôti de porc dans la mijoteuse et versez la préparation ainsi obtenue par-dessus. Couvrez et laissez cuire à BASSE température pendant 8 à 9 heures.

2. Retirez le porc du jus de cuisson et déposez-le sur une planche à découper ; laissez-le refroidir un peu. À l'aide de deux fourchettes, effilochez le porc grossièrement. Laissez le jus de cuisson reposer pendant 5 minutes pour que le gras remonte à la surface. Dégraissez le jus de cuisson.

3. Mélangez l'eau, la fécule de maïs, le gingembre, le sel et le poivre et remuez bien. Battez au fouet avant d'incorporer le tout au jus de cuisson. Laissez cuire à HAUTE température pendant 15 à 30 minutes ou jusqu'à épaississement. Remettez ensuite le porc effiloché dans la mijoteuse et mélangez bien. Servez dans des petits pains grillés.

Donne 10 à 12 portions

Variante : Vous pouvez remplacer le rôti de longe par un rôti d'épaule (4 livres/1,8 kg), coupé en morceaux et dégraissé.

Porc et riz à la provençale

- 4 côtelettes de porc désossées et bien dégraissées, de ¾ de pouce (2 cm) d'épaisseur (environ 1 livre/455 g)
- 1 cuillère à thé de basilic séché
- ½ cuillère à thé de thym séché
- ½ cuillère à thé de sel à l'ail
- ¼ cuillère à thé de poivre noir moulu
- 2 cuillères à soupe de margarine ou de beurre (à diviser)
- 1 tasse (240 g) de riz
- ½ tasse (120 g) d'oignons hachés
- 1 gousse d'ail, émincée
- 2 tasses (500 ml) d'eau
- 1 boîte (14½ onces/410 g) de tomates en dés assaisonnées, non égouttées
- 1 cube de bœuf
- 1 boîte (2¼ onces/65 g) d'olives mûres tranchées, égouttées ou ⅓ tasse (65 g) d'olives kalamata dénoyautées tranchées

1. Saupoudrez les côtelettes de porc de basilic, de thym, de sel à l'ail et de poivre ; réservez. Dans une grande sauteuse, faites fondre 1 cuillère à soupe de margarine à feu moyen-vif. Ajoutez les côtelettes de porc et laissez cuire pendant 3 minutes. Réduisez le feu ; retournez les côtelettes de porc et laissez cuire à feu moyen pendant encore 3 minutes. Retirez les côtelettes de la sauteuse et réservez.

2. Dans la même sauteuse, à feu moyen, faites sauter le riz, les oignons et l'ail dans la margarine restante (1 cuillère à soupe) jusqu'à coloration du riz.

3. Versez lentement l'eau, les tomates et ajoutez le cube de bœuf ; portez à ébullition et réduisez le feu. Laissez mijoter à petit feu pendant 10 minutes.

4. Ajoutez les côtelettes et les olives. Couvrez et laissez mijoter pendant 10 minutes ou jusqu'à ce que le riz soit tendre et que les côtelettes aient perdu leur couleur rosée au centre.

Donne 4 portions

Temps de préparation : 10 minutes
Temps de cuisson : 40 minutes

Frittata au porc et aux pommes de terre

- **12 onces (340 g) de pommes de terre rissolées surgelées (environ 3 tasses)**
- **1 cuillère à thé d'assaisonnement à la cajun**
- **4 blancs d'œuf**
- **2 œufs entiers**
- **¼ tasse (60 ml) de lait écrémé (1 % M.G.)**
- **1 cuillère à thé de moutarde sèche**
- **¼ cuillère à thé de poivre noir**
- **10 onces de jardinière de légumes surgelés pour sauté (environ 3 tasses/750 ml)**
- **⅓ tasse (85 ml) d'eau**
- **¾ tasse (190 g) de porc haché maigre, cuit**
- **½ tasse (2 onces/55 g) de cheddar râpé**

1. Préchauffez le four à 400 °F (205 °C). Vaporisez une plaque de cuisson avec un aérosol de cuisson antiadhésif. Étalez les pommes de terre rissolées et saupoudrez-les d'assaisonnement à la cajun. Laissez cuire pendant 15 minutes ou jusqu'à ce que ce soit chaud. Retirez la plaque du four. Réduisez la température du four à 350 °F (175 °C).

2. Battez les blancs d'œuf, les œufs, le lait, la moutarde et le poivre dans un petit récipient. Mettez les légumes et l'eau dans une sauteuse antiadhésive allant au four. Faites cuire à feu moyen pendant 5 minutes ou jusqu'à ce que les légumes soient tendres mais encore croquants; égouttez.

3. Ajoutez le porc et les pommes de terre aux légumes qui se trouvent dans la sauteuse; remuez un peu. Ajoutez le mélange à base d'œufs. Parsemez de fromage. Laissez cuire à feu moyen-faible pendant 5 minutes. Enfournez la sauteuse à 350 °F (175 °C) et laissez cuire pendant 5 minutes ou jusqu'à ce que le mélange d'œufs ait pris et que le fromage soit fondu.

Donne 4 portions

Temps de préparation et de cuisson : 30 minutes

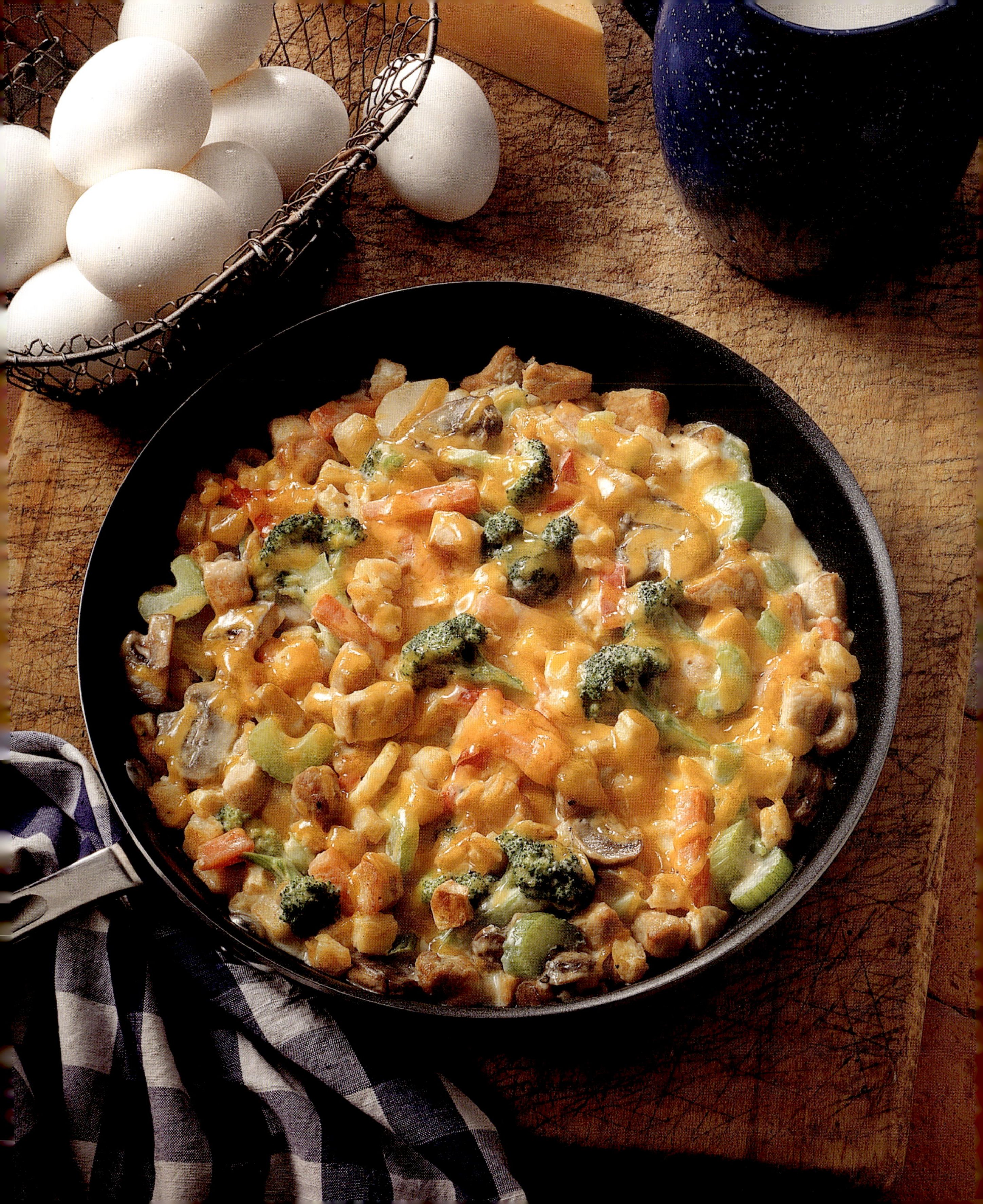

Porc effiloché à la sauce barbecue

1 rôti d'épaule ou de soc de porc désossé (3 à 4 livres/1,3 à 1,8 kg)
1 cuillère à thé de sel
1 cuillère à thé de cumin moulu
1 cuillère à thé de paprika
1 cuillère à thé de poivre noir
½ cuillère à thé de piment de Cayenne en poudre
1 oignon de taille moyenne, coupé en fines tranches
1 poivron vert de taille moyenne, coupé en lanières
1 bouteille (18 onces/540 ml) de sauce barbecue
½ tasse (100 g) de cassonade claire tassée
 Petits pains ronds à sandwich ou tortillas
 Riz cuit, chaud

Instructions de cuisson à la mijoteuse

1. Enlevez l'excédent de gras du rôti de porc. Mélangez le sel, le cumin, le paprika, le poivre noir et le piment de Cayenne dans un petit récipient et frottez le rôti avec le mélange ainsi obtenu.

2. Mettez l'oignon et le poivron dans la mijoteuse ; ajoutez le porc. Mélangez la sauce barbecue et la cassonade dans un récipient de taille moyenne et versez cette préparation sur la viande. Couvrez et laissez cuire à BASSE température pendant 8 à 10 heures.

3. Transférez le rôti sur une planche à découper. Dégraissez et jetez le gras. À l'aide de deux fourchettes, effilochez le porc grossièrement. Servez le porc arrosé de sauce et accompagné de riz dans de petits pains ronds à sandwich ou dans des tortillas.

Donne 4 à 6 portions

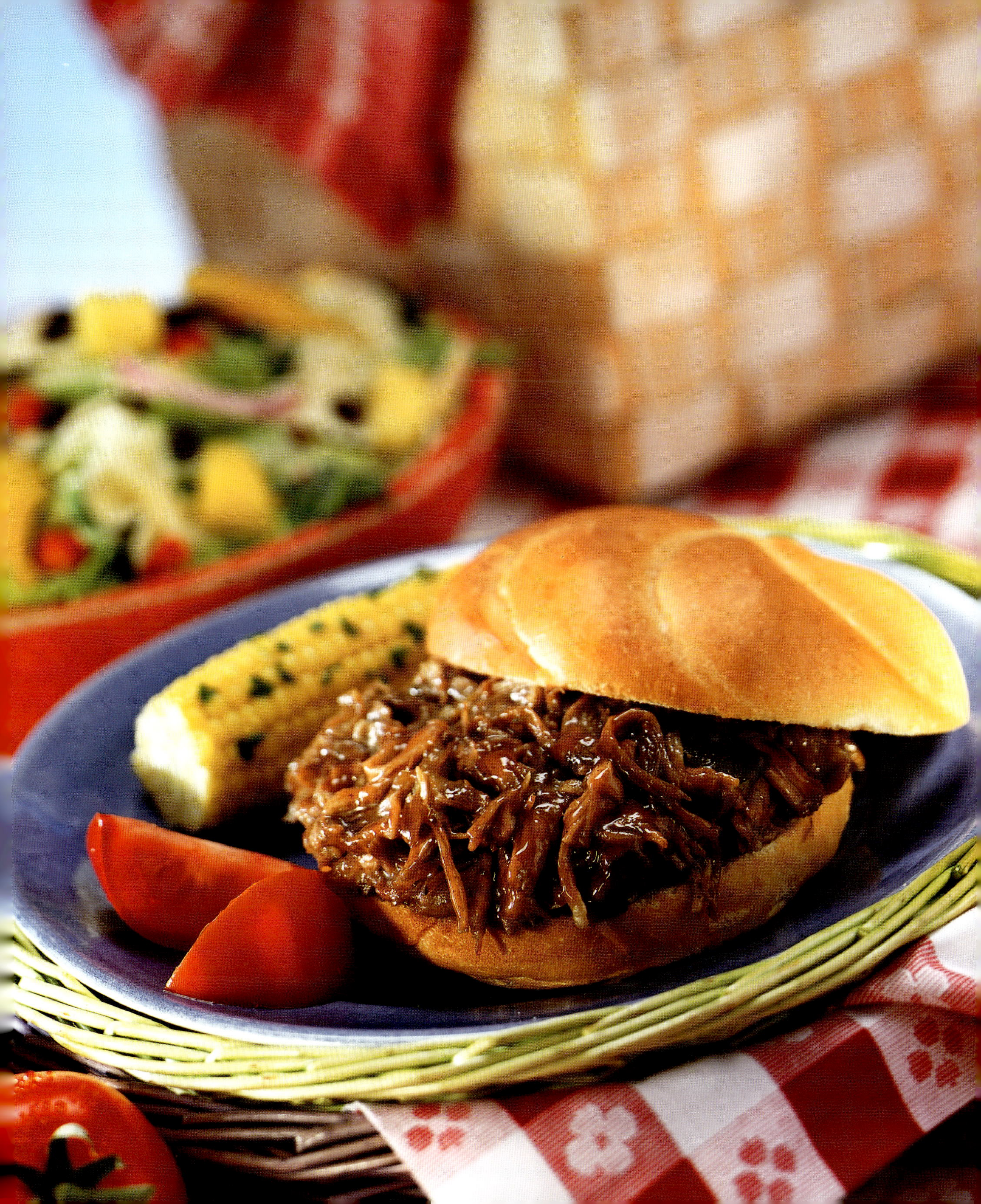

Porc à la cantonaise

    2 filets de porc (environ 2 livres/910 g)
    1 cuillère à soupe d'huile végétale
    1 boîte (8 onces/225 g) de morceaux d'ananas, non égouttés
    1 boîte (8 onces/240 ml) de sauce tomate
    2 boîtes (4 onces/115 g chacune) de champignons tranchés, égouttés
    1 oignon de taille moyenne, coupé en fines tranches
    3 cuillères à soupe de cassonade
    2 cuillères à soupe de sauce Worcestershire
1½ cuillère à thé de sel
1½ cuillère à thé de vinaigre blanc
      Riz cuit, chaud

Instructions de cuisson à la mijoteuse

1. Coupez les filets de porc en deux dans le sens de la longueur, puis en travers afin d'obtenir de fines tranches de ¼ pouce (6 mm) d'épaisseur. Faites chauffer l'huile dans une grande sauteuse antiadhésive à feu moyen-faible. Faites dorer le porc de tous les côtés. Retirez et jetez l'excédent de gras.

2. Mettez le porc, l'ananas et son jus, la sauce tomate, les champignons, l'oignon, le sucre, la sauce Worcestershire, le sel et le vinaigre dans la mijoteuse.

3. Couvrez et laissez cuire à BASSE température pendant 6 à 8 heures ou à HAUTE température pendant 4 heures. Servez accompagné de riz.

Donne 8 portions

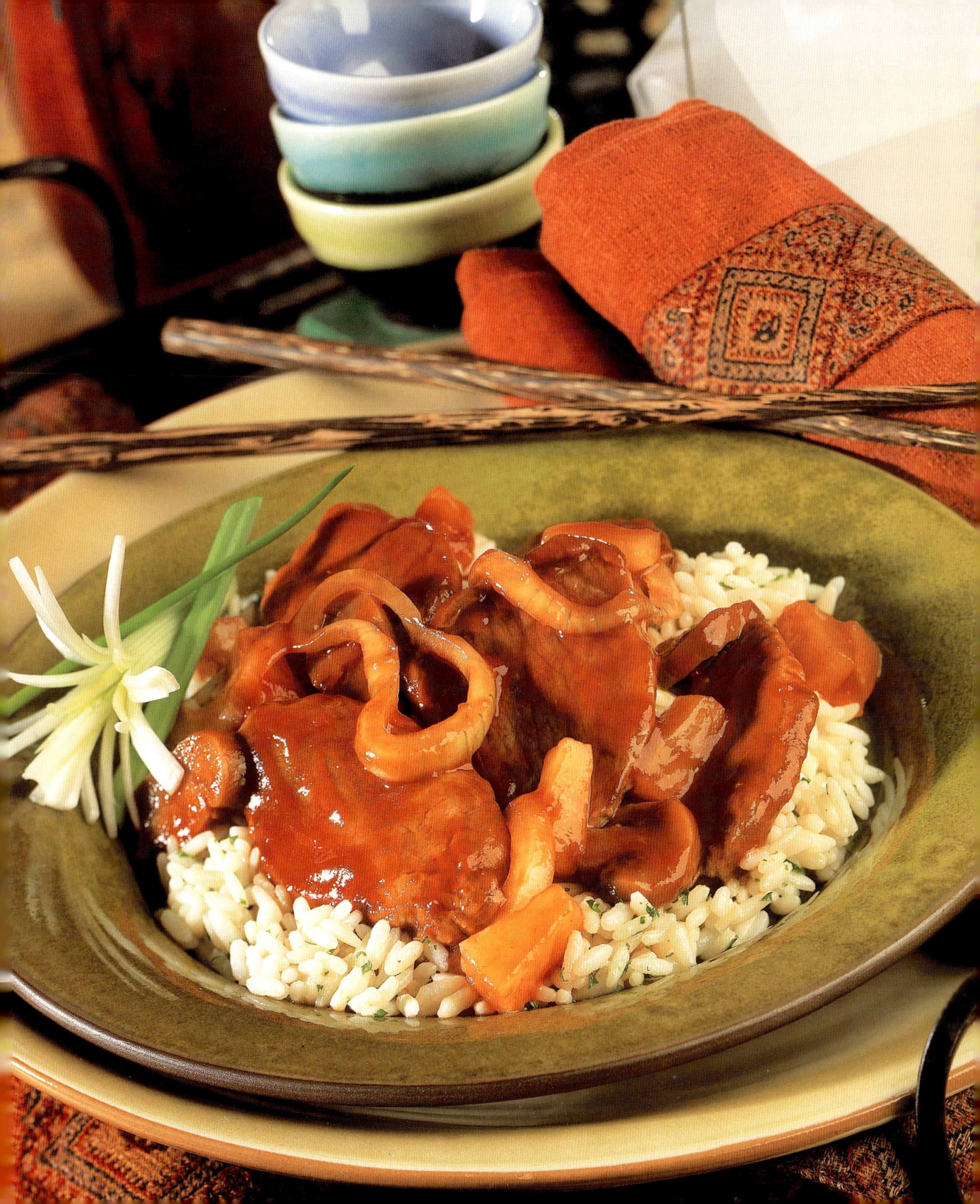

Boulettes de porc et choucroute

1¼ livre (565 g) de porc haché maigre
¾ tasse (80 g) de chapelure
1 œuf, légèrement battu
2 cuillères à soupe de lait
2 cuillères à thé de graines de carvi (à diviser)
1 cuillère à thé de sel
½ cuillère à thé de sauce Worcestershire
¼ cuillère à thé de poivre noir
1 paquet (32 onces/910 g) de choucroute, égouttée, sous vide et déchiquetée
½ tasse (120 g) d'oignons hachés
6 tranches de bacon (lard), croustillant et émietté
Persil haché

Instructions de cuisson à la mijoteuse

1. Mélangez le porc haché, la chapelure, l'œuf, le lait, 1 cuillère à thé de graines de carvi, le sel, la sauce Worcestershire et le poivre dans un grand récipient. Façonnez ensuite des boulettes de 2 pouces (5 cm) d'épaisseur. Faites dorer les boulettes de viande dans une grande sauteuse antiadhésive à feu moyen-vif.

2. Mélangez la choucroute, les oignons, le bacon et les graines de carvi restantes (1 cuillère à thé) dans la mijoteuse. Déposez les boulettes de viande par-dessus.

3. Couvrez et laissez cuire à BASSE température pendant 6 à 8 heures. Décorez de persil haché.

Donne 4 à 6 portions

Temps de préparation: 30 minutes
Temps de cuisson: 8 heures

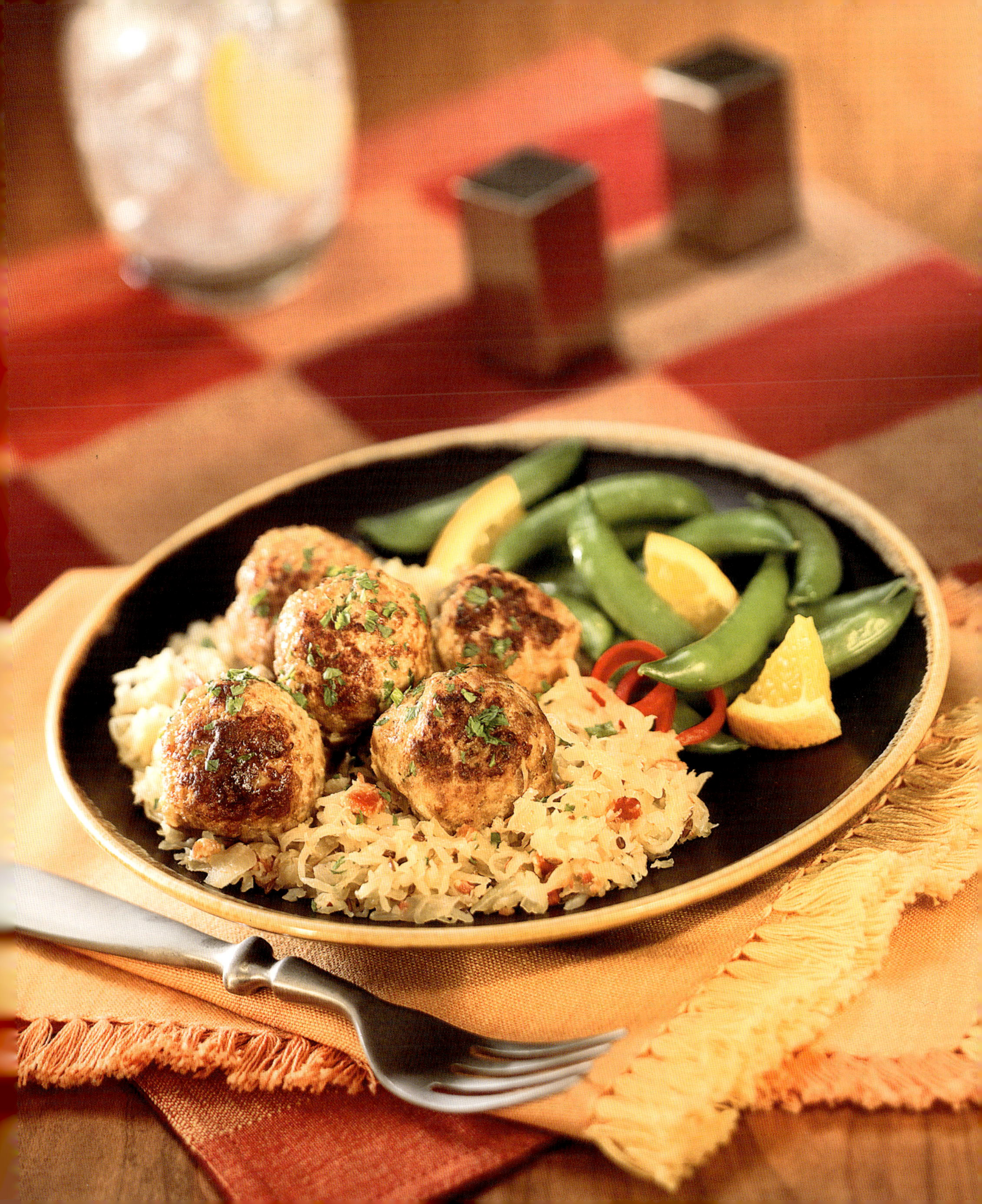

Casserole de côtelettes de porc épicée

Aérosol de cuisson antiadhésif
2 tasses (480 g) de maïs surgelé
2 tasses (450 g) de pommes de terre rissolées en dés, surgelées
1 boîte (14½ onces/410 g) de tomates en dés au basilic, à l'ail et à l'origan, égouttées
2 cuillères à thé d'assaisonnement au chili
1 cuillère à thé d'origan séché
½ cuillère à thé de cumin moulu
⅛ cuillère à thé de piment de Cayenne en poudre
1 cuillère à thé d'huile d'olive
4 côtelettes de porc désossées (3 onces/85 g chacune), d'environ ¾ pouce (2 cm) d'épaisseur
¼ cuillère à thé de poivre noir
¼ tasse (1 once/30 g) de Monterey Jack à teneur réduite en M.G., râpé (facultatif)

1. Préchauffez le four à 375°F (190°C).

2. Vaporisez légèrement une sauteuse antiadhésive avec un aérosol de cuisson antiadhésif. Mettez-y le maïs et faites cuire à feu moyen-vif pendant environ 5 minutes ou jusqu'à ce que le maïs commence à dorer. Incorporez ensuite les pommes de terre et faites cuire pendant encore 5 minutes ou jusqu'à ce que les pommes de terre commencent à dorer. Ajoutez enfin les tomates, l'assaisonnement au chili, l'origan, le cumin et le piment de Cayenne et remuez pour bien mélanger le tout.

3. Vaporisez légèrement un plat de cuisson de 8 x 8 x 2 po (20 x 20 x 5 cm) avec un aérosol de cuisson antiadhésif. Transférez la préparation à base de maïs dans le plat de cuisson huilé.

4. Essuyez la sauteuse avec du papier essuie-tout, puis ajoutez l'huile d'olive et les côtelettes. Laissez cuire les côtelettes à feu moyen-vif jusqu'à ce qu'elles soient dorées d'un côté. Retirez-les et déposez-les dans le plat de cuisson sur la préparation à base de maïs, le côté doré vers le haut. Saupoudrez de poivre noir. Enfournez, à découvert, et laissez cuire pendant 20 minutes ou jusqu'à ce que la viande soit juteuse et à peine rosée au centre. Parsemez de fromage, si désiré. Laissez reposer pendant 2 à 3 minutes avant de servir.

Donne 4 portions

Temps de préparation : 15 minutes
Temps de cuisson : 20 minutes

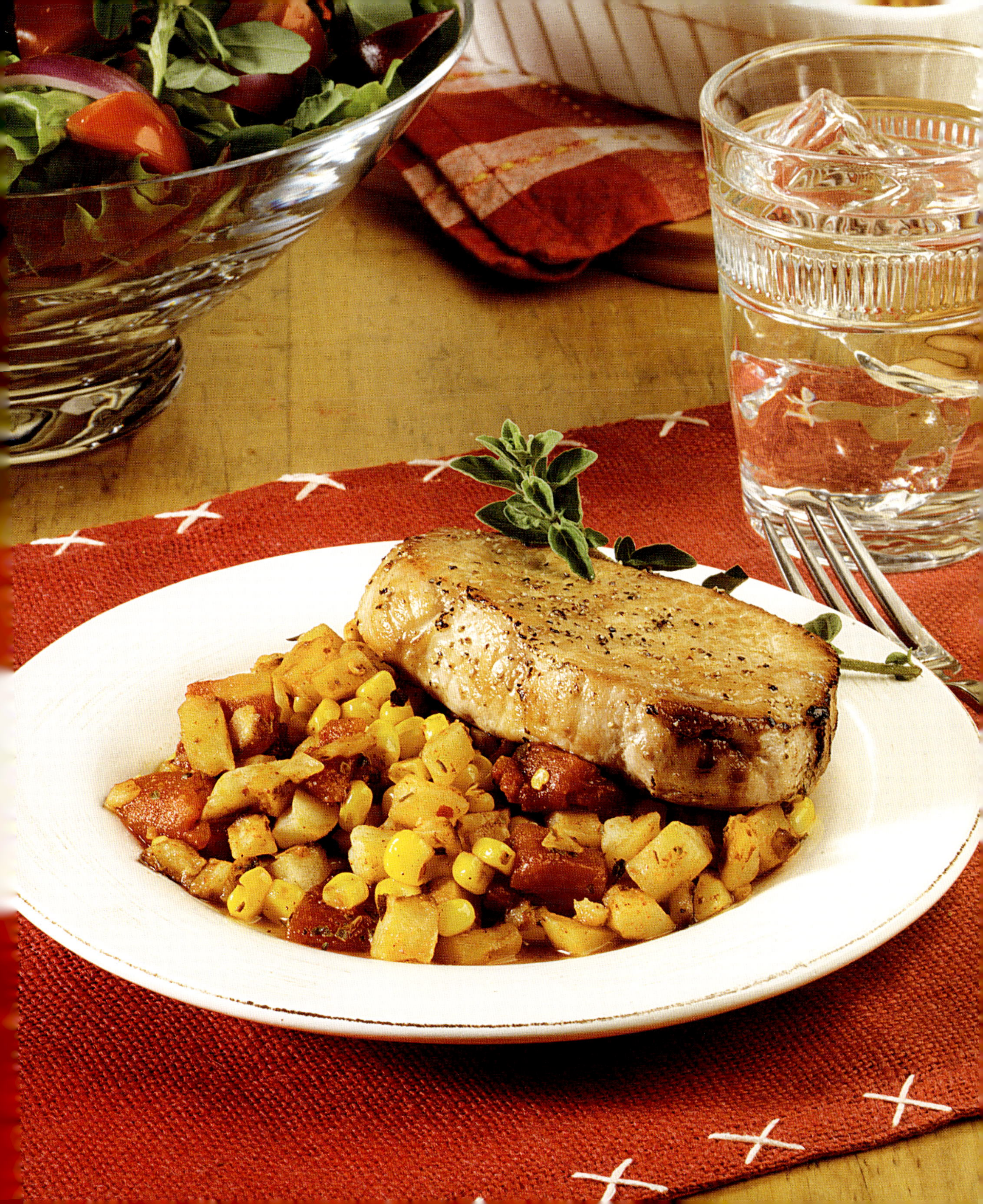

Ragoût provençal

- 2 boîtes (environ 14 onces/420 ml chacune) de bouillon de bœuf (à diviser)
- ⅓ tasse (40 g) de farine tout usage
- 1 à 2 filets de porc (environ 2 livres/910 g), dégraissés et coupés en dés
- 4 pommes de terre rouges avec la peau, coupées en dés
- 2 tasses (480 g) de haricots verts coupés, surgelés
- 1 oignon, haché
- 2 gousses d'ail, émincées
- 1 cuillère à thé de sel
- 1 cuillère à thé de thym
- ½ cuillère à thé de poivre noir

Instructions de cuisson à la mijoteuse

1. Mélangez ¾ tasse (190 ml) de bouillon de bœuf et la farine dans un petit récipient. Réservez.

2. Mettez le bouillon de bœuf restant, les morceaux de porc, les pommes de terre, les haricots verts, l'oignon, l'ail, le sel, le thym et le poivre dans la mijoteuse et mélangez le tout.

3. Couvrez et laissez cuire à BASSE température pendant 8 à 10 heures ou à HAUTE température pendant 4 à 5 heures. Si vous optez pour la cuisson à BASSE température, augmentez la température à HAUTE intensité pendant les 30 dernières minutes. Incorporez ensuite le mélange à base de farine et poursuivez la cuisson pendant 30 minutes pour faire épaissir la sauce.

Donne 8 portions

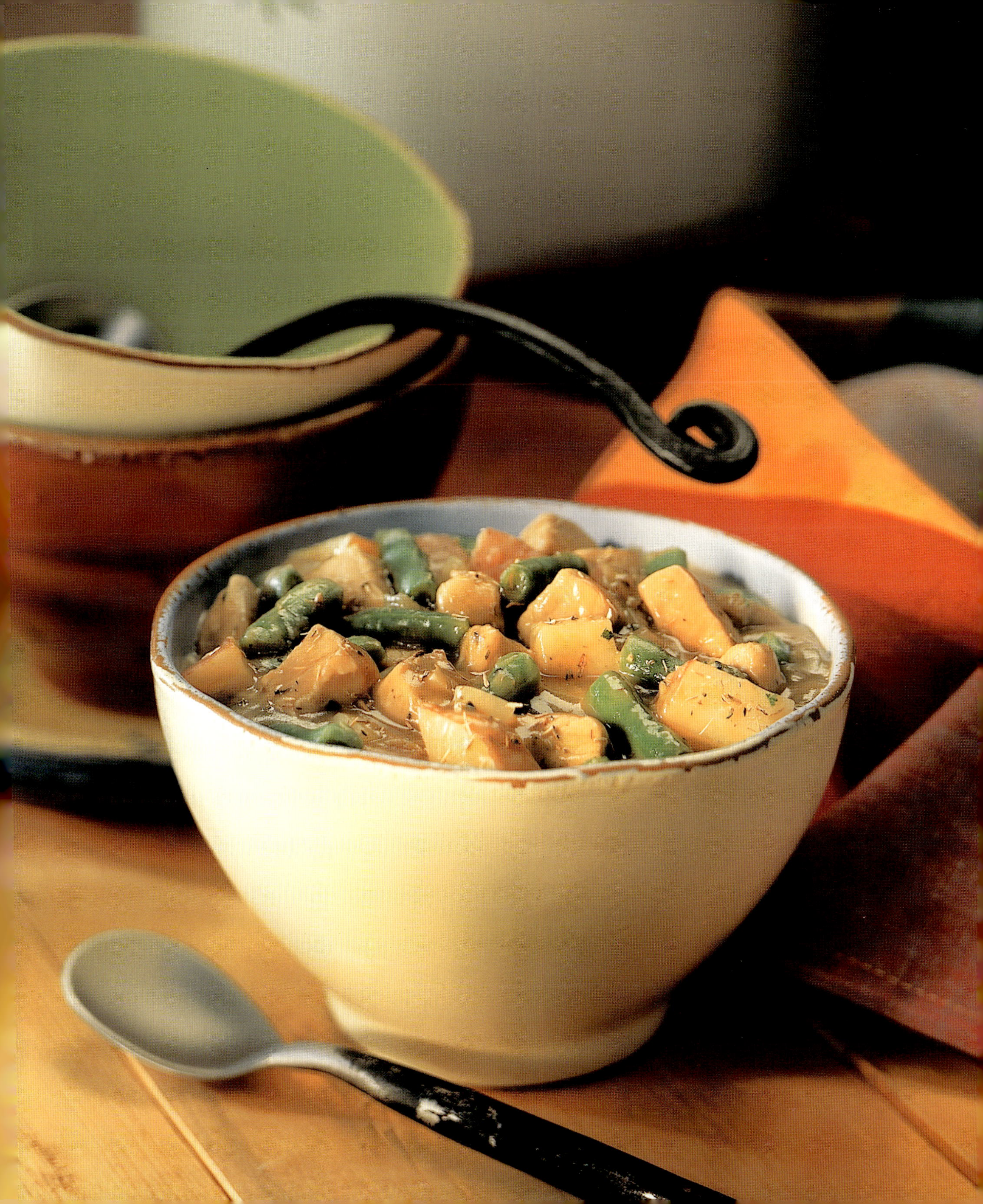

Tacos au porc effiloché, faciles à réaliser

    2 livres (910 g) de rôti de porc désossé
    1 tasse (250 ml) de salsa
    1 boîte (4 onces/115 g) de piments verts coupés en dés
    ½ cuillère à thé de sel à l'ail
    ½ cuillère à thé de poivre

Instructions de cuisson à la mijoteuse

1. Mettez tous les ingrédients dans la mijoteuse.

2. Couvrez et faites cuire à BASSE température pendant 8 heures ou jusqu'à ce que la viande soit tendre. Ensuite, effilochez le porc à l'aide de deux fourchettes et servez.

Donne 6 portions

Côtelettes en sauce aigre-douce

    2 livres (910 g) de petites côtelettes de porc
    1 cuillère à thé de poivre noir
    2½ tasses (625 ml) de sauce barbecue (non fumée au bois de mesquite)
    1 pot (8 onces/225 g) de confiture ou de gelée de cerise
    1 cuillère à soupe de moutarde de Dijon
    ¼ cuillère à thé de sel
       Sel et poivre noir en supplément (facultatif)

Instructions de cuisson à la mijoteuse

1. Retirez l'excédent de gras des côtelettes et frottez-les de poivre noir (1 cuillère à thé). Coupez le porc en portions de 2 côtelettes et déposez-les dans la mijoteuse.

2. Mélangez la sauce barbecue, la confiture, la moutarde et le sel dans un petit récipient et versez cette préparation sur les côtelettes.

3. Couvrez et laissez cuire à BASSE température pendant 6 à 8 heures ou jusqu'à ce que les côtelettes soient tendres. Ajoutez du sel et du poivre, si désiré. Servez les côtelettes arrosées de sauce.

Donne 4 portions

Temps de préparation : 10 minutes
Temps de cuisson : 6 à 8 heures (à BASSE température)

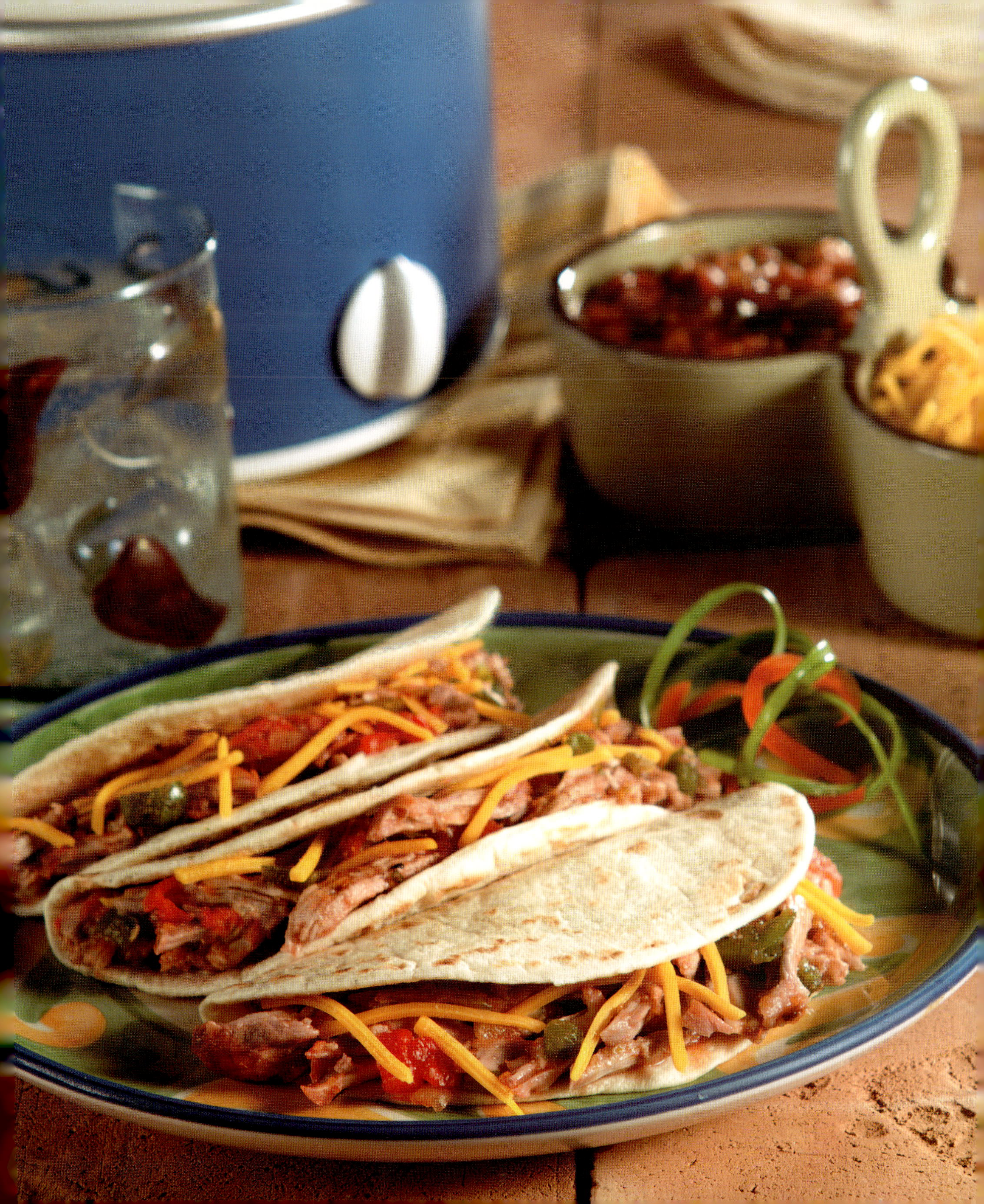

Délices végétariens

Aubergines à la parmesane

2 œufs, battus
¼ tasse (60 ml) de lait
1 pincée de poudre d'ail
1 pincée de poudre d'oignon
1 pincée de sel
1 pincée de poivre noir
1 grosse aubergine, coupée en tranches de ½ pouce (1,25 cm) d'épaisseur
½ tasse (55 g) de chapelure assaisonnée
Huile végétale à friture
1 pot (environ 26 onces/780 ml) de sauce à spaghetti
4 tasses (16 onces/455 g) de mozzarella râpée
2½ tasses (10 onces/285 g) de fromage suisse râpé
¼ tasse (30 g) de parmesan râpé
¼ tasse (30 g) de Romano râpé

1. Préchauffez le four à 350°F (175°C). Mélangez les œufs, le lait, la poudre d'ail, la poudre d'oignon, le sel et le poivre dans un récipient peu profond. Trempez-y les tranches d'aubergine, puis enrobez-les de chapelure.

2. Mettez de l'huile dans une grande sauteuse, suffisamment pour couvrir le fond de ¼ pouce (6 mm). Faites chauffer l'huile à feu moyen-vif et faites dorer les tranches d'aubergine des deux côtés en plusieurs fois; mettez-les ensuite à égoutter sur du papier essuie-tout. Étalez 2 à 3 cuillères à soupe de sauce à spaghetti dans le fond d'un plat de cuisson de 13 x 9 po (33 x 23 cm). Disposez en couches la moitié des tranches d'aubergines, la moitié de la mozzarella et la moitié du fromage suisse, ainsi que la moitié de la sauce restante dans le plat. Répétez l'opération et parsemez de parmesan et de Romano.

3. Enfournez pour 30 minutes ou jusqu'à ce que ce soit chaud et que le fromage soit fondu.

Donne 4 portions

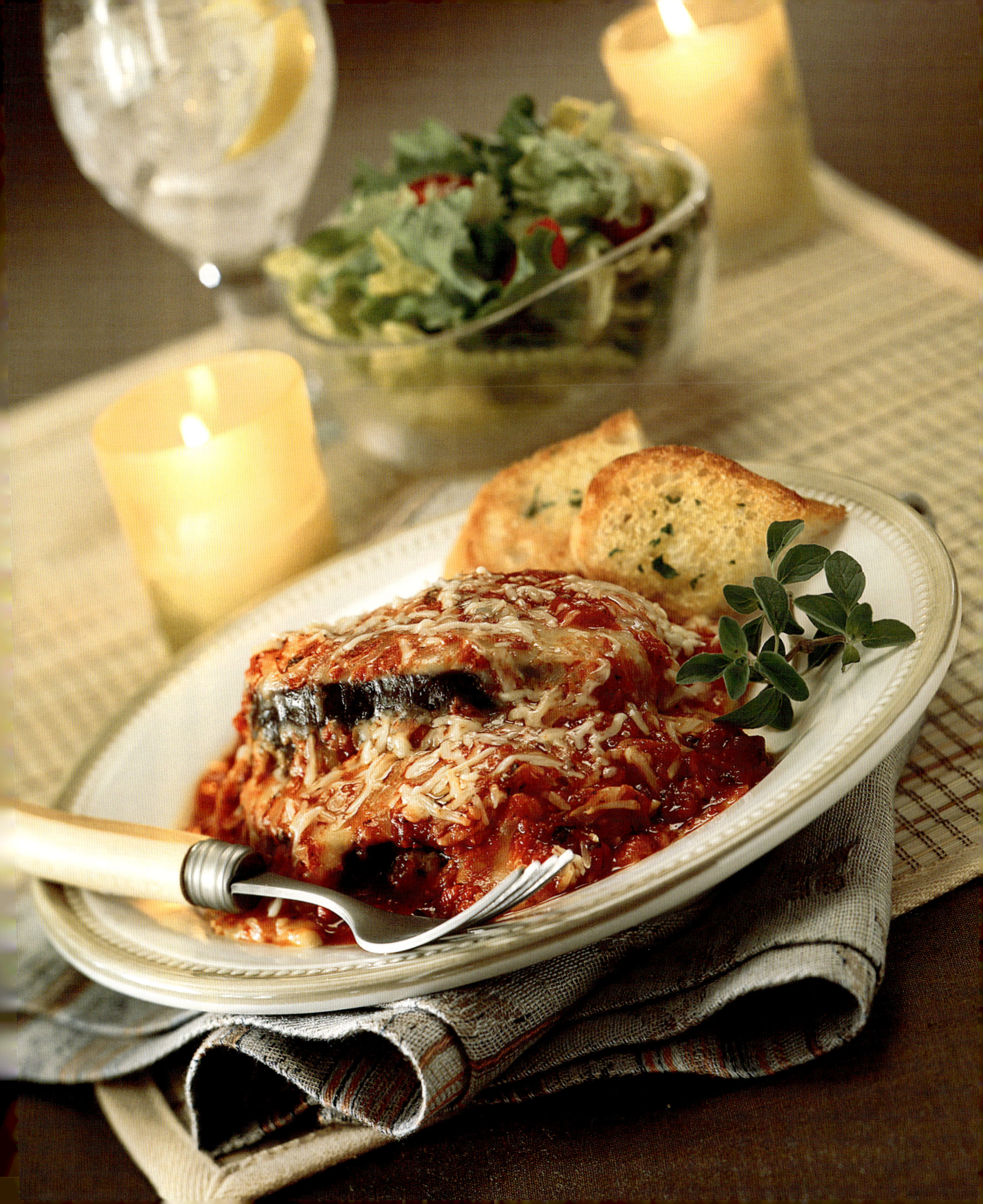

Chili aux haricots et au maïs

- 1 boîte (16 onces/455 g) de haricots à œil noir ou de haricots cannellini, rincés et égouttés
- 1 boîte (16 onces/455 g) de haricots rouges ou de petits haricots blancs, rincés et égouttés
- 1 boîte (15 onces/425 g) de tomates entières, égouttées et hachées
- 1 oignon, haché
- 1 tasse (240 g) de maïs surgelé
- 1 tasse (250 ml) d'eau
- ½ tasse (120 g) d'oignons verts hachés
- ½ tasse (120 g) de concentré de tomates
- ¼ tasse (60 g) piments jalapeño coupés en dés*
- 1 cuillère à soupe d'assaisonnement au chili
- 1 cuillère à thé de cumin moulu
- 1 cuillère à thé de moutarde préparée
- ½ cuillère à thé d'origan séché

*Les piments jalapeño peuvent brûler et irriter la peau ; portez des gants en caoutchouc pour les manipuler et ne touchez pas vos yeux. Lavez-vous les mains après manipulation.

Instructions de cuisson à la mijoteuse

Mélangez tous les ingrédients dans la mijoteuse. Couvrez et laissez cuire à BASSE température pendant 8 à 10 heures ou à HAUTE température pendant 4 à 5 heures.

Donne 6 à 8 portions

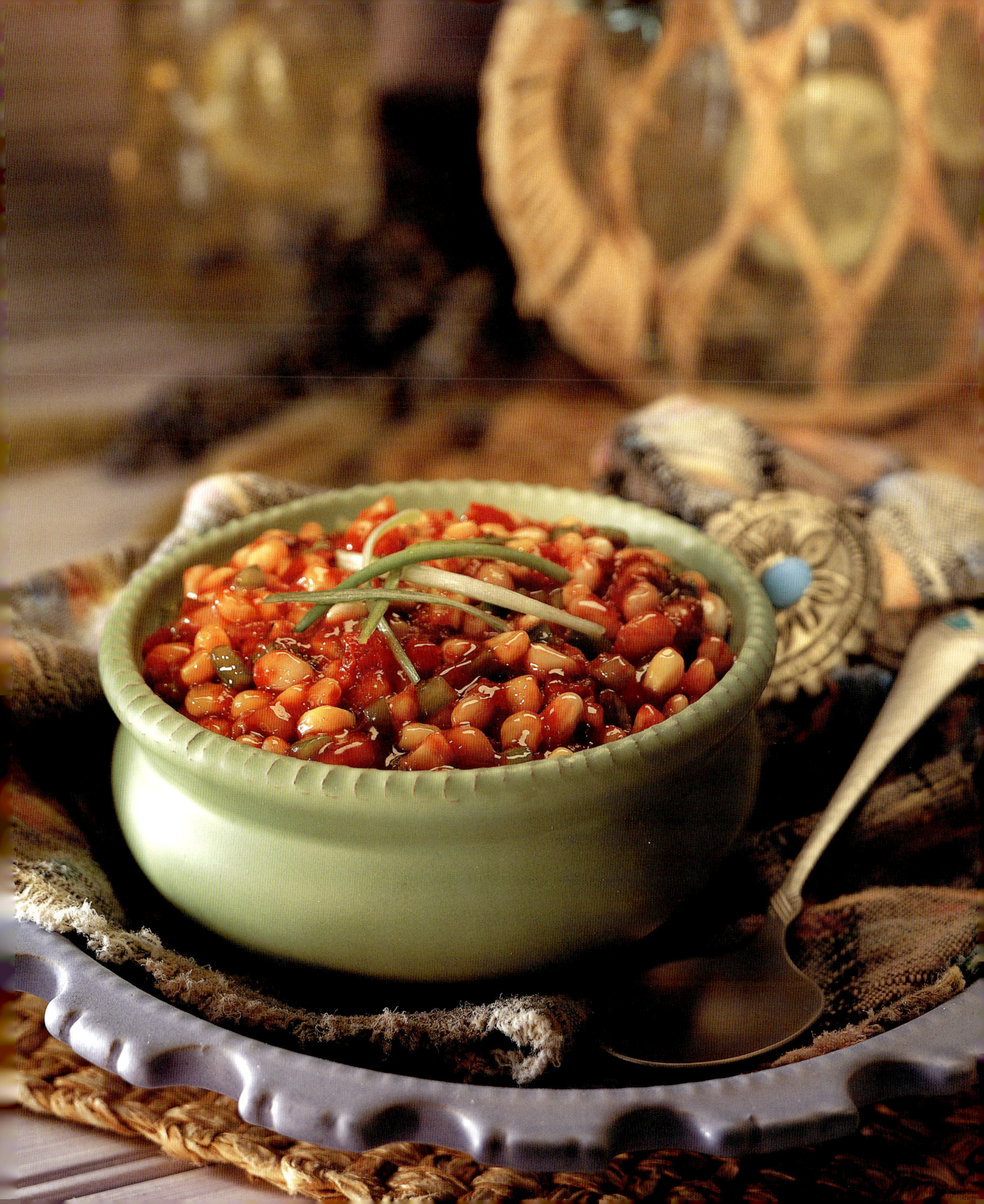

Raviolis en sauce tomate maison

- 3 gousses d'ail, pelées
- ½ tasse (30 g) de feuilles de basilic frais
- 3 tasses (720 g) de tomates pelées et épépinées, coupées en quartiers
- 2 cuillères à soupe de concentré de tomate
- 2 cuillères à soupe d'assaisonnement à salade de style italien, sans M.G. (du commerce)
- 1 cuillère à soupe de vinaigre balsamique
- ¼ cuillère à thé de poivre noir
- 1 paquet (9 onces/255 g) de raviolis au fromage frais à teneur réduite en M.G. du commerce, crus (au rayon frais des supermarchés)
- 2 tasses (70 g) d'épinards lavés et émincés
- 1 tasse (4 onces/115 g) de mozzarella partiellement écrémée et râpée

Instructions de cuisson au four à micro-ondes

1. Afin de préparer la sauce tomate, utilisez un robot culinaire pour hacher l'ail grossièrement, puis le basilic. Incorporez ensuite les tomates, le concentré de tomate, l'assaisonnement à salade, le vinaigre et le poivre et mixez le tout par impulsions jusqu'à ce que les tomates soient hachées.

2. Vaporisez un plat carré de 9 pouces (23 cm) allant au four à micro-ondes avec un aérosol de cuisson antiadhésif. Étalez 1 tasse (250 ml) de sauce tomate dans le fond du plat. Disposez en couches la moitié des raviolis et des épinards sur la sauce. Répétez l'opération en étalant de nouveau 1 tasse (250 ml) de sauce tomate, puis les raviolis et les épinards restants. Recouvrez ensuite avec le reste de la sauce tomate (1 tasse/250 ml). Couvrez avec un film plastique et réfrigérez entre 1 et 8 heures.

3. Ouvrez un coin du film plastique. Mettez au four à micro-ondes à MOYENNE intensité (50% de la puissance maximale) pendant 20 minutes ou jusqu'à ce que les raviolis soient tendres et chauds. Parsemez de fromage et remettez au micro-ondes à HAUTE intensité pendant 3 minutes ou jusqu'à ce que le fromage commence à fondre. Laissez reposer, sans enlever le film plastique, pendant 5 minutes avant de servir.

Donne 6 portions

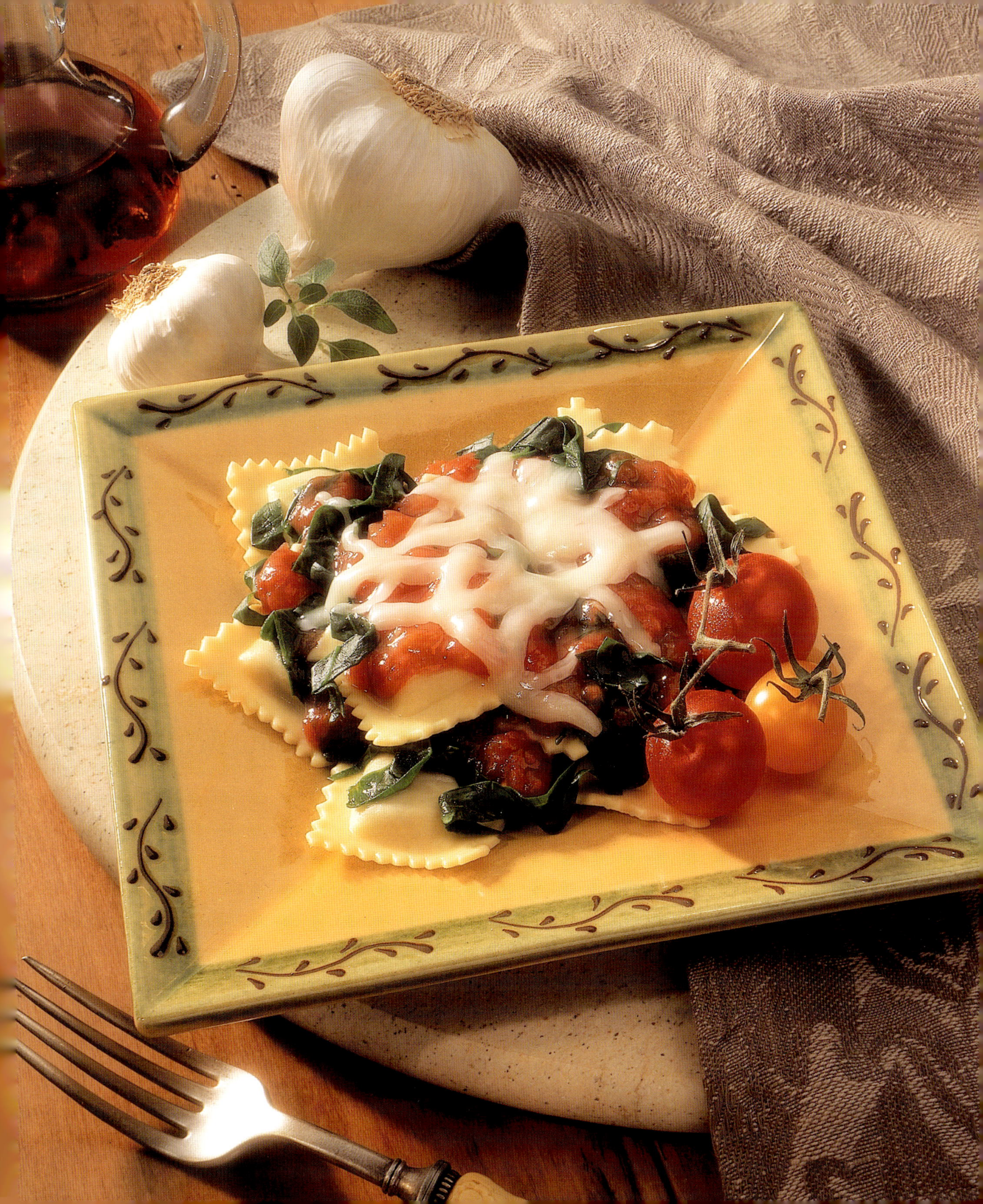

Ragoût méditerranéen

1 courge musquée ou poivrée de taille moyenne, pelée et coupée en dés de 1 pouce (2,5 cm) d'épaisseur
2 tasses (480 g) d'aubergines avec la peau, coupées en dés de 1 pouce (2,5 cm) d'épaisseur
2 tasses (480 g) de courgettes coupées en rondelles
1 boîte (15½ onces/440 g) de pois chiches, rincés et égouttés
1 paquet (10 onces/285 g) de gombo coupé surgelé
1 boîte (8 onces/225 g) de sauce tomate
1 tasse (240 g) d'oignons hachés
1 tomate de taille moyenne, hachée
1 carotte de taille moyenne, coupée en fines rondelles
½ tasse (125 ml) de bouillon de légumes à teneur réduite en sodium
⅓ tasse (45 g) de raisins secs
1 gousse d'ail, émincée
½ cuillère à thé de cumin moulu
½ cuillère à thé de curcuma moulu
¼ à ½ cuillère à thé de piment de Cayenne en poudre
¼ cuillère à thé de cannelle moulue
¼ cuillère à thé de paprika
6 à 8 tasses (1 à 1,3 kg) de semoule ou de riz cuit, chaud
Persil frais (facultatif)

Instructions de cuisson à la mijoteuse

1. Mélangez tous les ingrédients à l'exception de la semoule dans la mijoteuse ; remuez bien.

2. Couvrez et laissez cuire à BASSE température pendant 8 à 10 heures ou jusqu'à ce que les légumes soient tendres mais encore croquants.

3. Servez sur de la semoule. Décorez avec du persil frais, si désiré.

Donne 6 portions

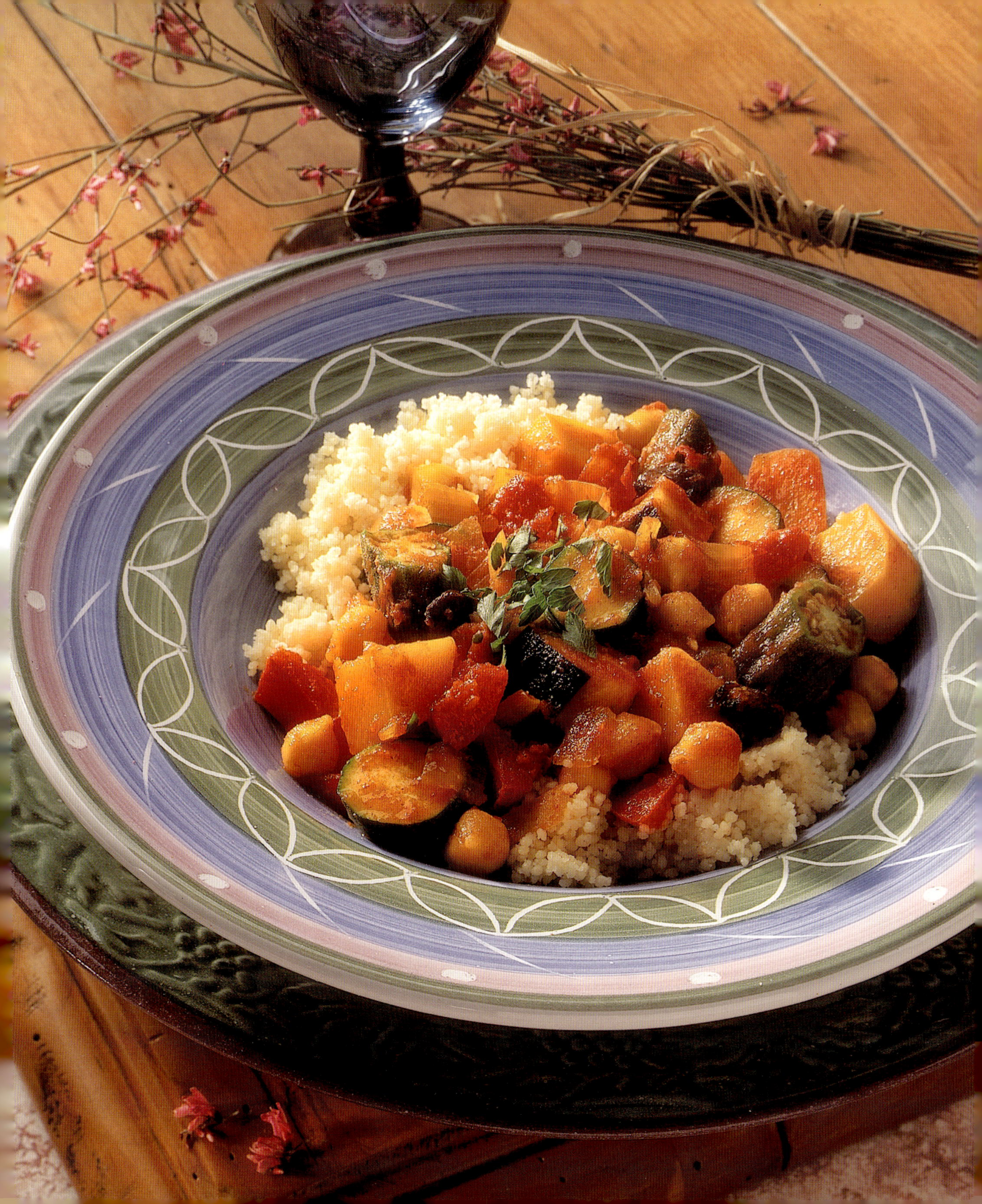

Casserole de nouilles aux brocolis et au cheddar

- 1 paquet (12 onces/340 g) de nouilles aux œufs larges, crues
- 3 cuillères à soupe de margarine ou de beurre (à diviser)
- 2 tasses (480 g) d'oignons hachés
- 4 tasses (960 g) de fleurons de brocolis
- 1 boîte (14,5 onces/410 g) de tomates à l'étuvée, non égouttées
- 1 boîte (6 onces/180 ml) de concentré de tomate
- 1 sachet (1½ once/45 g) d'assaisonnement pour sauce à spaghetti
- 2 tasses (500 ml) d'eau
- 1 cuillère à thé de sel à l'ail
- 1½ tasse (6 onces/170 g) de cheddar râpé
- ½ tasse (55 g) de chapelure assaisonnée (style italien)

1. Faites cuire les nouilles en suivant les instructions de cuisson indiquées sur le paquet ; égouttez-les.

2. Pendant ce temps, faites fondre 2 cuillères à soupe de margarine dans une casserole de 5 litres ; faites-y sauter les oignons jusqu'à ce qu'ils soient tendres.

3. Incorporez les brocolis, les tomates non égouttées, le concentré de tomate, le sachet d'assaisonnement, l'eau et le sel à l'ail. Portez à ébullition. Réduisez le feu et laissez mijoter, à découvert, pendant 10 minutes, tout en remuant de temps en temps. Ajoutez ensuite les nouilles cuites.

4. Dans un plat de cuisson de 13 x 9 x 2 po (33 x 23 x 5 cm), étalez la moitié de la préparation à base de nouilles et parsemez de fromage. Étalez ensuite l'autre moitié de la préparation à base de nouilles.

5. Faites fondre la margarine restante (1 cuillère à soupe) et incorporez la chapelure. Saupoudrez le plat du mélange ainsi obtenu ; couvrez et laissez cuire pendant 20 minutes dans un four préchauffé à 350 °F (175 °C). Enlevez le couvercle et poursuivez la cuisson pendant encore 5 minutes.

Donne 6 portions

Temps de préparation : 25 minutes
Temps de cuisson : 25 minutes

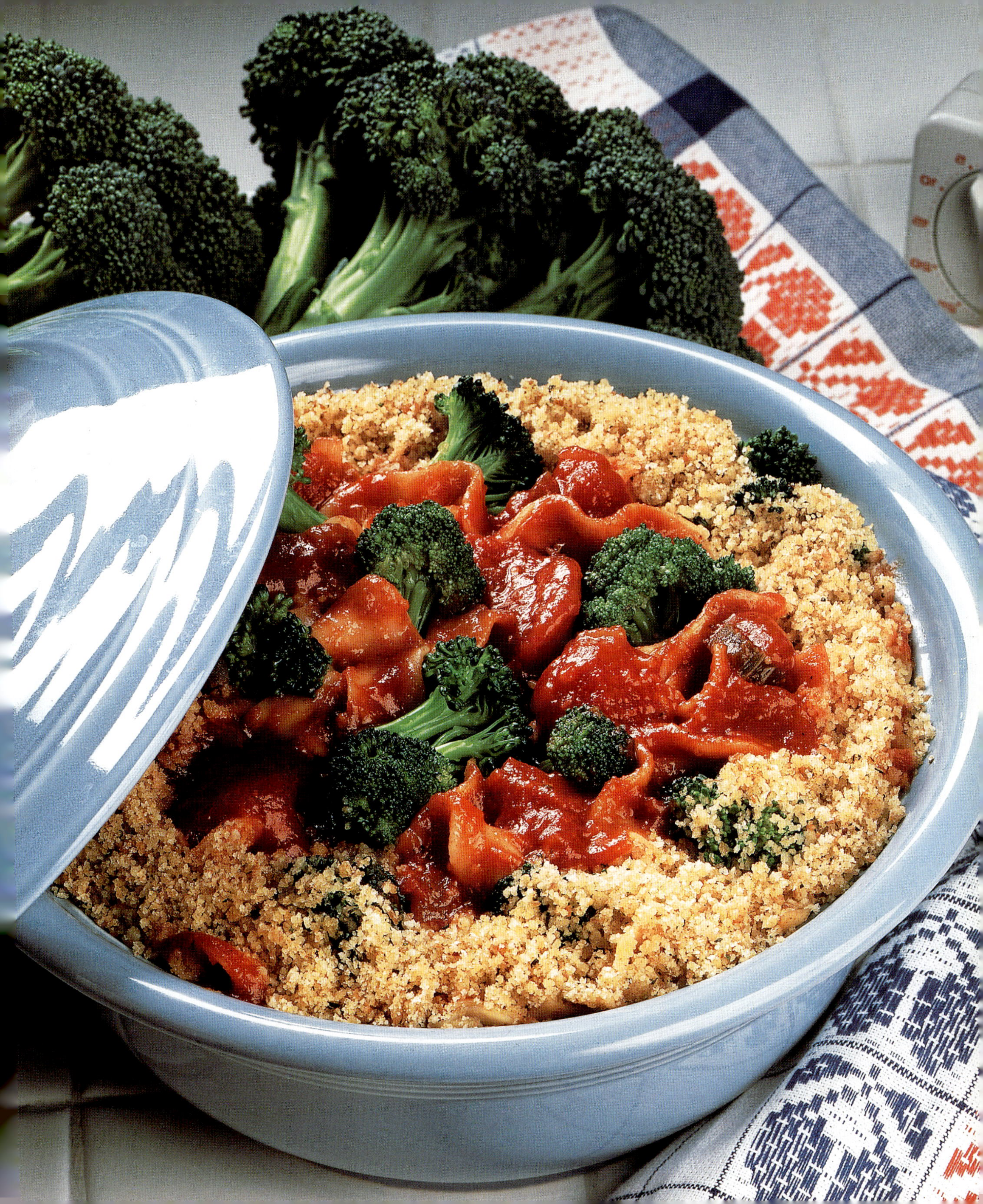

Frittata fermière

Aérosol de cuisson antiadhésif
½ **tasse (120 g) d'oignons hachés**
1 **poivron rouge de taille moyenne, épépiné et coupé en fines lanières**
1 **tasse (240 g) de fleurons de brocoli, blanchis et égouttés**
1 **tasse (225 g) de pommes de terre rouges avec la peau, coupées en quartiers et cuites**
1 **tasse (250 ml) de succédané d'œuf sans cholestérol**
6 **blancs d'œuf**
1 **cuillère à soupe de persil frais haché**
½ **cuillère à thé de sel**
¼ **cuillère à thé de poivre noir**
½ **tasse (2 onces/55 g) de cheddar à teneur réduite en M.G. râpé**

1. Vaporisez une grande sauteuse antiadhésive allant au four avec un aérosol de cuisson antiadhésif et faites-la chauffer à feu moyen. Ajoutez les oignons et le poivron ; laissez cuire pendant 3 minutes ou jusqu'à ce que les poivrons soient tendres mais encore croquants.

2. Ajoutez les fleurons de brocoli et les pommes de terre ; laissez cuire pendant 1 à 2 minutes ou jusqu'à ce que ce soit chaud.

3. Mettez le succédané d'œuf, les blancs d'œuf, le persil, le sel et le poivre dans un récipient de taille moyenne et battez le tout au fouet.

4. Étalez uniformément les légumes dans la sauteuse et versez dessus le mélange à base d'œufs ; couvrez et laissez cuire à feu moyen pendant 10 à 12 minutes ou jusqu'à ce que les œufs aient pris.

5. Pendant ce temps, préchauffez le gril du four. Parsemez la frittata de fromage et enfournez sous le gril, à 4 pouces (10 cm) de la source de chaleur, pour 1 minute ou jusqu'à ce que le fromage soit fondu. Coupez en pointes.

Donne 4 portions

Casserole de haricots cannellini au parmesan

2 cuillères à soupe d'huile d'olive
1 tasse (240 g) d'oignons hachés
2 cuillères à thé d'ail émincé
1 cuillère à thé d'origan séché
¼ cuillère à thé de poivre noir
2 boîtes (14½ onces/410 g chacune) de tomates en dés assaisonnées d'ail et d'oignon, non égouttées
1 pot (14 onces/395 g) de poivrons rouges grillés, égouttées et coupés en morceaux de ½ pouce (1,25 cm)
2 boîtes (environ 15 onces/425 g chacune) de haricots cannellini ou de haricots Great Northern blancs, rincés et égouttés
1 cuillère à thé de basilic séché ou 1 cuillère à soupe de basilic frais haché
¾ tasse (85 g) de parmesan râpé

1. Faites chauffer l'huile dans un faitout à feu moyen. Ajoutez les oignons, l'ail, l'origan et le poivre noir; laissez cuire à feu doux pendant 5 minutes ou jusqu'à ce que les oignons soient tendres.

2. Augmentez le feu à haute intensité. Ajoutez les tomates et leur jus, ainsi que les poivrons rouges; couvrez et portez à ébullition.

3. Réduisez le feu. Incorporez les haricots; couvrez et laissez mijoter à feu moyen pendant 5 minutes, tout en remuant de temps en temps. Ajoutez le basilic et parsemez de fromage.

Donne 6 portions

Temps de préparation et de cuisson: 20 minutes

Lasagnes végétariennes

- 1 petite aubergine, coupée en rondelles de ½ pouce (1,25 cm) d'épaisseur
- ½ cuillère à thé de sel
- 2 cuillères à soupe d'huile d'olive (à diviser)
- 1 cuillère à soupe de beurre
- 8 onces (225 g) de champignons, tranchés
- 1 petit oignon, coupé en dés
- 1 boîte (26 onces/780 ml) de sauce à pâtes
- 1 cuillère à thé de basilic séché
- 1 cuillère à thé d'origan séché
- 2 tasses (450 g) de ricotta partiellement écrémée
- 1½ tasse (6 onces/170 g) de Monterey Jack râpé
- 1 tasse (115 g) de parmesan râpé (à diviser)
- 1 paquet (8 onces/225 g) de lasagnes au blé entier, cuites et égouttées
- 1 courgette de taille moyenne, coupée en fines rondelles

Instructions de cuisson à la mijoteuse

1. Saupoudrez les rondelles d'aubergine de sel et laissez reposer pendant 10 à 15 minutes. Rincez-les et asséchez-les en les tapotant avec du papier absorbant ; badigeonnez-les d'une cuillère à soupe d'huile d'olive. Faites-les dorer des deux côtés dans une sauteuse de taille moyenne à feu moyen. Réservez.

2. Dans la même sauteuse, faites chauffer le restant de l'huile d'olive (1 cuillère à soupe) ainsi que le beurre à feu moyen ; faites cuire les champignons et l'oignon jusqu'à ce qu'ils soient ramollis. Incorporez-les à la sauce à pâtes, ainsi que le basilic et l'origan. Réservez.

3. Mélangez la ricotta, le Monterey Jack et ½ tasse (55 g) de parmesan dans un récipient de taille moyenne. Réservez.

4. Étalez ⅓ du mélange de sauce à pâtes dans le fond de la mijoteuse. Disposez en couches ⅓ des lasagnes, ainsi que la moitié des aubergines et du mélange de fromage. Répétez l'opération. Pour la dernière couche, utilisez ⅓ des lasagnes, les courgettes et les ⅓ restants du mélange de sauce. Recouvrez ensuite avec le parmesan restant (½ tasse/55 g).

5. Couvrez et laissez cuire à BASSE température pendant 6 heures. Laissez reposer pendant 15 à 20 minutes avant de servir.

Donne 4 à 6 portions

Remarque : Cette recette a connu un franc succès lors de notre test de goût ; néanmoins, il ne s'agit pas d'une véritable recette à la mijoteuse, puisque la plupart des ingrédients sont cuits séparément avant d'être incorporés dans la mijoteuse.

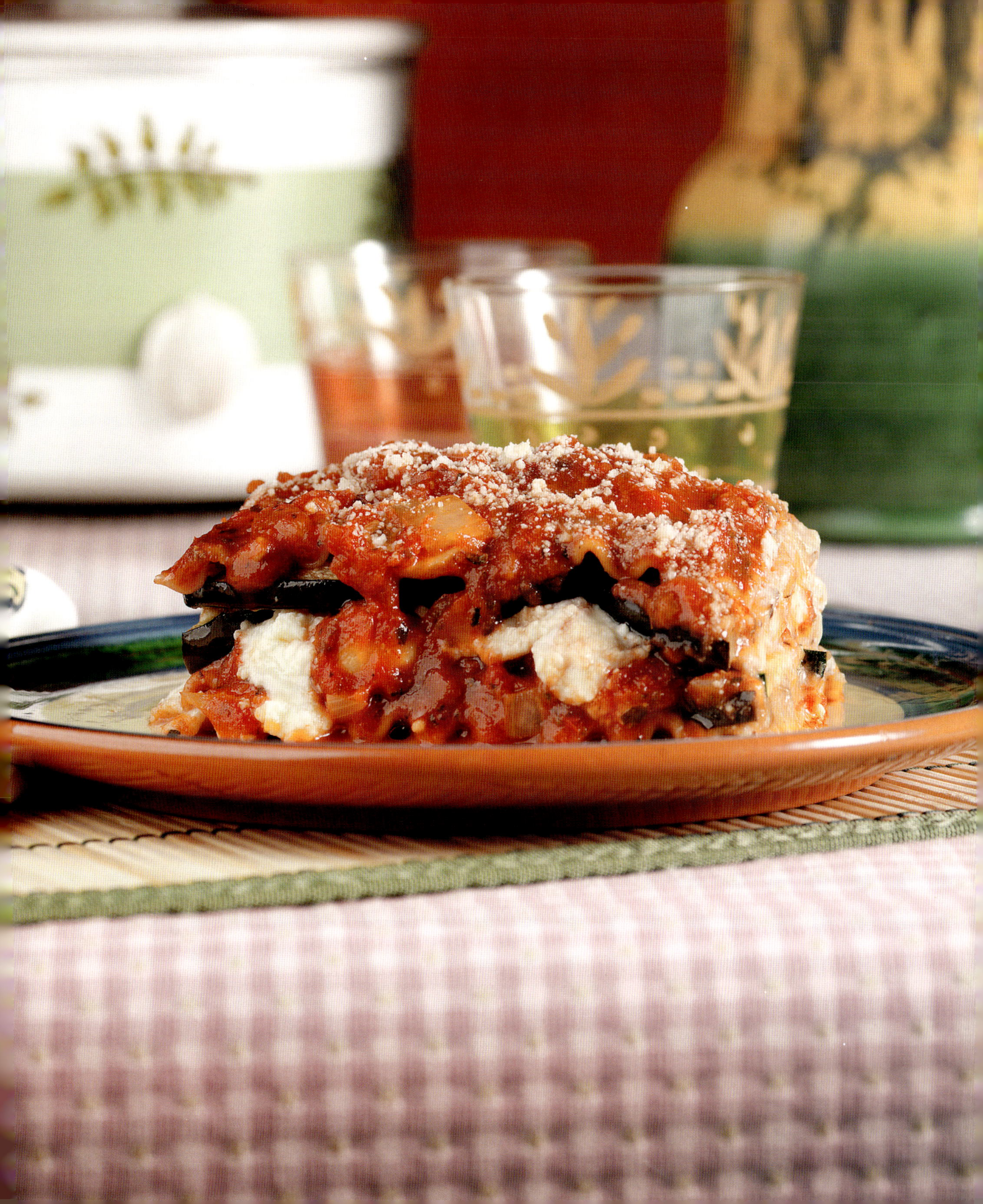

Sauté spécial brunch

 ¾ **tasse (180 g) de riz à l'espagnole**
 ½ **tasse (125 g) de vermicelles**
 2 cuillères à soupe de margarine ou de beurre
 2 tasses (500 ml) d'eau
 1 pot (16 onces/500 ml) de salsa
 ⅓ **tasse (85 ml) de crème sure**
 ¼ **tasse (60 g) d'oignons verts finement tranchés**
 4 gros œufs
 1 tasse (4 onces/115 g) de cheddar râpé
     Coriandre hachée (facultatif)

1. Dans une grande sauteuse, faites sauter le de riz et les vermicelles avec la margarine à feu moyen jusqu'à coloration.

2. Incorporez lentement l'eau et la salsa ; portez à ébullition. Réduisez le feu. Couvrez et laissez mijoter à petit feu pendant 15 à 20 minutes ou jusqu'à ce que le riz soit tendre.

3. Incorporez la crème sure et les oignons verts. À l'aide d'une grosse cuillère, creusez 4 trous dans le mélange de riz et vermicelles. Cassez 1 œuf dans chaque trou. Baissez le feu à faible intensité. Couvrez et laissez cuire pendant 8 minutes ou jusqu'à ce que les œufs soient cuits à votre goût.

4. Parsemez les œufs et le mélange de riz de fromage. Couvrez et laissez reposer pendant 3 minutes ou jusqu'à ce que le fromage soit fondu. Saupoudrez de coriandre, si désiré.

Donne 4 portions

Conseil : Une version revisitée des « huevos rancheros » à la mexicaine ; ce plat est idéal pour un brunch ou un repas léger.

Temps de préparation : 5 minutes
Temps de cuisson : 30 minutes

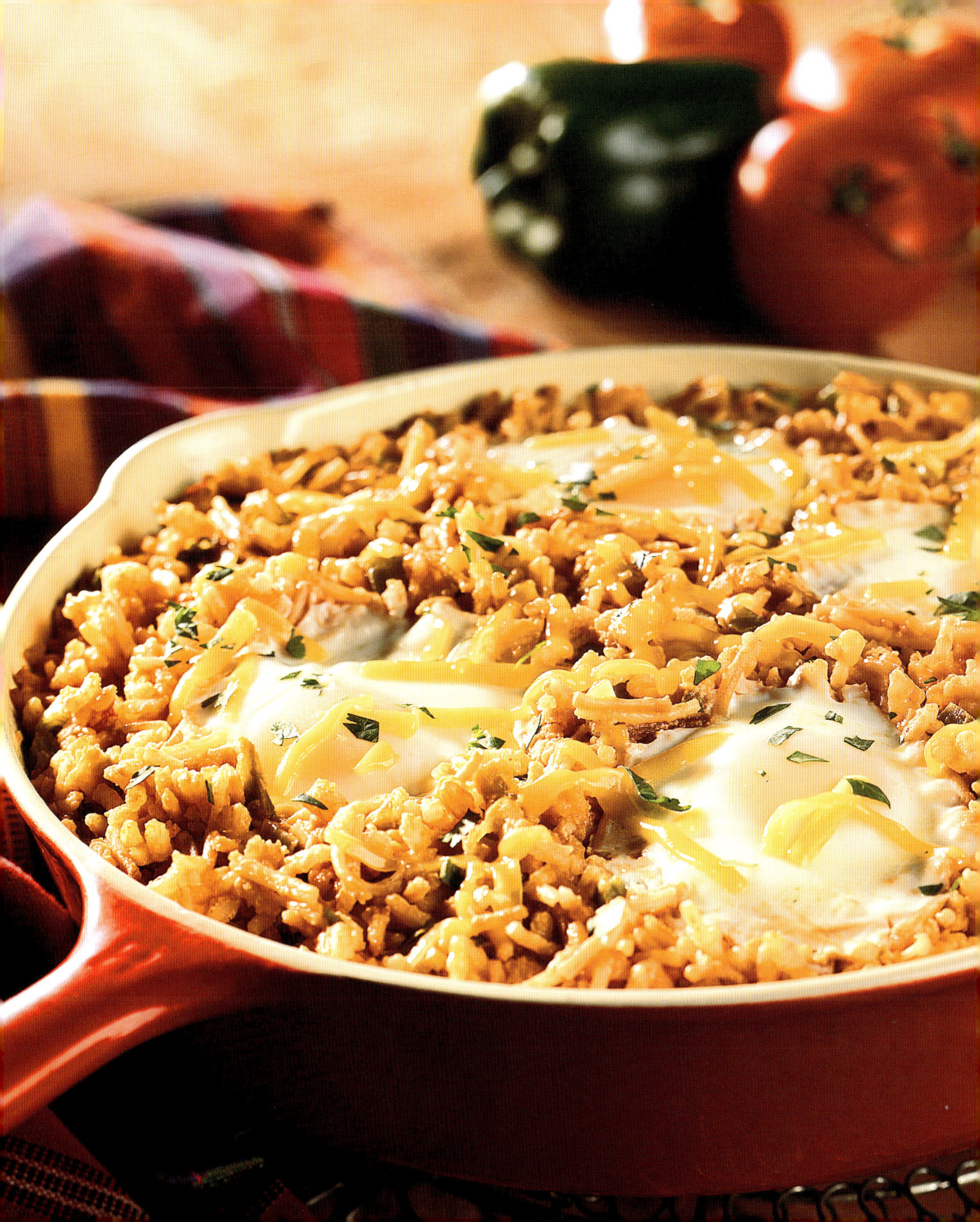

Sandwich aux brocolis et au fromage

2 tasses (480 g) de fleurons de brocoli hachés
4 tranches de pain blanc ferme, de ½ pouce (1,25 cm) d'épaisseur
4 cuillères à thé de beurre
1½ tasse (6 onces/170 g) de cheddar râpé
1½ tasse (375 ml) de lait écrémé (1% M.G.)
3 œufs
½ cuillère à thé de sel
½ cuillère à thé de sauce au piment fort
⅛ cuillère à thé de poivre noir

Instructions de cuisson à la mijoteuse

1. Faites cuire les brocolis dans de l'eau bouillante pendant 10 minutes ou jusqu'à ce qu'ils soient tendres. Égouttez-les. Beurrez chaque tranche de pain d'un seul côté avec 1 cuillère à thé de beurre. Déposez 2 tranches de pain, le côté beurré vers le haut, dans un plat de cuisson huilé de 1 litre que vous pourrez mettre dans la mijoteuse. Garnissez les tranches de pain de fromage et de brocolis par couches successives et recouvrez le tout avec les 2 tranches de pain restantes, le côté beurré vers le bas.

2. Battez le lait, les œufs, le sel, la sauce au piment et le poivre noir dans un récipient de taille moyenne. Versez progressivement le mélange ainsi obtenu sur le pain.

3. Mettez une petite grille dans le fond d'une mijoteuse de 5 litres. Versez 1 tasse (250 ml) d'eau dans le fond et posez le plat de cuisson sur la grille. Couvrez et laissez cuire à HAUTE température pendant 3 heures.

Donne 4 portions

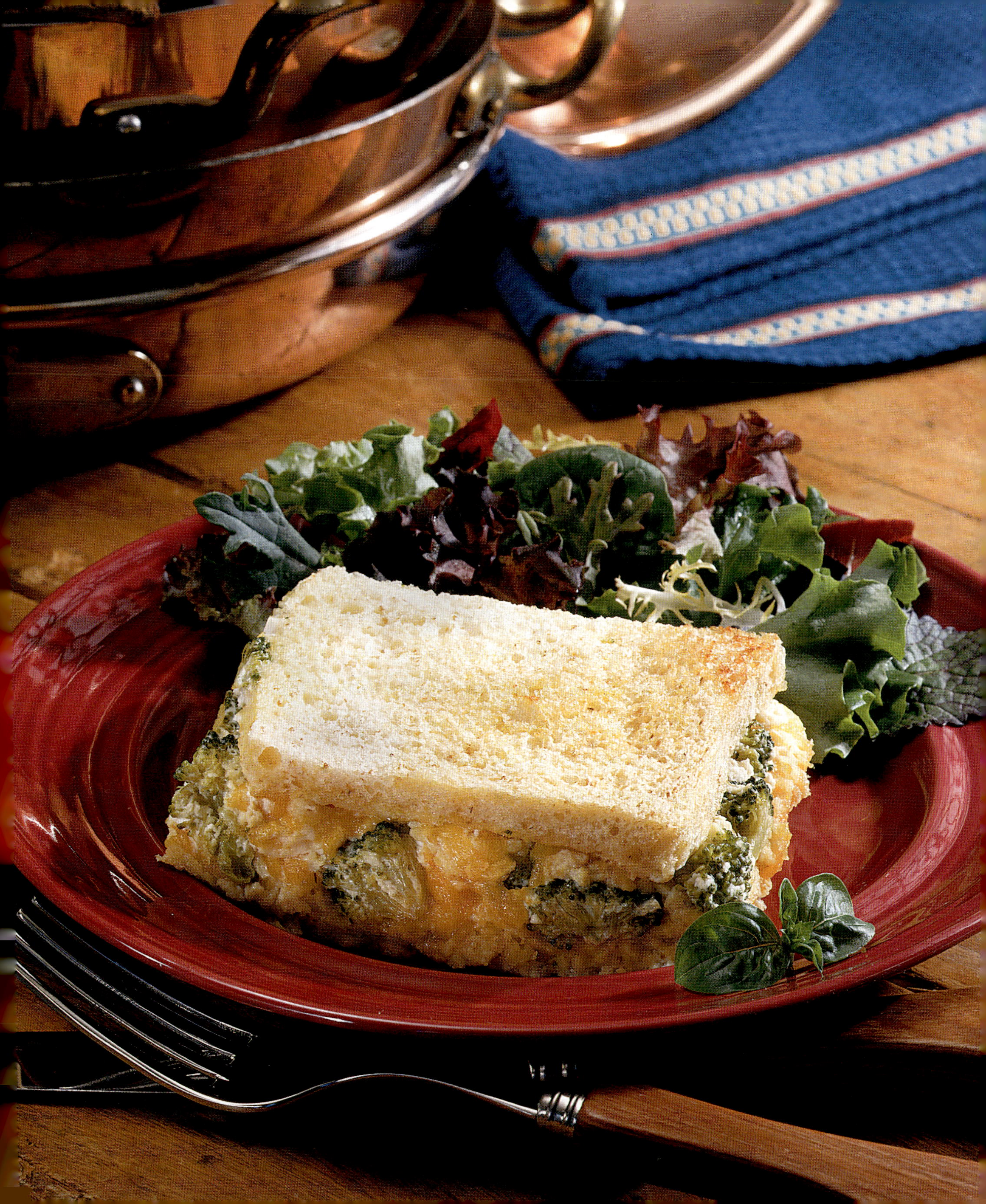

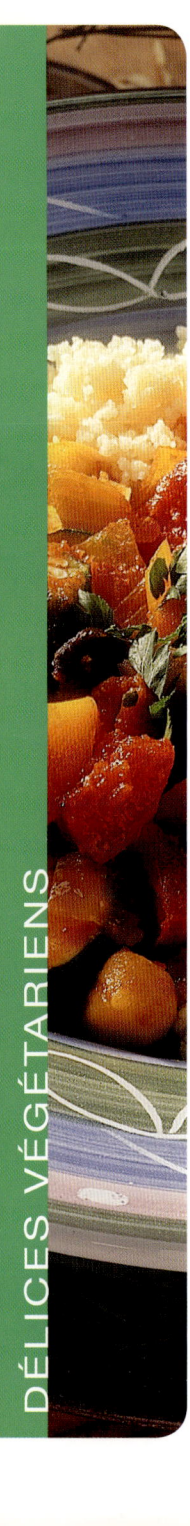

Risotto aux asperges et aux épinards

1 cuillère à soupe d'huile d'olive
1 tasse (240 g) d'oignons finement hachés
1 tasse (210 g) de riz arborio (riz spécial risotto)
8 tasses (8 à 10 onces/225 à 285 g) de feuilles d'épinards, hachées en morceaux
2 tasses (500 ml) de bouillon de poulet
¼ cuillère à thé de sel
¼ cuillère à thé de muscade moulue
½ tasse (55 g) de parmesan râpé (à diviser)
1 ½ tasse (360 g) d'asperges coupées en petits tronçons, en biais

1. Préchauffez le four à 400 °F (205 °C). Vaporisez un plat de cuisson de 13 x 9 po (33 x 23 cm) avec un aérosol de cuisson antiadhésif.

2. Faites chauffer l'huile d'olive dans une grande sauteuse à feu moyen-vif. Ajoutez les oignons et laissez cuire pendant 4 minutes ou jusqu'à ce qu'ils soient tendres. Ajoutez le riz et remuez pour bien l'enrober d'huile.

3. Incorporez les épinards, une poignée à la fois, en en rajoutant à mesure qu'ils fondent. Ajoutez le bouillon, le sel et la muscade. Réduisez le feu et laissez mijoter pendant 7 minutes. Incorporez ¼ tasse (30 g) de fromage.

4. Transférez la préparation ainsi obtenue dans le plat de cuisson huilé. Couvrez avec du papier d'aluminium bien serré et laissez cuire pendant 15 minutes.

5. Retirez le plat du four et incorporez les asperges ; parsemez avec le fromage restant (¼ tasse/30 g). Couvrez et poursuivez la cuisson pendant encore 15 minutes ou jusqu'à absorption du liquide.

Donne 6 portions

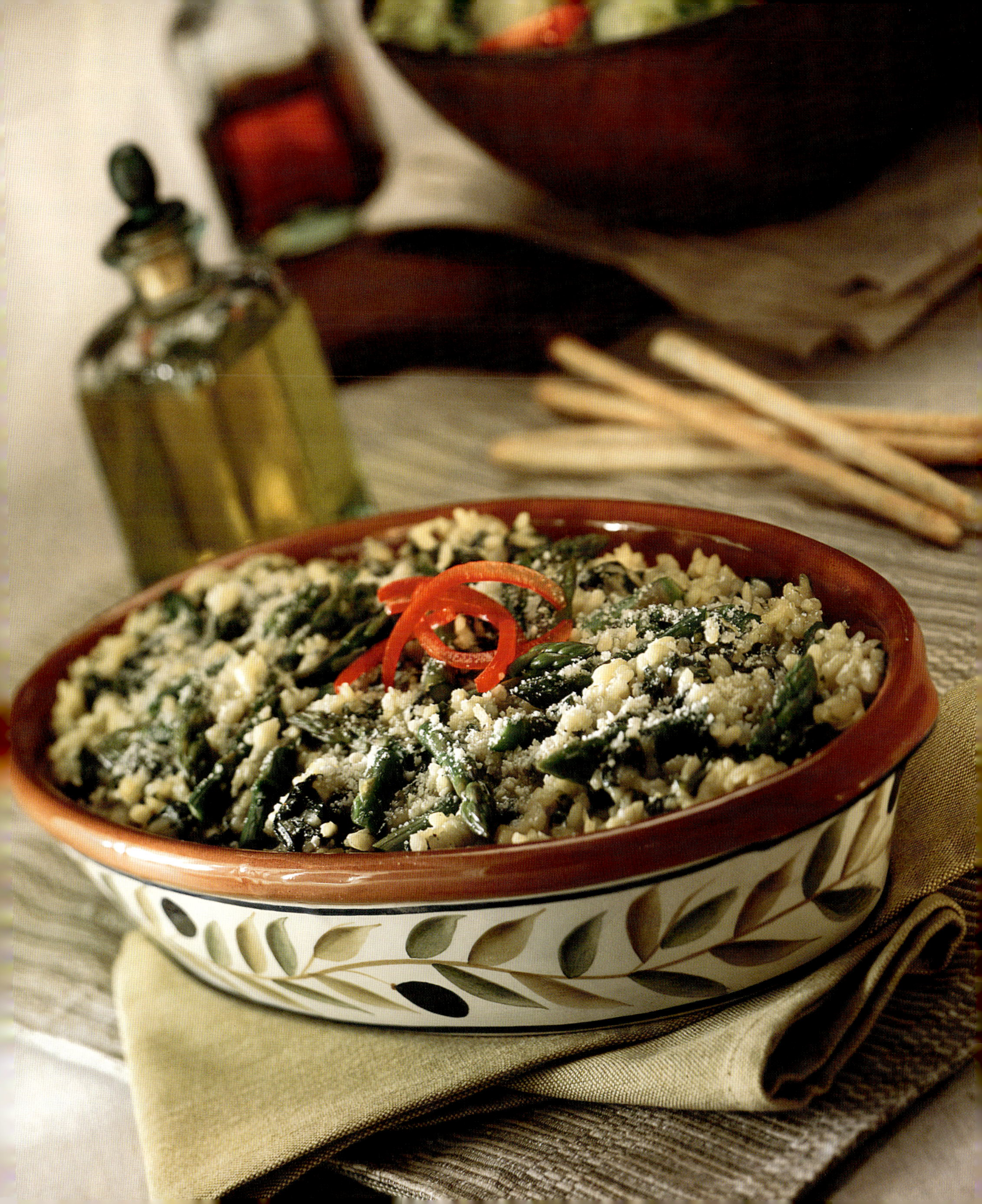

Manicotti farcis

- 8 à 10 manicottis crus
- 1 paquet (10 onces/285 g) d'épinards hachés surgelés, décongelés et bien essorés
- 1 contenant (15 onces/425 g) de ricotta
- 1 œuf, légèrement battu
- ½ tasse (2 onces/55 g) de parmesan râpé
- ⅛ cuillère à thé de poivre noir moulu
- 2 boîtes (6 onces/180 ml chacune) de concentré de tomate assaisonné à l'italienne
- 1⅓ tasse (325 ml) d'eau
- ½ tasse (2 onces/55 g) de mozzarella râpée

1. Faites cuire les pâtes en suivant les instructions indiquées sur le paquet ; égouttez-les.

2. Pendant ce temps, mélangez les épinards, la ricotta, l'œuf, le parmesan et le poivre dans un récipient de taille moyenne et remuez bien.

3. À l'aide d'une cuillère, farcissez les manicotti et déposez-les dans un plat de cuisson non huilé de 12 x 7½ po (30 x 19 cm).

4. Mélangez le concentré de tomate et l'eau dans un petit récipient et versez le mélange ainsi obtenu sur les manicotti. Saupoudrez de mozzarella. Faites cuire dans un four préchauffé à 350 °F (175 °C) pendant 30 à 40 minutes ou jusqu'à ce que ce soit bien chaud.

Donne 4 à 5 portions

Temps de préparation : 15 minutes
Temps de cuisson : 40 minutes

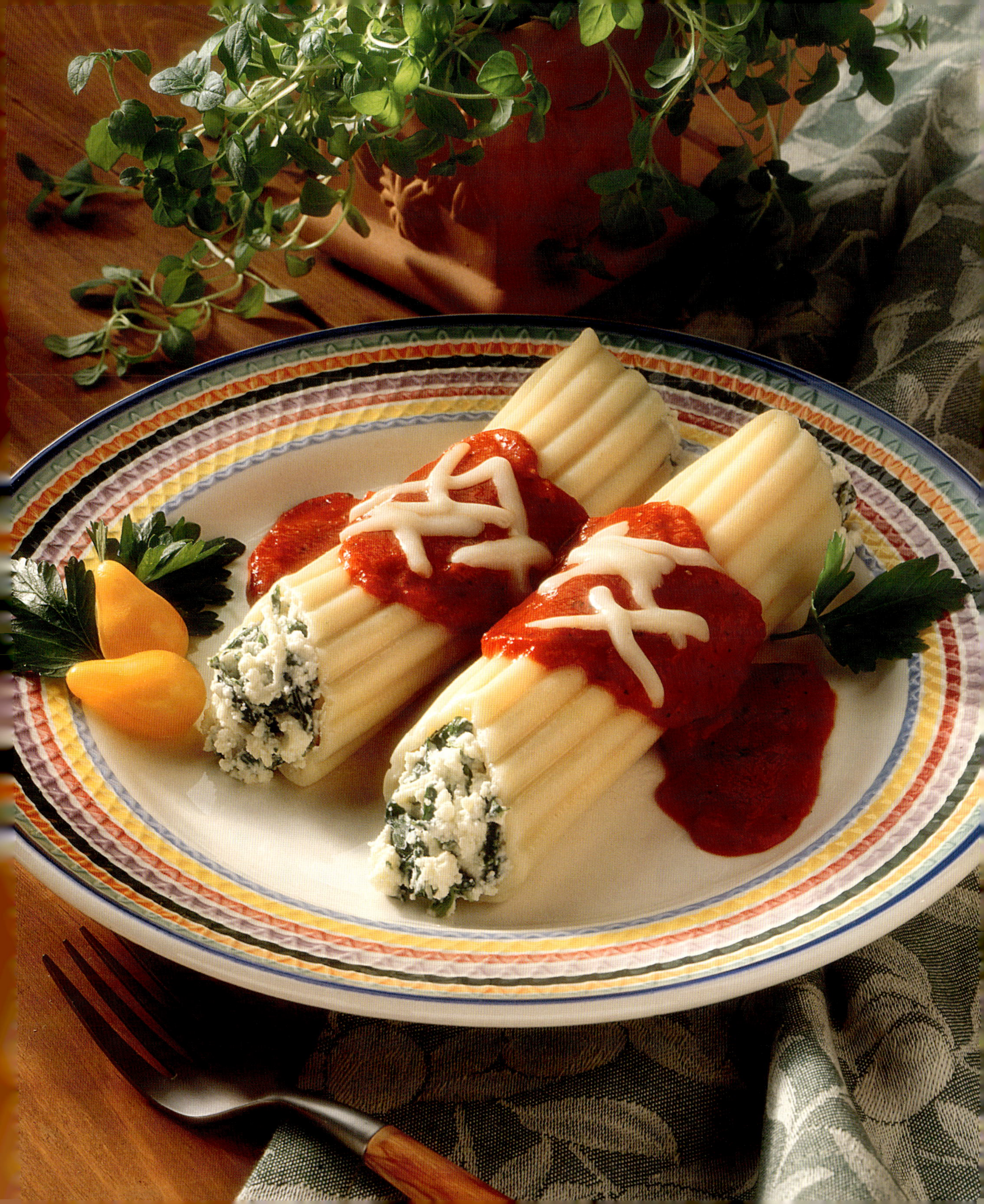

Lasagnes aux courgettes

- 8 lasagnes (2 pouces/5 cm de largeur) crues
- 3 courgettes de taille moyenne, coupées en fines rondelles
- 1 boîte (16 onces/455 g) de tomates à l'étuvée tranchées, assaisonnées à l'italienne, égouttées
- ¼ livre (110 g) de champignons frais, tranchés
- 1 petit oignon, haché
- 2 gousses d'ail, émincées
- 1 cuillère à thé d'assaisonnement italien séché
- ¼ cuillère à thé de sel
- ⅛ cuillère à thé de poivre noir
- 1 boîte (6 onces/180 ml) de concentré de tomate
- 1 contenant (16 onces/455 g) de fromage cottage à petits grains
- 6 œufs, légèrement battus
- ¼ tasse (30 g) de parmesan fraîchement râpé
- 2 tasses (8 onces/225 g) de mozzarella râpée

1. Préchauffez le four à 350 °F (175 °C).

2. Faites cuire les lasagnes en suivant les instructions indiquées sur le paquet jusqu'à ce qu'elles soient tendres mais encore fermes. Égouttez-les et réservez.

3. Dans une grande sauteuse, mélangez les courgettes, les tomates, les champignons, l'oignon, l'ail, l'assaisonnement italien, le sel et le poivre. Faites cuire à feu moyen-vif pendant 5 à 7 minutes ou jusqu'à ce que les courgettes soient tendres. Incorporez ensuite le concentré de tomate et retirez du feu.

4. Mettez le fromage cottage, les œufs et le parmesan dans un récipient de taille moyenne et remuez jusqu'à ce que le tout soit bien mélangé.

5. Déposez 4 lasagnes dans le fond d'un plat de cuisson de 13 x 9 po (33 x 23 cm) huilé. Versez dessus la moitié du mélange aux œufs en le répartissant uniformément. Recouvrez avec la moitié de la préparation à base de tomates ; saupoudrez de mozzarella (1½ tasse/165 g). Répétez l'opération avec les ingrédients restants, en terminant par la mozzarella (½ tasse/55 g).

6. Recouvrez de papier d'aluminium et enfournez pour 30 minutes. Enlevez le papier d'aluminium et poursuivez la cuisson pendant encore 10 minutes ou jusqu'à ce que ce soit chaud. Laissez reposer 10 minutes avant de servir.

Donne 8 à 10 portions

Enchiladas aux épinards et aux champignons

- 2 paquets (10 onces/285 g chacun) d'épinards hachés surgelés, décongelés
- 1½ tasse (360 g) de champignons tranchés
- 1 boîte (15 onces/425 g) de haricots pinto, égouttés et rincés
- 3 cuillères à thé d'assaisonnement au chili (à diviser)
- ¼ cuillère à thé de piment de Cayenne en poudre
- 1 boîte (8 onces/240 ml) de sauce tomate à teneur réduite en sodium
- 2 cuillères à soupe d'eau
- ½ cuillère à soupe de sauce au piment fort
- 8 tortillas de maïs de 8 pouces (20 cm) chacune
- 1 tasse (4 onces/115 g) de Monterey Jack râpé
- Laitue déchiquetée (facultatif)
- Tomates hachées (facultatif)
- Crème sure à teneur réduite en M.G. (facultatif)

1. Mélangez les épinards, les champignons, les haricots, 2 cuillères à thé d'assaisonnement au chili et le piment de Cayenne en poudre dans une grande sauteuse. Faites chauffer à feu moyen pendant 5 minutes; retirez du feu.

2. Mélangez ensuite la sauce tomate, l'eau, le reste (1 cuillère à thé) de l'assaisonnement au chili et la sauce au piment fort dans une sauteuse de taille moyenne. Trempez les tortillas dans cette préparation et empilez-les sur du papier ciré.

3. Divisez le mélange aux épinards en 8 portions et, à l'aide d'une cuillère, déposez-en au centre de chaque tortilla. Roulez les tortillas et déposez-les dans un plat de 11 x 8 po (28 x 20 cm) allant au four à micro-ondes. (Utilisez des cure-dents pour refermer les tortillas roulées, si désiré.) Étalez le mélange de sauce tomate restant sur les enchiladas. Couvrez avec du film plastique perforé.

4. Faites chauffer le plat au micro-ondes, à découvert, à MOYENNE intensité (50 % de la puissance maximale) pendant 10 minutes ou jusqu'à ce que ce soit chaud. Parsemez de fromage. Poursuivez la cuisson à MOYENNE intensité pendant encore 3 minutes ou jusqu'à ce que le fromage soit fondu. Servez accompagné de laitue, de tomates et de crème sure, si désiré.

Donne 4 portions

Légumes grillés sur lit de fettuccine

- **2 livres (910 g) de légumes frais variés***
- **1 sachet de mélange pour soupe aux fines herbes et à l'ail****
- **3 cuillères à soupe d'huile d'olive**
- **½ tasse (125 ml) de crème fleurette, de crème à fouetter, de crème fraîche épaisse ou de crème légère, 10% M.G.**
- **¼ tasse (30 g) de parmesan**
- **8 onces (225 g) de fettuccine ou de linguine, cuits et égouttés**

*Vous pouvez utiliser n'importe quelle combinaison parmi les légumes suivants : courgettes vertes et jaunes, poivrons rouges, verts ou jaunes, carottes, céleri, oignons et champignons. Coupez-les en morceaux de 1 pouce/1,25 cm.

**Cette recette est également excellente avec un mélange pour soupe à l'oignon.

1. Préchauffez le four à 450°F (230°C). Mettez les légumes dans un plat de cuisson ou à rôtir de 13 x 9 po (33 x 23 cm), puis versez le mélange pour soupe ainsi que l'huile ; remuez pour bien enrober les légumes.

2. Enfournez, à découvert, pour 20 minutes ou jusqu'à ce que les légumes soient tendres, en remuant une fois en cours de cuisson. Incorporez la crème fleurette et le fromage en prenant soin de bien recouvrir le tout.

3. Mélangez les légumes aux fettuccine bien chauds. Ajoutez du parmesan râpé et du poivre noir fraîchement moulu, si désiré.

Donne environ 2 portions en plat principal ou 4 portions en accompagnement

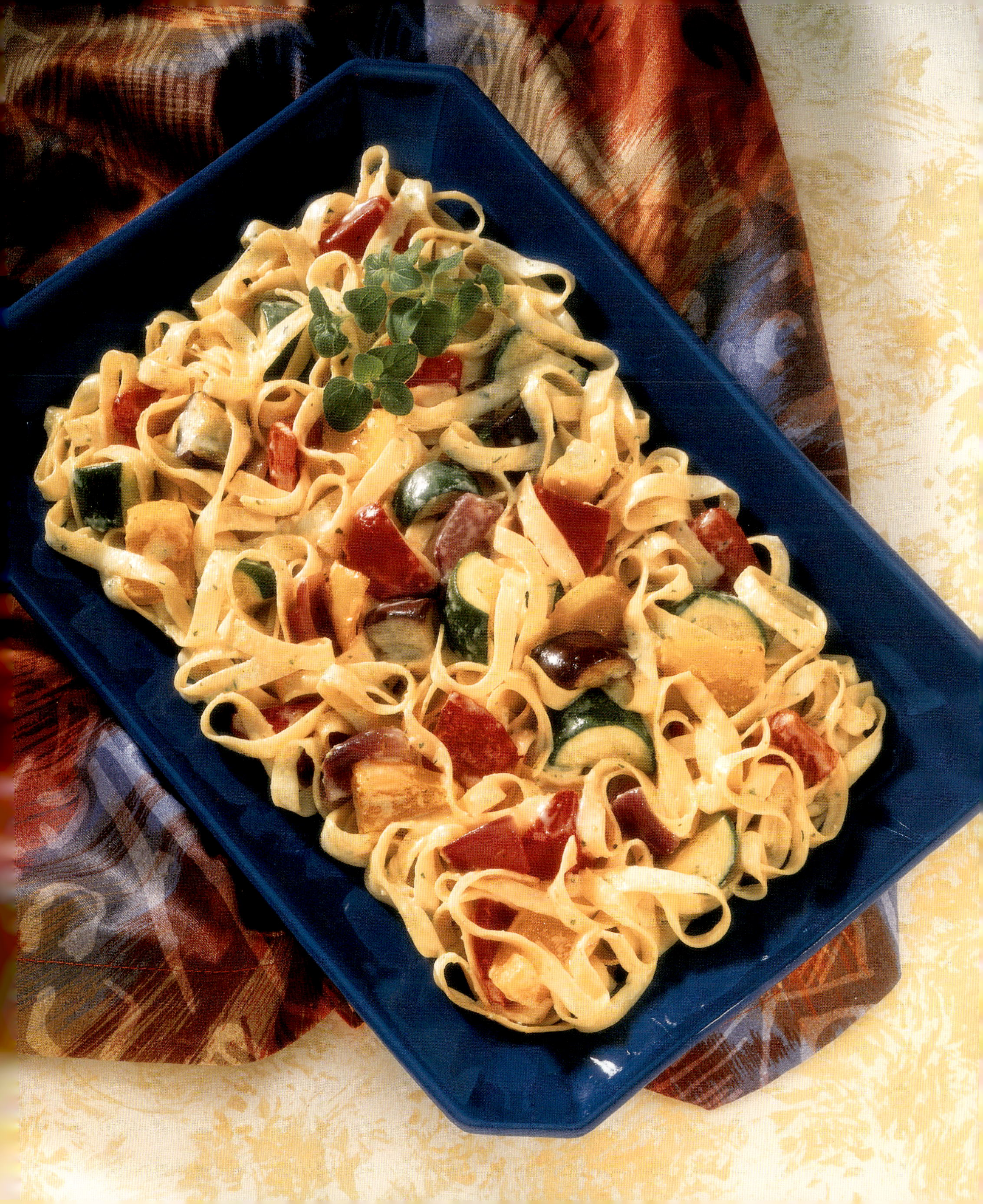

Orge gratinée au fromage

  2 tasses (500 ml) d'eau
  ½ tasse (100 g) d'orge perlé à grain moyen
  ½ cuillère à thé de sel (à diviser)
    Aérosol de cuisson antiadhésif
  ½ tasse (120 g) d'oignons coupés en dés
  ½ tasse (120 g) de courgettes coupées en dés
  ½ tasse (120 g) de poivrons rouges coupés en dés
1½ cuillère à thé de farine tout usage
    Poivre assaisonné
  ¾ tasse (190 ml) de lait écrémé
   1 tasse (4 onces/115 g) de mélange de fromages italiens à teneur réduite en M.G. râpés (à diviser)
   1 cuillère à soupe de moutarde de Dijon

1. Dans une casserole de 1 litre, portez l'eau à ébullition. Ajoutez l'orge et ¼ cuillère à thé de sel. Couvrez et laissez mijoter à petit feu pendant 45 minutes ou jusqu'à ce que l'orge soit tendre et que l'eau soit presque toute évaporée. Laissez reposer à couvert pendant 5 minutes.

2. Préchauffez le four à 375 °F (190 °C). Vaporisez une sauteuse de taille moyenne avec un aérosol de cuisson antiadhésif. Faites cuire les oignons, les courgettes et les poivrons à feu moyen-faible pendant environ 10 minutes ou jusqu'à ce qu'ils soient tendres. Incorporez la farine, le reste du sel (¼ cuillère à thé de sel) et le poivre assaisonné au goût; laissez cuire pendant 1 à 2 minutes. Ajoutez le lait, sans cesser de remuer. Poursuivez la cuisson jusqu'à ce que le tout épaississe légèrement. Retirez du feu et ajoutez l'orge, ¾ tasse (85 g) de fromage et la moutarde; remuez jusqu'à ce que le fromage soit fondu.

3. Étalez uniformément la préparation ainsi obtenue dans un plat de cuisson. Parsemez avec le reste du fromage (¼ tasse/30 g). Faites cuire au four pendant 20 minutes ou jusqu'à ce que ce soit chaud. Faites ensuite griller le plat pendant 1 à 2 minutes ou jusqu'à ce que le fromage soit légèrement gratiné.

Donne 2 portions

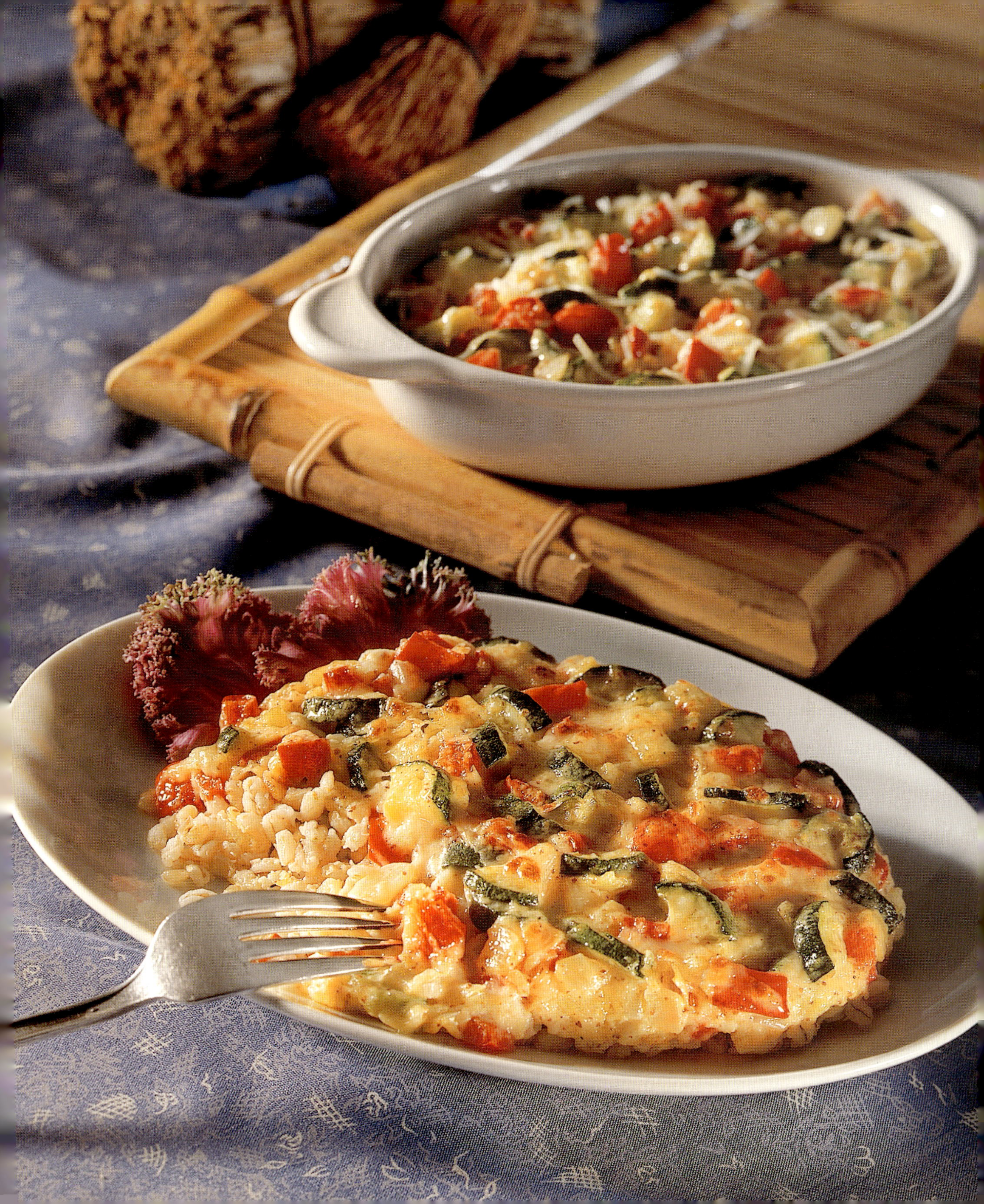

Casserole étagée à la mexicaine

- 1 boîte (14½ onces/410 g) de tomates étuvées à la mexicaine, non égouttées
- ½ tasse (30 g) de coriandre fraîche hachée (à diviser)
- 2 cuillères à soupe de jus de citron vert frais
- Aérosol de cuisson antiadhésif d'huile végétale
- 6 tortillas de maïs (6 pouces/15 cm chacune), coupées en morceaux de 1½ pouce (4 cm)
- 1 boîte (15 onces/425 g) de haricots noirs, rincés et égouttés
- 1 boîte (8 onces/225 g) de maïs à grains entiers, égouttés ou 1 tasse de maïs à grains entiers surgelé, décongelé
- 2 tasses (8 onces/225 g) de fromage râpé de style mexicain

1. Dans un petit récipient, mélangez les tomates, ¼ tasse (15 g) de coriandre et le jus de citron vert ; réservez.

2. Huilez un plat de cuisson carré de 8 pouces (20 cm) avec un aérosol de cuisson antiadhésif. Déposez ¼ des morceaux de tortilla dans le fond du plat ; à l'aide d'une cuillère, versez ¼ du mélange de tomates sur les tortillas, puis recouvrez de ¼ des haricots, de ¼ du maïs et de ¼ du fromage. Répétez l'opération encore trois fois avec le reste des ingrédients.

3. Faites cuire, à découvert, à 375 °F (190 °C) pendant 25 minutes ou jusqu'à ce que le fromage soit fondu et que la sauce soit bouillonnante. Parsemez de ¼ tasse (15 g) de coriandre. Laissez reposer pendant 10 minutes avant de servir.

Donne 4 portions

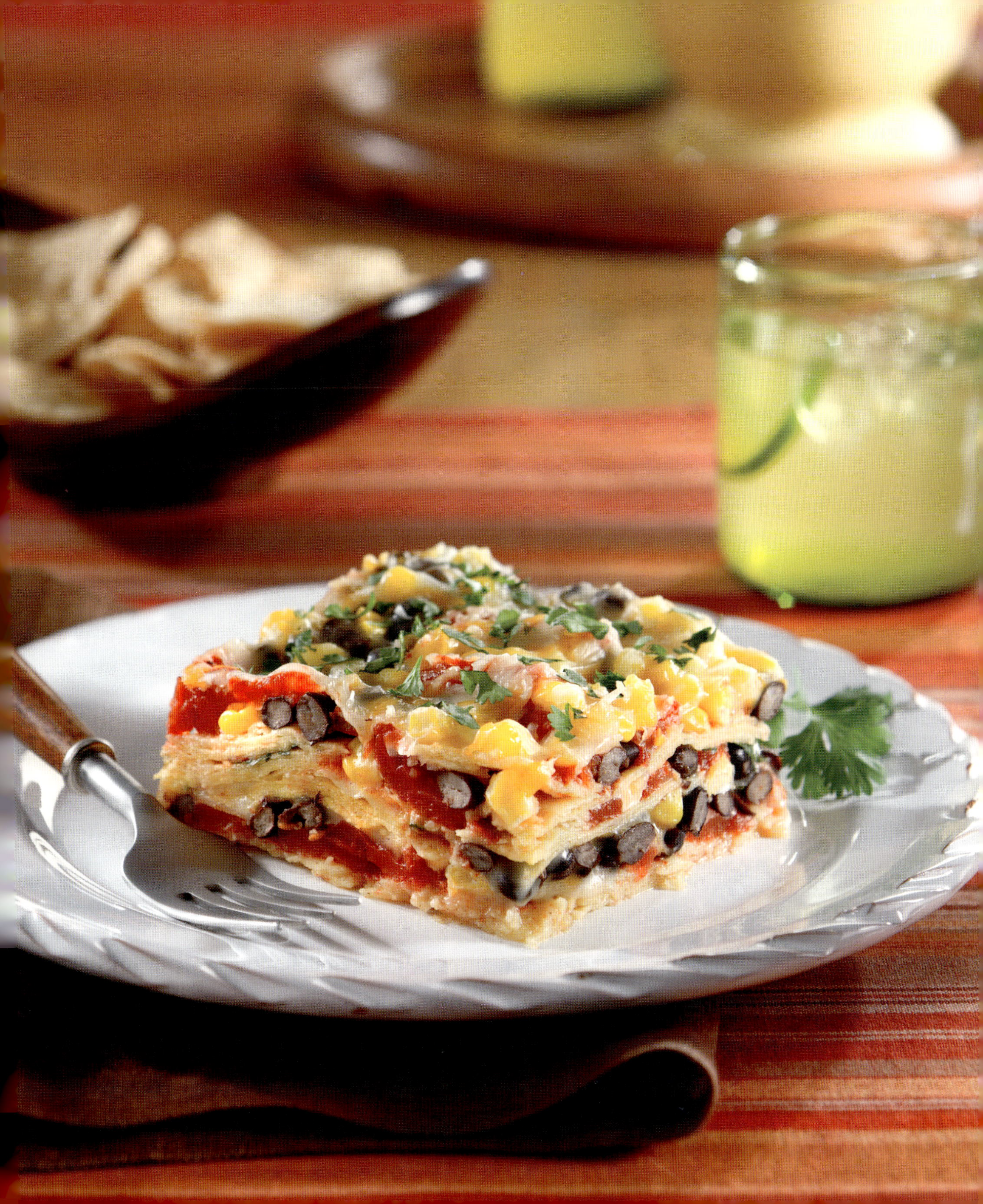

Paëlla végétarienne

- 1 cuillère à soupe d'huile d'olive
- 1 oignon de taille moyenne, haché
- 1 piment Serrano*, finement haché
- 1 poivron rouge, coupé en dés
- 1 poivron vert, coupé en dés
- 3 gousses d'ail, émincées
- ½ cuillère à thé de filaments de safran, émiettés
- ½ cuillère à thé de paprika
- 1 tasse (210 g) de riz blanc à long grain, cru
- 3 tasses (750 ml) d'eau
- 1 boîte (15 onces/425 g) de pois chiches, rincés et égouttés
- 1 boîte (14 onces/395 g) de cœurs d'artichaut, égouttés et coupés en deux
- 1 tasse (240 g) de petits pois surgelés
- 1½ cuillère à thé de zeste de citron
- Feuilles de laurier fraîches (facultatif)
- Rondelles de citron (facultatif)

*Les piments Serrano peuvent brûler et irriter la peau ; portez des gants en caoutchouc pour les manipuler et ne touchez pas vos yeux. Lavez-vous les mains après manipulation.

1. Préchauffez le four à 375°F (190°C). Faites chauffer l'huile à feu moyen-vif dans une sauteuse allant au four. Ajoutez l'oignon, le piment Serrano et les poivrons ; laissez cuire pendant environ 7 minutes.

2. Incorporez l'ail, le safran et le paprika ; poursuivez la cuisson pendant encore 3 minutes. Ajoutez le riz et laissez cuire pendant 1 minute. Ajoutez ensuite l'eau, les pois chiches, les cœurs d'artichaut, les petits pois et le zeste de citron ; remuez bien.

3. Couvrez et enfournez pour 25 minutes ou jusqu'à ce que le riz soit tendre. Décorez de feuilles de laurier fraîches et de rondelles de citron, si désiré.

Donne 6 portions

Enchiladas végé express

- **1 boîte (15 onces/425 g) de jardinière de légumes, égouttés**
- **1 boîte (15 onces/425 g) de haricots sautés**
- **8 tortillas de maïs (6 pouces/15 cm chacune)**
- **1 boîte (10 onces/300 ml) de sauce pour enchiladas**
- **1 tasse (115 g) de cheddar râpé**
- **1 tasse de crème sure**
- **½ tasse (120 g) d'oignons verts hachés**
- **½ tasse (100 g) d'olives mûres hachées**

Préchauffez le four à 350 °F (175 °C). Mélangez la jardinière de légumes et les haricots dans un récipient de taille moyenne. Répartissez le mélange ainsi obtenu au centre de chaque tortilla ; roulez les tortillas et déposez-les dans un plat de cuisson. Versez dessus la sauce pour enchiladas et parsemez de fromage. Faites cuire pendant 30 minutes. Recouvrez ensuite de crème sure, d'oignons verts et d'olives mûres.

Donne 4 portions

Remarque : Si les tortillas se déroulent en cours de manipulation, retournez-les, le côté plié vers le fond du plat.

Temps de préparation : 7 minutes
Temps de cuisson : 30 minutes

Tortellinis sautés au pesto

- **1 ¼ tasse (310 ml) d'eau**
- **1 ¼ tasse (310 ml) de lait**
- **1 sachet (1,2 onces/35 g) de mélange pour sauce crémeuse au pesto**
- **1 paquet (16 onces/455 g) de jardinière de légumes surgelés**
- **1 paquet (12 onces/340 g) de tortellinis surgelés**
- **1 pincée de piment de Cayenne en poudre**
- **½ tasse (2 onces/55 g) de mozzarella râpée**

1. Dans une grande sauteuse profonde, mélangez l'eau, le lait et le mélange pour sauce au pesto. Portez à ébullition à feu vif. Incorporez les légumes, les tortellinis et le piment de Cayenne en poudre ; portez de nouveau à ébullition.

2. Laissez cuire les légumes et les tortellinis, à découvert, à feu moyen-vif pendant 8 à 10 minutes ou jusqu'à ce que les tortellinis soient tendres et que la sauce ait épaissi, tout en remuant de temps en temps.

3. Parsemez de fromage juste avant de servir.

Donne 4 portions

Temps de préparation et de cuisson : 22 minutes

Gnocchis au four

    1 paquet (environ 17 onces/480 g) de gnocchis (surgelés ou emballés sous vide)
    ⅓ tasse (85 ml) d'huile d'olive
    3 gousses d'ail, finement hachées
    1 paquet (10 onces/285 g) d'épinards surgelés, décongelés et essorés
    1 boîte (environ 14 onces/395 g) de tomates en dés
    1 cuillère à thé d'assaisonnement de type italien
    Sel et poivre noir
    ½ tasse (55 g) de parmesan râpé
    ½ tasse (2 onces/55 g) de mozzarella râpée

1. Préchauffez le four à 350 °F (175 °C). Huilez un grand plat de cuisson ou à gratin.

2. Faites cuire les gnocchis en suivant les instructions indiquées sur le paquet. Égouttez-les et réservez.

3. Pendant ce temps, faites chauffer l'huile dans une grande sauteuse ou dans un faitout à feu moyen. Ajoutez l'ail et laissez cuire pendant 30 secondes. Incorporez les épinards et poursuivez la cuisson, à couvert, pendant 2 minutes ou jusqu'à ce que les épinards aient fondu. Ajoutez les tomates et l'assaisonnement de type italien. Assaisonnez de sel et de poivre et laissez cuire pendant environ 5 minutes. Ajoutez les gnocchis et remuez délicatement.

4. Transférez le tout dans le plat de cuisson huilé. Parsemez de parmesan et de mozzarella. Enfournez pour 20 à 30 minutes ou jusqu'à ce que des bulles se forment à la surface et que le fromage soit fondu.

Donne 4 à 6 portions

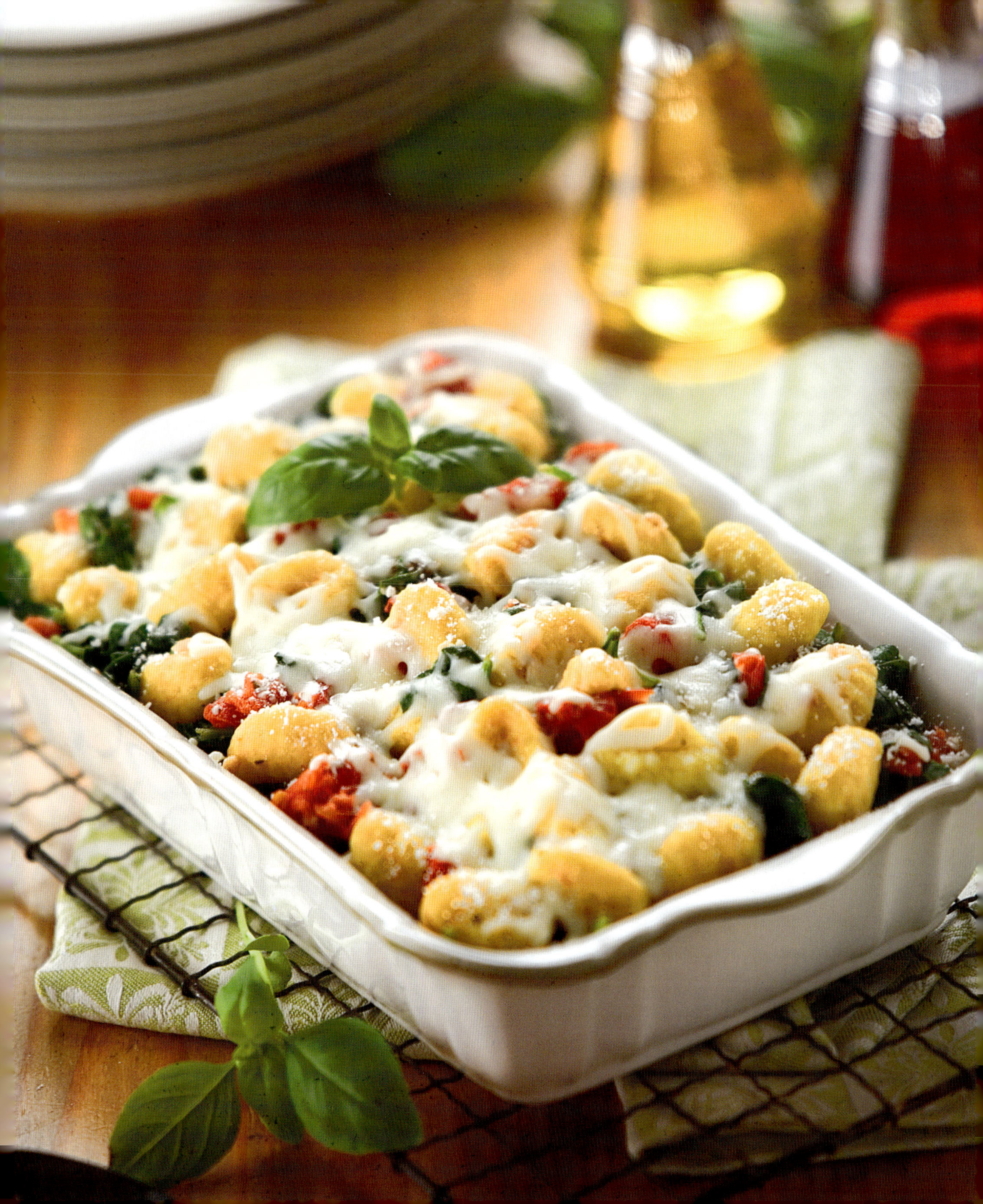

Poivrons farcis

- 1 paquet (8½ onces/240 g) de mélange pour pain de maïs plus les ingrédients nécessaires pour le préparer
- 6 poivrons verts
- 1 gros oignon, finement tranché
- 1 cuillère à thé d'huile d'olive
- 1 boîte (16 onces/455 g) de tomates en dés sans sel ajouté, égouttées
- 1 paquet (10 onces/285 g) de maïs surgelé, décongelé et égoutté
- 1 boîte (2¼ onces/65 g) d'olives noires tranchées, égouttées
- ⅓ tasse (45 g) de raisins secs
- 1 cuillère à soupe d'assaisonnement au chili
- 1 cuillère à thé de sauge moulue
- 1 tasse (4 onces/115 g) de Monterey Jack à teneur réduite en M.G. râpé (à diviser)
- Tomates cerises coupées en deux et fines herbes fraîches pour la décoration (facultatif)

1. Préparez le pain de maïs en suivant les instructions indiquées sur le paquet. Coupez-le ensuite en dés. Réduisez la température du four à 350°F (175°C). Coupez la partie supérieure des poivrons; jetez les queues et retirez les graines. Hachez finement la partie supérieure pour obtenir 1 tasse de poivrons et réservez. Rincez les poivrons. Mettre dans une grande casserole 2 à 3 pouces (5 à 7,5 cm) d'eau et portez à ébullition à feu vif. Ajoutez un ou plusieurs poivrons selon la taille de la casserole et laissez bouillir pendant 1 minute, en les retournant au moyen d'une pince afin qu'ils soient blanchis uniformément. Rincez-les ensuite à l'eau froide et laissez-les égoutter. Répétez l'opération avec les poivrons restants.

2. Versez l'huile dans le faitout et ajoutez les oignons. Couvrez et laissez cuire à feu moyen-vif, tout en remuant de temps en temps, pendant 8 à 10 minutes ou jusqu'à ce que les oignons soient tendres et colorés. Ajoutez 1 à 2 cuillères à soupe d'eau, au besoin, pour éviter que le fond du faitout n'attache. Incorporez les poivrons hachés et poursuivez la cuisson pendant encore 1 minute. Retirez du feu. Ajoutez les tomates, le maïs, les olives, les raisins secs, l'assaisonnement au chili et la sauge et remuez. Incorporez les dés de pain de maïs (cela fera comme une chapelure) et ¾ tasse (85 g) de fromage. À l'aide d'une cuillère, remplissez les poivrons de cette préparation. Parsemez avec le fromage restant (¼ tasse/30 g). Déposez ensuite les poivrons dans un plat de cuisson et enfournez pour 20 à 30 minutes ou jusqu'à ce que ce soit chaud. Décorez si désiré.

Donne 6 portions

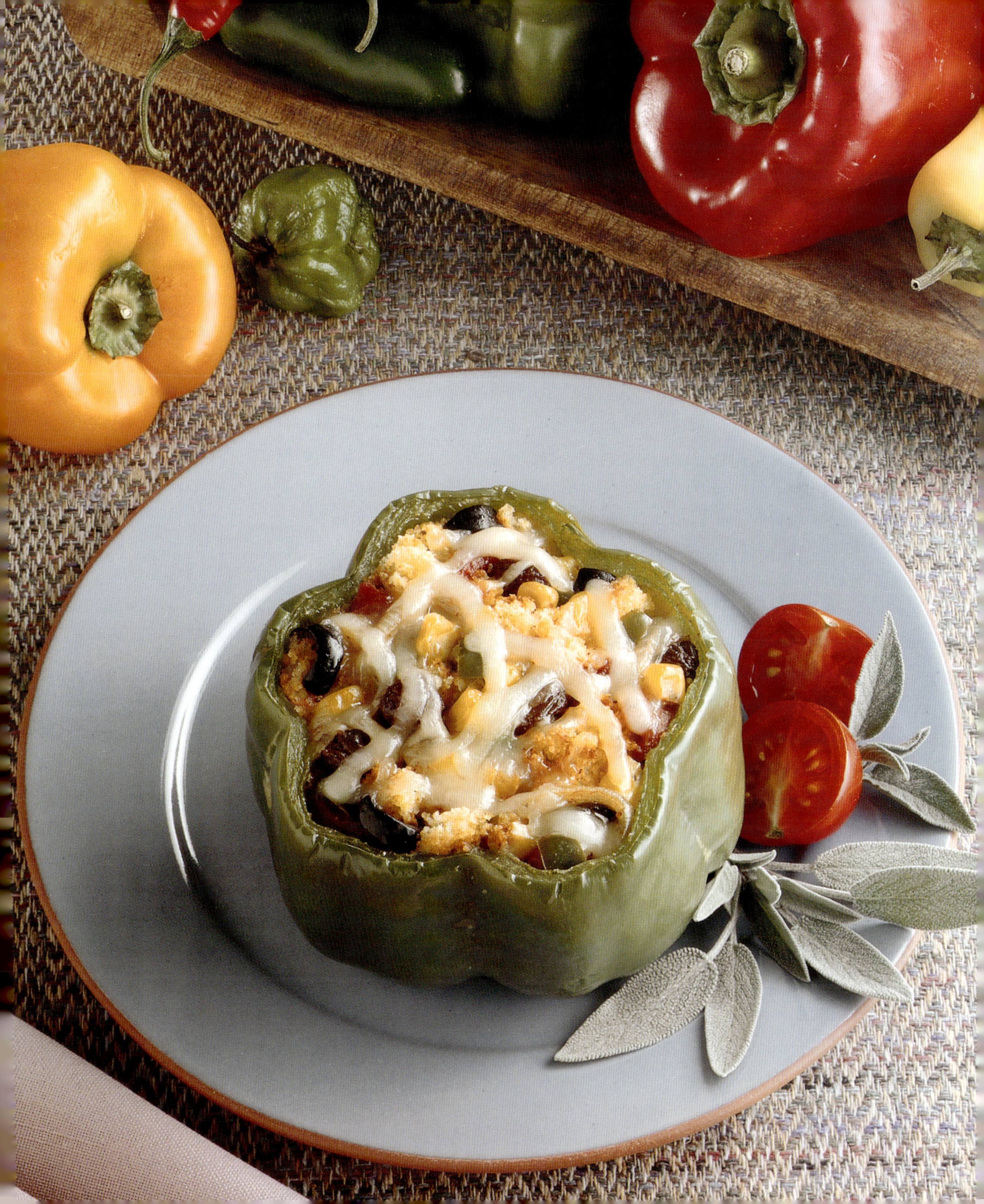

Lasagnes au pesto

   1 paquet (16 onces/455 g) de lasagnes crues
   3 cuillères à soupe d'huile d'olive
1½ tasse (360) d'oignons hachés
   3 gousses d'ail, finement hachées
   3 paquets (10 onces/285 g chacun) d'épinards hachés surgelés, décongelés et essorés
   Sel
   Poivre noir
   3 tasses (24 onces/680 g) de ricotta
1½ tasse (375 ml) de sauce pesto (du commerce)
   ¾ tasse (3 onces/85 g) de parmesan râpé
   ½ tasse (125 ml) de pignons, grillés
   6 tasses (16 onces/455 g) de mozzarella râpée
   Lanières de poivrons rouges grillés (facultatif)

1. Préchauffez le four à 350 °F (175 °C). Huilez un plat de cuisson ou à lasagnes de 13 x 9 po (33 x 23 cm). Faites cuire les lasagnes en partie en suivant les instructions indiquées sur le paquet.

2. Faites chauffer l'huile dans une grande sauteuse. Faites-y revenir les oignons et l'ail jusqu'à ce qu'ils soient transparents. Ajoutez les épinards et poursuivez la cuisson pendant environ 5 minutes. Assaisonnez de sel et de poivre. Transférez cette préparation dans un grand récipient.

3. Ajoutez la ricotta, le pesto, le parmesan et les pignons au mélange d'épinards ; remuez bien.

4. Étalez 5 lasagnes dans le plat de cuisson huilé en les faisant se chevaucher légèrement. Recouvrez-les de ⅓ du mélange d'épinards et de ricotta, puis de ⅓ de mozzarella. Répétez l'opération deux fois.

5. Enfournez le plat pour environ 35 minutes ou jusqu'à ce que ce soit chaud et que des bulles se forment à la surface. Décorez de poivrons rouges grillés, si désiré.

Donne 8 portions

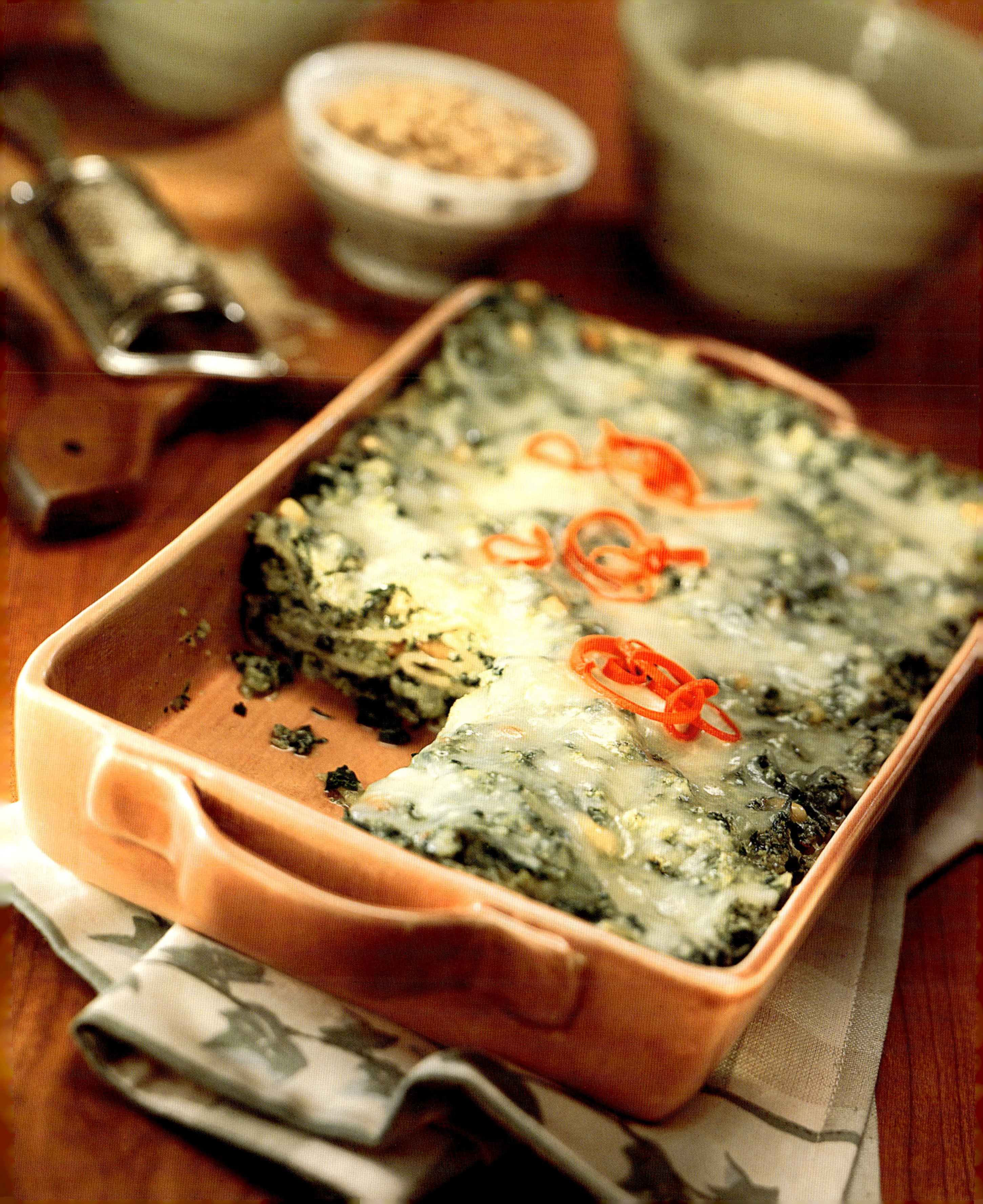

Souper marocain

- 1 paquet (7,2 onces/205 g) de mélange de riz pilaf (du commerce)
- ½ tasse (120 g) d'oignons hachés
- 2 gousses d'ail, émincées
- 2 cuillères à soupe de margarine ou d'huile d'olive
- 2 tasses (500 ml) d'eau
- 1 cuillère à thé de cumin moulu
- ¼ cuillère à thé de cannelle moulue
- 1 boîte (15 onces) de pois chiches, rincés et égouttés
- 1 ½ tasse (360 g) de fleurons de brocolis
- ¼ tasse (35 g) d'abricots secs, tranchés ou de raisins secs
- ⅓ tasse (35 g) d'amandes effilées, grillées
- ¼ tasse (15 g) de coriandre hachée (facultatif)

1. Dans une grande sauteuse, faites sauter le mélange de riz, les oignons et l'ail à feu moyen, dans la margarine, jusqu'à ce que le mélange de riz soit coloré.

2. Incorporez graduellement l'eau, le cumin, la cannelle et l'assaisonnement inclus dans le paquet de riz ; portez à ébullition. Couvrez et réduisez le feu et laissez mijoter à petit feu pendant 10 minutes.

3. Incorporez les pois chiches, les fleurons de brocolis et les morceaux d'abricots. Couvrez et laissez mijoter pendant 10 à 12 minutes ou jusqu'à ce que le riz soit tendre. Servez parsemé d'amandes et de coriandre, si désiré.

Donne 4 portions

Conseil : Pour apporter une touche occidentale à ce plat, remplacez respectivement les pois chiches, les abricots et la cannelle par des haricots noirs, 1 ½ tasse (360 g) de maïs et ¼ cuillère à thé d'assaisonnement au chili.

Temps de préparation : 10 minutes
Temps de cuisson : 30 minutes

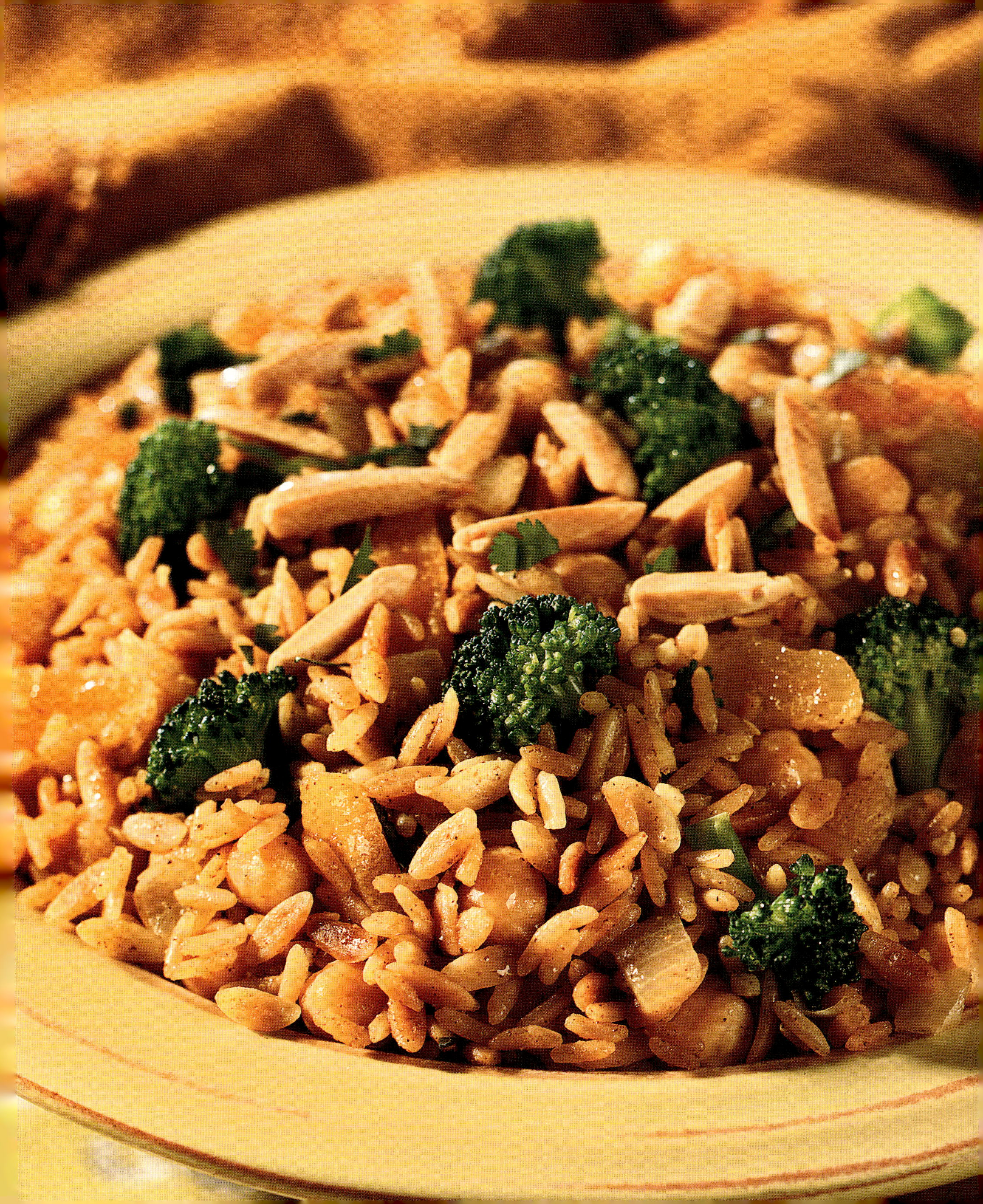

Gratin de légumes et de tofu

Aérosol de cuisson antiadhésif
1 cuillère à thé d'huile d'olive
¾ tasse (180 g) de fenouil (bulbe) finement tranché
¾ tasse (180 g) d'oignons finement tranchés
2 gousses d'ail, émincées
¾ tasse (160 g) de riz complet, cuit
2 cuillères à soupe de vinaigre balsamique ou de vinaigre de vin rouge (à diviser)
2 cuillères à thé d'assaisonnement sec de type italien (à diviser)
3 onces (85 g) de tofu ferme, émietté
¼ tasse (55 g) de feta émiettée
2 à 3 tomates italiennes mûres, coupées en tranches de ¼ pouce (5 mm) d'épaisseur
1 courgette de taille moyenne, coupée en tranches de ¼ pouce (5 mm) d'épaisseur
⅛ cuillère à thé de sel
⅛ cuillère à thé de poivre noir
¼ tasse (15 g) de chapelure fraîche
2 cuillères à soupe de parmesan fraîchement râpé

1. Préchauffez le four à 400 °F (205 °C). Vaporisez un plat de cuisson peu profond de 1 litre avec un aérosol de cuisson antiadhésif.

2. Vaporisez une sauteuse de taille moyenne avec un aérosol de cuisson antiadhésif, puis faites-y chauffer l'huile d'olive à feu moyen. Ajoutez le fenouil et les oignons. Laissez cuire pendant environ 10 minutes ou jusqu'à ce qu'ils soient tendres et légèrement colorés, tout en remuant souvent. Incorporez l'ail et poursuivez la cuisson pendant 1 minute. Étalez ensuite le mélange ainsi obtenu dans le fond du plat de cuisson huilé.

3. Dans un petit récipient, mélangez le riz, 1 cuillère à soupe de vinaigre et ½ cuillère à thé d'assaisonnement de type italien. Étalez ensuite le tout sur le mélange d'oignons.

4. Dans le même petit récipient, mélangez le tofu, la feta ainsi que le reste du vinaigre (1 cuillère à soupe) et 1 cuillère à thé d'assaisonnement de type italien ; remuez pour bien mélanger le tout. Répartissez cette préparation sur le riz.

5. Recouvrez le plat en alternant les rangées de tomate et de courgette tranchées. Assaisonnez de sel et de poivre.

6. Dans un petit récipient, mélangez la chapelure, le parmesan et le reste de l'assaisonnement de type italien (½ cuillère à thé). Parsemez le plat du mélange ainsi obtenu. Vaporisez ensuite un peu d'huile sur la garniture à base de chapelure avec l'aérosol de cuisson antiadhésif. Faites cuire pendant 30 minutes ou jusqu'à ce que ce soit chaud et que la garniture soit bien gratinée.

Donne 2 portions

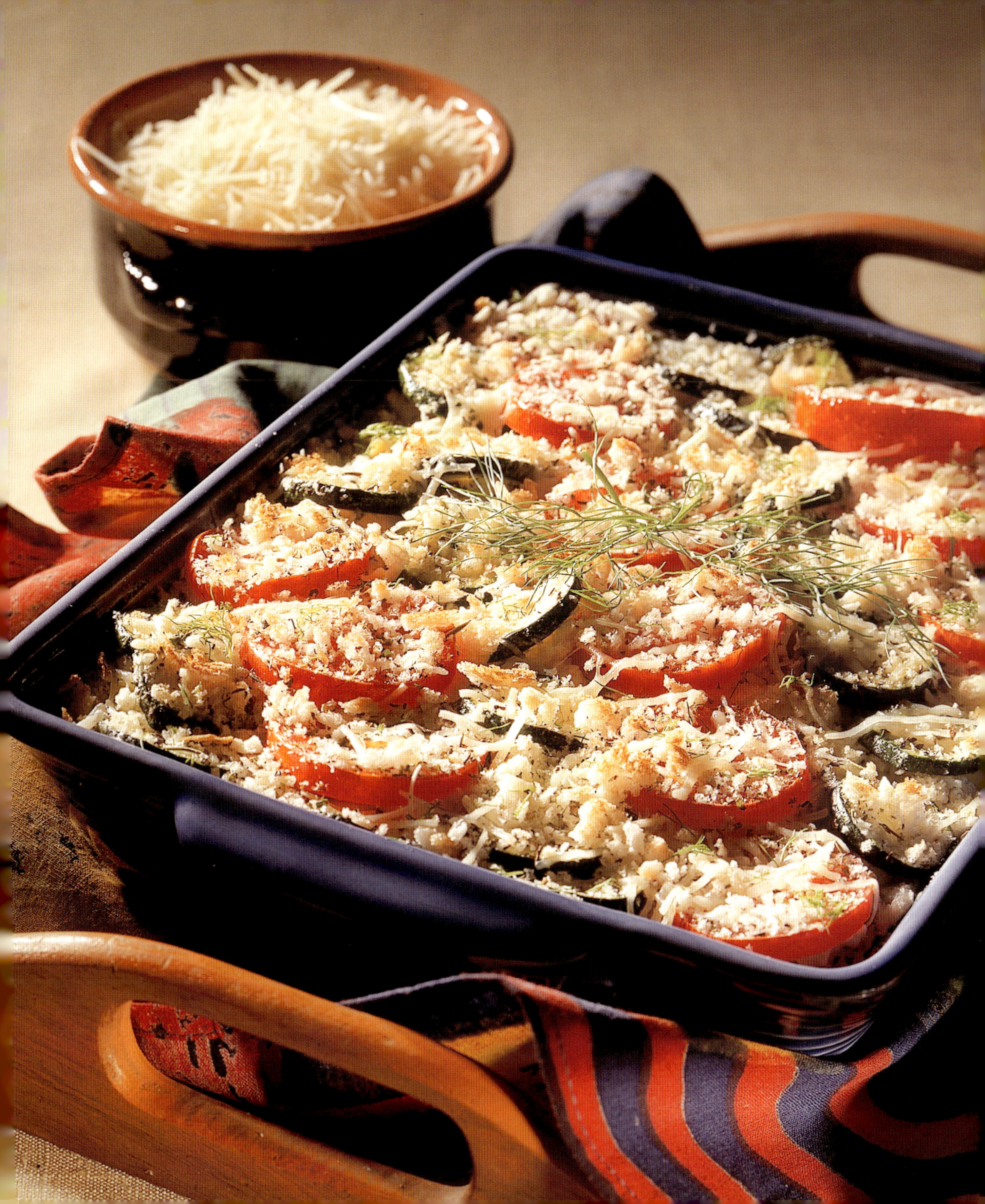

Gratin d'aubergines et de courgettes

½ tasse (120 g) d'oignons hachés
1 gousse d'ail, émincée
Aérosol de cuisson antiadhésif d'huile d'olive
1 tasse (225 g) de ricotta partiellement écrémée
1 pot (4 onces/115 g) de piments doux d'Espagne, coupés en dés et égouttés
¼ tasse (55 g) de parmesan râpé
2 cuillères à soupe de lait écrémé
1 ½ cuillère à thé de marjolaine séchée
¾ cuillère à thé d'estragon séché
¼ cuillère à thé de sel
¼ cuillère à thé de muscade moulue
¼ cuillère à thé de poivre noir
1 tasse (250 ml) de sauce à spaghetti sans viande et sans sucre ajouté (à diviser)
½ livre (225 g) d'aubergines, pelées et coupées en fines tranches transversales
2 courgettes vertes (6 onces/170 g) de taille moyenne, coupées en deux, puis en fines tranches dans le sens de la longueur
2 courgettes jaunes (6 onces/170 g) de taille moyenne, coupées en deux, puis en fines tranches dans le sens de la longueur
2 cuillères à soupe de mozzarella partiellement écrémée, râpée

Instructions de cuisson au four à micro-ondes

1. Mélangez les oignons et l'ail dans un récipient de taille moyenne allant au four à micro-ondes. Vaporisez légèrement avec un aérosol de cuisson antiadhésif et faites cuire au micro-ondes à HAUTE intensité pendant 1 minute.

2. Ajoutez la ricotta, les piments doux d'Espagne, le parmesan, le lait, la marjolaine, l'estragon, le sel, la muscade et le poivre. Vaporisez un plat rond de 9 ou 10 pouces (23 ou 25 cm) allant au micro-ondes avec de l'aérosol de cuisson antiadhésif. Étalez ⅓ tasse (85 ml) de la sauce à spaghetti dans le fond du plat.

3. Disposez en couches la moitié des aubergines et des courgettes dans le plat ; recouvrez ensuite du mélange à base de ricotta. Répétez l'opération avec le restant des légumes et recouvrez avec le reste de la sauce à spaghetti (⅔ tasse/165 ml).

4. Recouvrez de film plastique perforé. Faites cuire au four à micro-ondes à HAUTE intensité pendant 17 à 19 minutes ou jusqu'à ce que les légumes soient tendres, en tournant le plat toutes les 6 minutes. Parsemez de mozzarella et laissez reposer pendant 10 minutes avant de servir.

Donne 4 portions

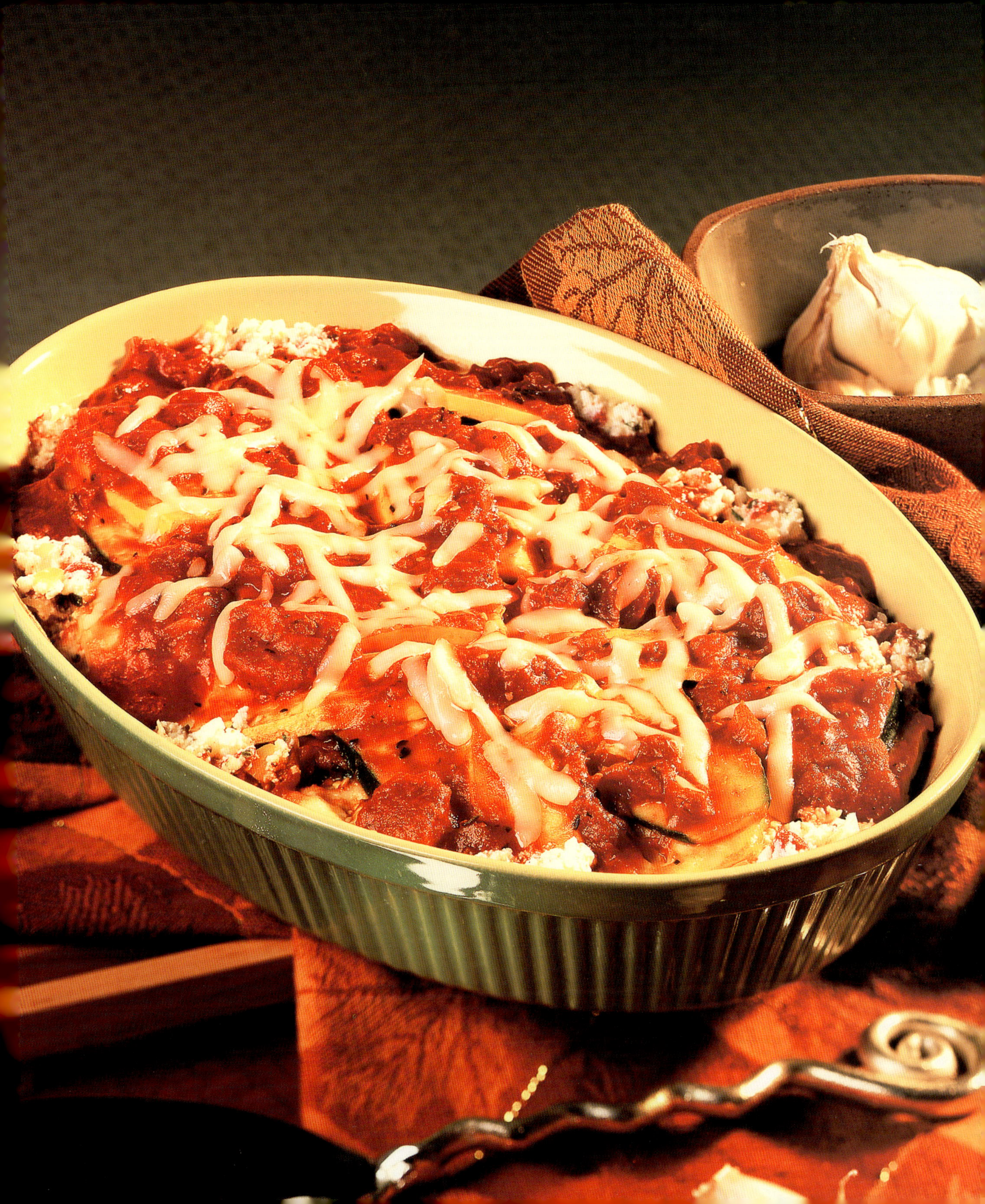

Gratin étagé de poireaux au cheddar

    8 œufs, légèrement battus
    2 tasses de lait
    ½ tasse (125 ml) d'ale ou de bière ordinaire
    2 gousses d'ail, émincées
    ¼ cuillère à thé de sel
    ¼ cuillère à thé de poivre noir
    1 pain au levain (16 onces/455 g), coupé en dés de ½ pouce (1,25 cm) d'épaisseur
    2 petits poireaux, hachés grossièrement
    1 poivron rouge, haché
    1½ tasse (6 onces/170 g) de fromage suisse râpé
    1½ tasse (6 onces/170 g) de cheddar piquant râpé
    Brin de sauge fraîche pour décorer

1. Dans un grand récipient, mélangez les œufs, le lait, l'ale, l'ail, le sel et le poivre. Battez le tout jusqu'à obtenir un mélange homogène.

2. Déposez la moitié des morceaux de pain dans le fond d'un plat de cuisson huilé de 13 x 9 po (33 x 23 cm). Recouvrez ensuite avec la moitié des poireaux et du poivron. Parsemez de fromage suisse (¾ tasse/85 g) et de cheddar (¾ tasse/85 g). Répétez l'opération avec le reste des ingrédients, en terminant par le cheddar.

3. Versez ensuite le mélange à base d'œufs, en prenant soin de bien le répartir. Couvrez avec du film plastique ou du papier d'aluminium bien serré. Déposez dessus un plat de cuisson légèrement plus petit et réfrigérez pendant au moins 2 heures ou une nuit entière.

4. Préchauffez le four à 350°F (175°C). Faites cuire, à découvert, pendant 40 à 45 minutes ou jusqu'à ce que le centre soit cuit. Décorez avec de la sauge fraîche, si désiré. Servez immédiatement.

Donne 12 portions

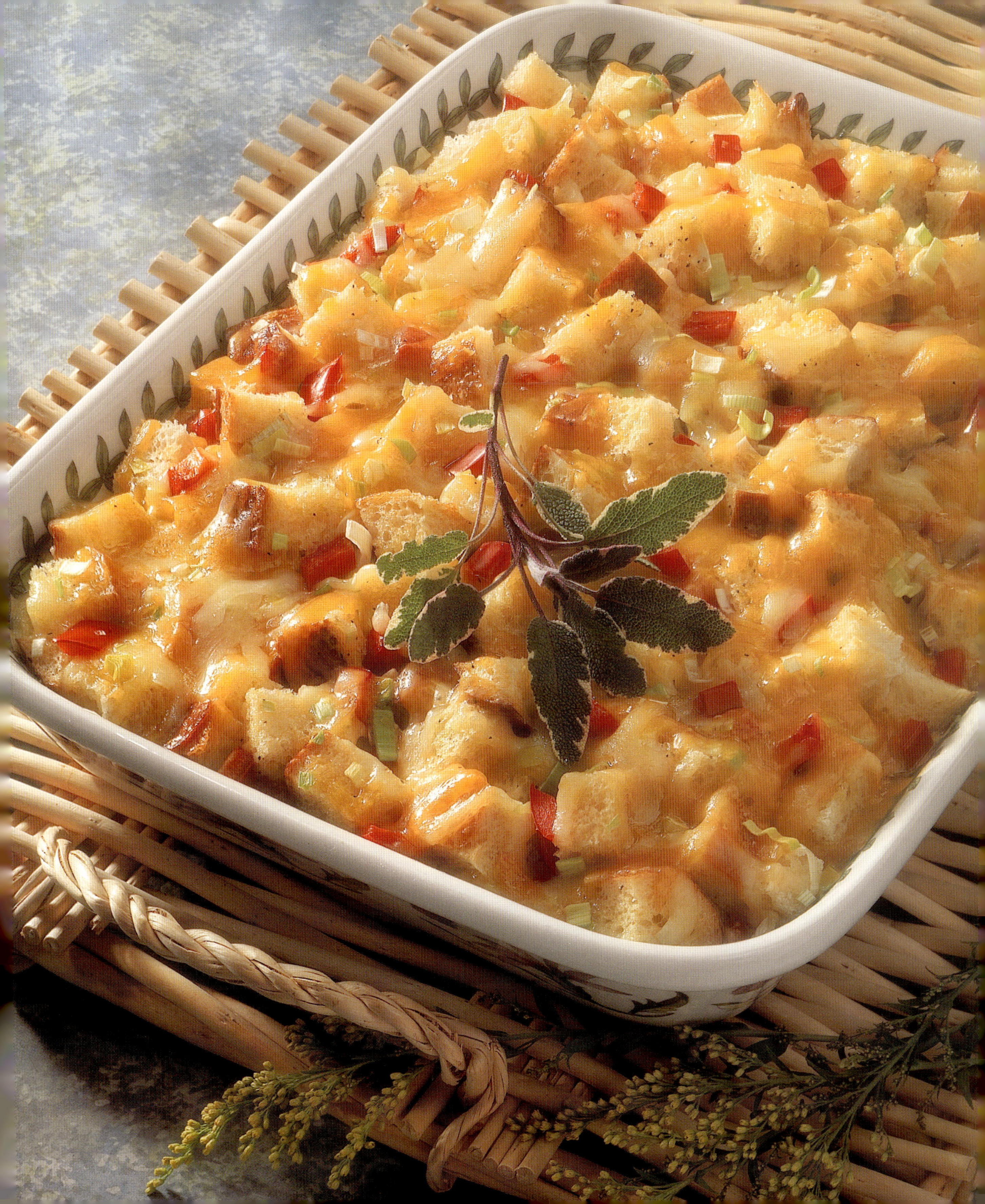

Riz aux saucisses végétariennes

   2 tasses (480 g) de poivrons verts hachés
   1 boîte (15½ onces/440 g) de haricots rouges, égouttés et rincés
   1 boîte (14½ onces/410 g) de tomates en dés aux poivrons verts et aux oignons, non égouttées
   1 tasse (240 g) d'oignons hachés
   1 tasse (240 g) de céleri tranché
   1 tasse (240 g) d'eau (à diviser)
   ¾ tasse (160 g) de riz blanc à grain long, cru
1¼ cuillère à thé de sel
   1 cuillère à thé de sauce au piment fort
   ½ cuillère à thé de thym séché
   ½ cuillère à thé de piment de Cayenne en poudre
   3 feuilles de laurier
   1 paquet (8 onces/225 g) de galettes végétariennes pour petit-déjeuner, décongelées
   2 cuillères à soupe d'huile d'olive extra vierge
   ½ tasse (30 g) de persil frais haché
     Sauce au piment fort supplémentaire (facultatif)

Instructions de cuisson à la mijoteuse

1. Mélangez les poivrons, les haricots rouges, les tomates avec leur jus, les oignons, le céleri, ½ tasse (125 ml) d'eau, le riz, le sel, la sauce au piment fort, le thym, le piment de Cayenne en poudre et les feuilles de laurier dans la mijoteuse. Couvrez et laissez cuire à BASSE température pendant 4 à 5 heures. Ensuite, retirez et jetez les feuilles de laurier.

2. Coupez les galettes en dés. Faites chauffer l'huile dans une grande sauteuse anti-adhésive à feu moyen-vif. Ajoutez les morceaux de galette et laissez cuire pendant 2 minutes ou jusqu'à ce qu'ils soient légèrement dorés, en raclant le fond de la sauteuse de temps en temps.

3. Mettez les morceaux de galette dans la mijoteuse. Ne remuez pas. Versez le reste de l'eau (½ tasse/125 ml) dans la sauteuse ; portez à ébullition et laissez cuire à feu vif pendant 1 minute, en raclant le fond pour décoller les morceaux. Ajoutez le jus ainsi obtenu et le persil dans la mijoteuse ; remuez délicatement pour mélanger. Servez immédiatement et ajoutez de la sauce au piment fort, si désiré.

Donne 8 tasses

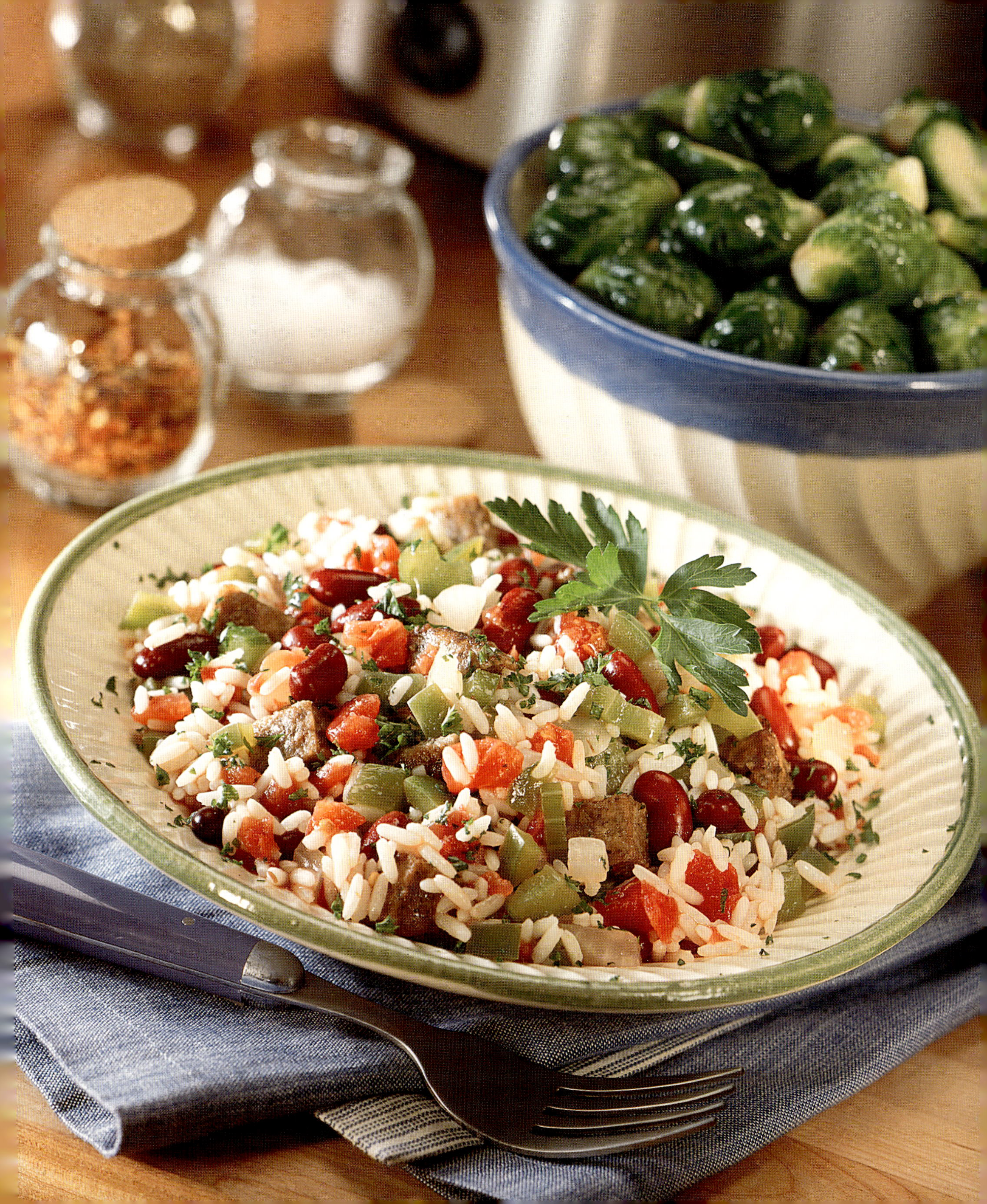

Gratin de maïs aux piments

- 2 tasses (500 ml) de sauce tomate
- 2 cuillères à soupe d'assaisonnement au chili
- 2 cuillères à soupe de concentré de tomate
- 1 cuillère à soupe de vinaigre de cidre
- 1 cuillère à thé de cumin moulu
- ½ cuillère à thé de sel
- ½ cuillère à thé de poudre d'ail
- ¼ cuillère à thé de piment de Cayenne en poudre
- 6 tortillas de maïs
- Huile végétale à friture
- 1 livre (455 g) de courgettes, coupées en fines rondelles (environ 3 tasses)
- 1½ tasse (6 onces/170 g) de Monterey Jack ou de Manchego râpé* (à diviser)
- 1 tasse (240 g) de maïs en grains
- 1 boîte (4 onces/115 g) de piments verts en dés, égouttés
- ½ à 1 tasse (125 à 250 ml) de crème sure
- 3 oignons verts, hachés

*Le Manchego est un fromage espagnol très prisé qui fond facilement. Vous pourrez le trouver dans les marchés d'alimentation spécialisée.

1. Préchauffez le four 350°F (175°C). Huilez un plat de cuisson de 13 x 9 po (33 x 23 cm).

2. Dans une casserole de taille moyenne, mélangez la sauce tomate, l'assaisonnement au chili, le concentré de tomate, le vinaigre, le cumin, le sel, la poudre d'ail et le piment de Cayenne en poudre. Portez à ébullition à feu vif ; réduisez le feu et laissez mijoter à petit feu pendant 10 minutes, tout en remuant de temps en temps.

3. Pendant ce temps, coupez les tortillas en lanières de ¼ pouce (6 mm) de largeur. Mettez de l'huile dans une sauteuse de taille moyenne, suffisamment pour couvrir le fond de ½ pouce (1,25 cm) et faites chauffer. Faites-y frire les lanières de tortilla en plusieurs fois, jusqu'à ce qu'elles soient croustillantes ; laissez-les égoutter sur du papier absorbant.

4. Faites cuire les courgettes à la vapeur pendant 5 minutes, puis laissez-les égoutter. Transférez-les dans un grand récipient. Ajoutez-y ¾ tasse (85 g) de fromage, le maïs, les piments et les lanières de tortilla. Remuez légèrement pour mélanger ; à l'aide d'une cuillère, déposez le mélange ainsi obtenu dans le plat de cuisson huilé. Versez dessus le mélange à base de sauce tomate et parsemez avec le reste du fromage (¾ tasse/85 g). Faites cuire pendant 30 minutes ou jusqu'à ce que ce soit chaud.

5. Garnissez de crème sure et parsemez d'oignons verts. Servez immédiatement.

Donne 6 à 8 portions

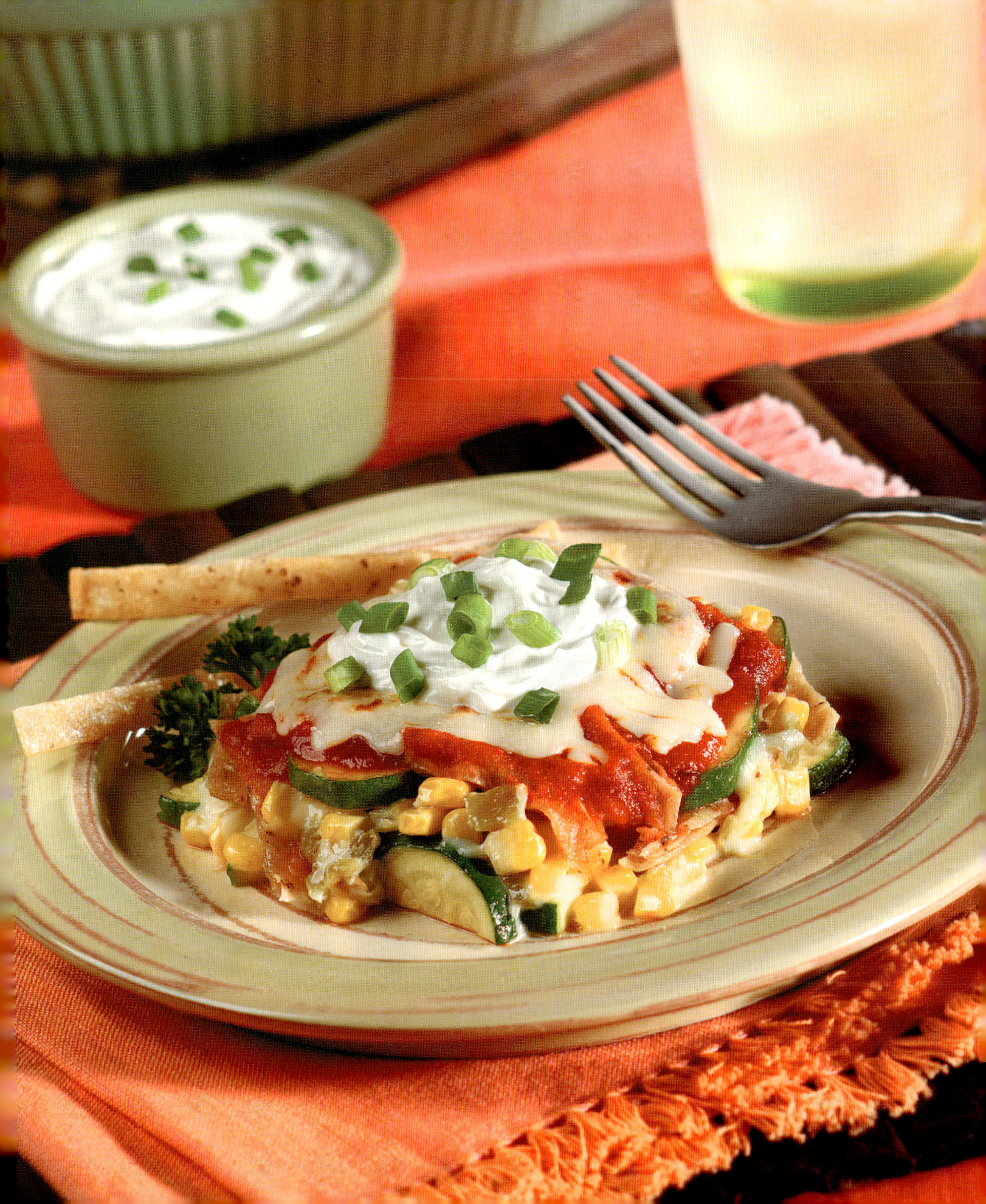

Trésors de la mer

Délice de thon au parmesan

- 1 paquet (9 onces/255 g) de cheveux d'ange frais (au rayon frais des supermarchés)
- ¼ **tasse (55 g) de beurre ou de margarine**
- 2 **grosses gousses d'ail, émincées**
- 1 **tasse (250 ml) de crème à fouetter**
- 1 **tasse (240 g) de petits pois surgelés**
- ¼ **cuillère à thé de sel**
- 1 **boîte (6 onces/170 g) de thon blanc dans l'eau, égoutté**
- ¼ **tasse (30 g) de parmesan râpé, et un peu plus pour le service**
  Poivre noir

1. Remplissez d'eau aux ¾ une grande sauteuse profonde. Couvrez et portez à ébullition à feu vif.

2. Ajoutez les pâtes dans la sauteuse ; laissez bouillir pendant 1 à 2 minutes ou jusqu'à ce que les pâtes soient *al dente*. Ne les faites pas trop cuire. Égouttez-les et réservez.

3. Mettez le beurre et l'ail dans la sauteuse ; faites cuire à feu moyen-vif jusqu'à ce que le beurre soit fondu et grésille. Incorporez la crème, les petits pois et le sel ; portez à ébullition.

4. Coupez le thon en morceaux et incorporez-le aux ingrédients dans la sauteuse, avec ¼ tasse (30 g) de fromage. Remettez les pâtes dans la sauteuse. Laissez cuire jusqu'à ce que ce soit chaud ; remuez délicatement. Ajoutez du fromage, si désiré, et assaisonnez de poivre au goût ; servez.

Donne 2 à 3 portions

Suggestion de service : Servez accompagné d'une salade composée de romaine et de tomates, assaisonnée avec une sauce à salade italienne.

Temps de préparation et de cuisson : 16 minutes

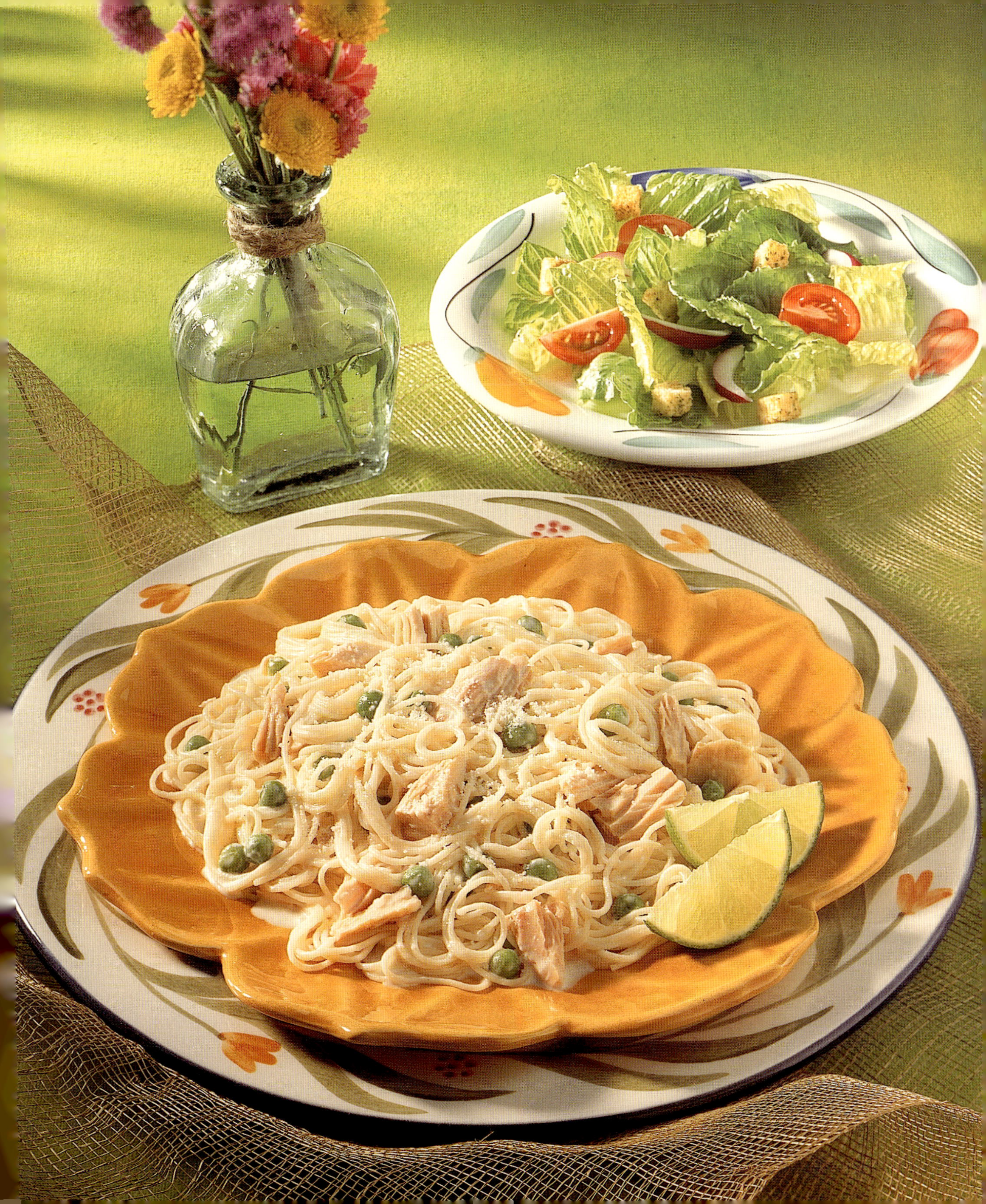

Crevettes au citron

- 1 paquet (12 onces/340 g) de nouilles aux œufs, crues
- ½ tasse (1 bâtonnet/115 g) de beurre, ramolli
- 2 livres (910 g) de crevettes cuites
- 3 tomates, hachées
- 1 tasse (240 g) de carottes râpées
- 1 tasse (250 ml) de bouillon de poulet
- 1 boîte (4 onces/115 g) de champignons tranchés, égouttés
- 2 cuillères à soupe de jus de citron frais
- 2 gousses d'ail, hachées
- ½ cuillère à thé de graines de céleri
- ¼ cuillère à thé de poivre noir

1. Préchauffez le four à 350 °F (175 °C).

2. Faites cuire les nouilles en suivant les instructions indiquées sur le paquet. Égouttez-les et mélangez-les au beurre dans un grand récipient, en remuant pour faire fondre le beurre et bien enrober les nouilles. Ajoutez le reste des ingrédients et remuez de nouveau. Transférez le tout dans un plat de cuisson de 3 litres.

3. Faites cuire pendant 15 à 20 minutes ou jusqu'à ce que ce soit bien chaud.

Donne 8 portions

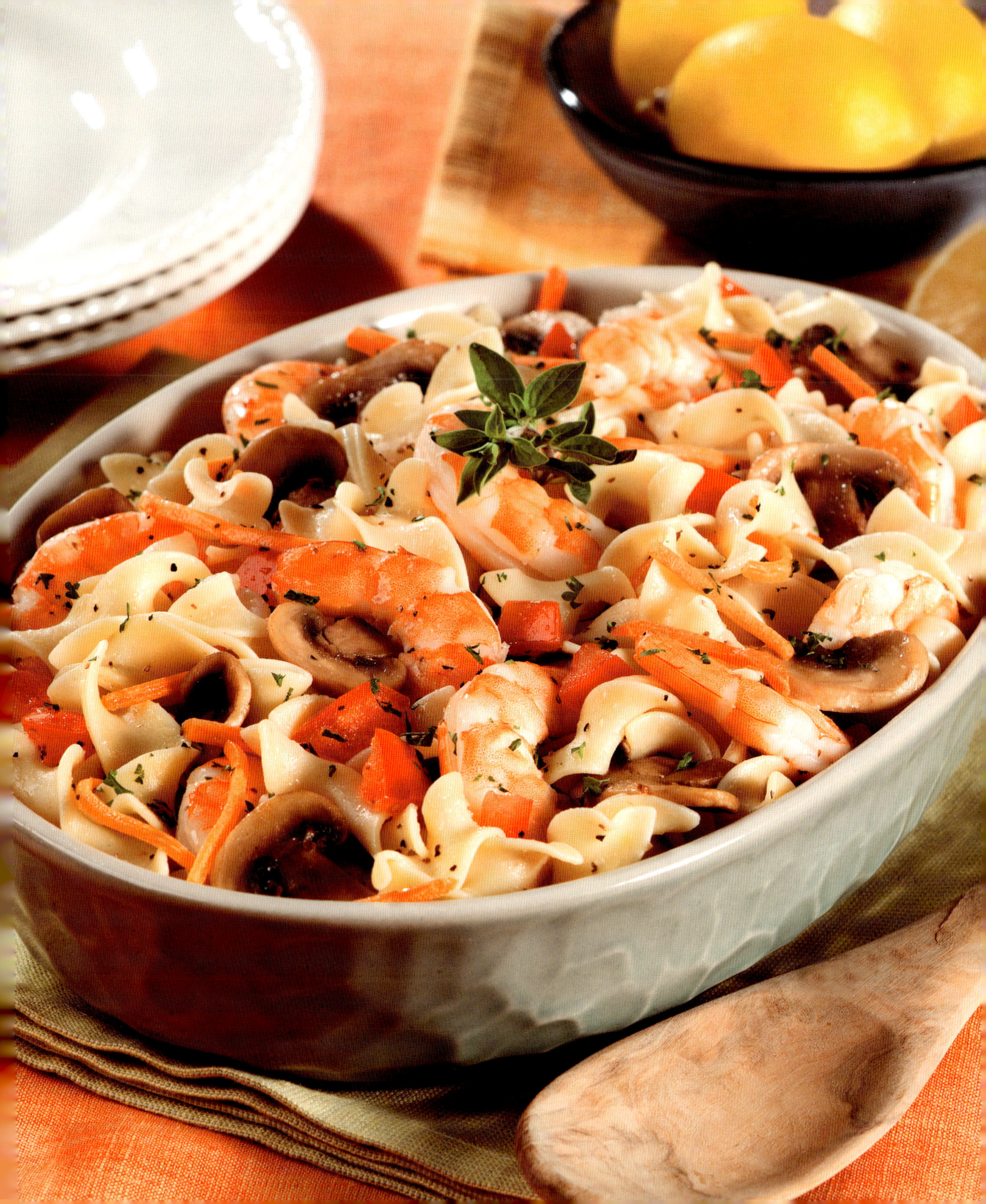

Filets de flétan sur riz au citron

- ¼ tasse (55 g) de beurre
- 3 cuillères à soupe de jus de citron frais
- 2 cuillères à thé de granules de bouillon de poulet
- ½ cuillère à thé de poivre noir
- 1 tasse (210 g) de riz cuit
- 1 paquet (10 onces/285 g) de brocolis hachés surgelés, décongelés
- 1 tasse (4 onces/115 g) de cheddar piquant râpé
- 1 livre (455 g) de filets de flétan ou autre poisson plat
- ½ cuillère à thé de paprika

1. Préchauffez le four à 375 °F (190 °C). Vaporisez un plat de cuisson de 2 litres avec un aérosol de cuisson antiadhésif.

2. Faites fondre le beurre dans une petite casserole à feu moyen. Ajoutez le jus de citron, les granules de bouillon de poulet et le poivre ; faites cuire pendant 2 minutes ou jusqu'à ce que les granules soient dissous.

3. Dans un récipient de taille moyenne, mélangez le riz, les morceaux de brocoli, le fromage et ¼ tasse (60 ml) de sauce au citron ; étalez le mélange ainsi obtenu dans le fond du plat huilé. Déposez les filets de poisson sur le riz et versez le restant de la sauce au citron dessus.

4. Faites cuire, à découvert, pendant 20 minutes ou jusqu'à ce que le poisson s'émiette facilement à la fourchette. Saupoudrez de paprika.

Donne 6 portions

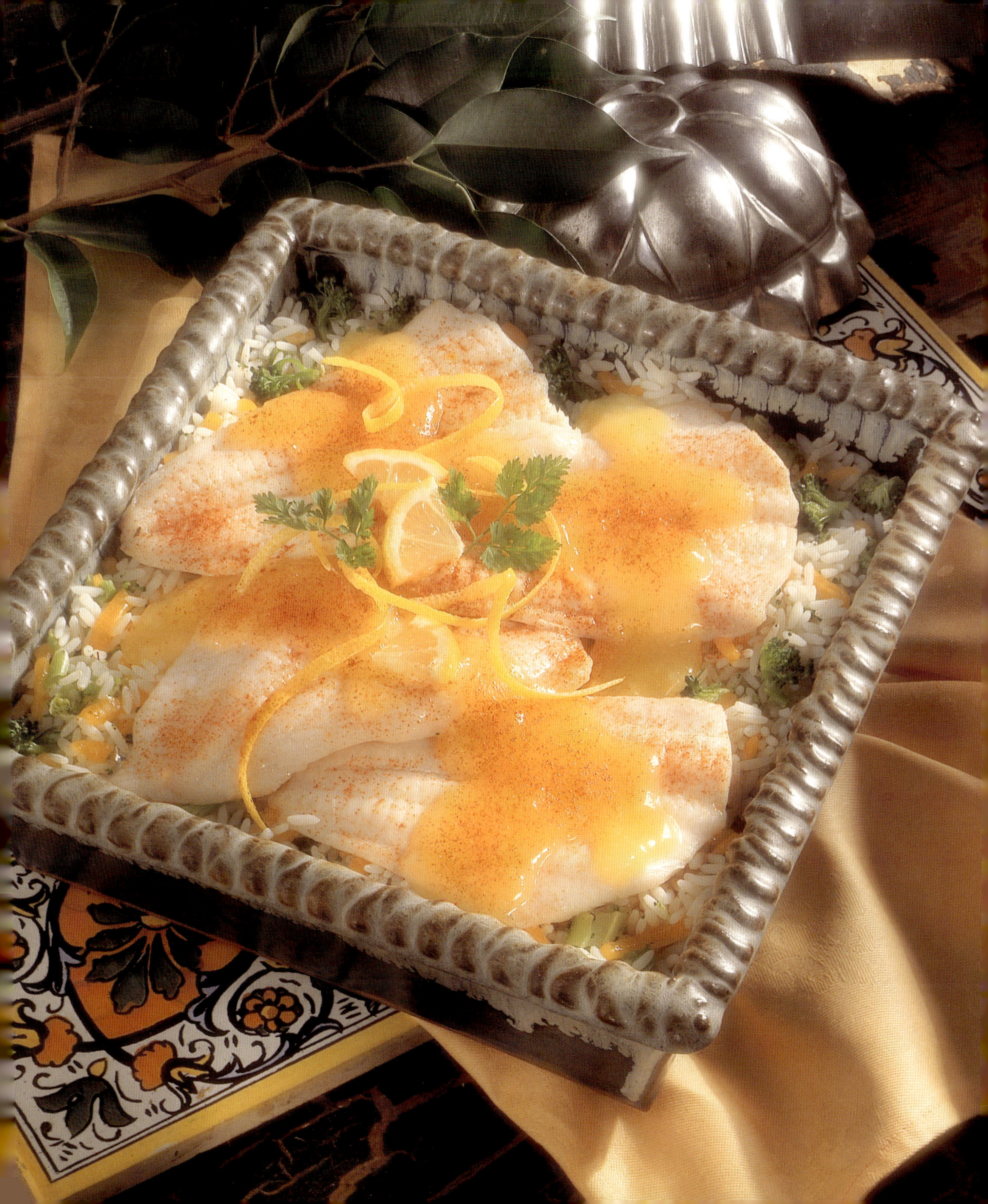

Linguine au thon épicé à l'ail et aux pignons

- 2 cuillères à soupe d'huile d'olive
- 4 gousses d'ail, émincées
- 2 tasses (480 g) de champignons tranchés
- ½ tasse (120 g) d'oignons hachés
- ½ cuillère à thé de piment de Cayenne broyé
- 2½ tasses (600 g) de tomates italiennes hachées
- 1 boîte (14½ onces/435 ml) de bouillon de poulet plus de l'eau pour obtenir l'équivalent de 2 tasses
- ½ cuillère à thé de sel
- ¼ cuillère à thé de poivre noir grossièrement moulu
- 1 paquet (9 onces/255 g) de linguine frais, crus
- 1 paquet (7 onces/200 g) de thon Albacore
- ⅓ tasse (20 g) de coriandre fraîche hachée
- ⅓ tasse (35 g) de pignons ou d'amandes grillées

1. Faites chauffer l'huile d'olive dans une sauteuse de 12 pouces (30 cm) de diamètre à feu moyen-vif ; faites-y sauter l'ail, les champignons, les oignons et le piment de Cayenne jusqu'à coloration. Ajoutez les tomates, le bouillon de poulet, le sel et le poivre noir ; portez à ébullition.

2. Séparez les linguine crus en petits paquets ; mettez-les dans la sauteuse et enrobez-les de sauce à l'aide d'une cuillère. Réduisez le feu et laissez mijoter à couvert pendant 4 minutes ou jusqu'à ce que ce soit cuit. Remuez délicatement ; ajoutez le thon et la coriandre et remuez de nouveau. Parsemez de pignons.

Donne 4 à 6 portions

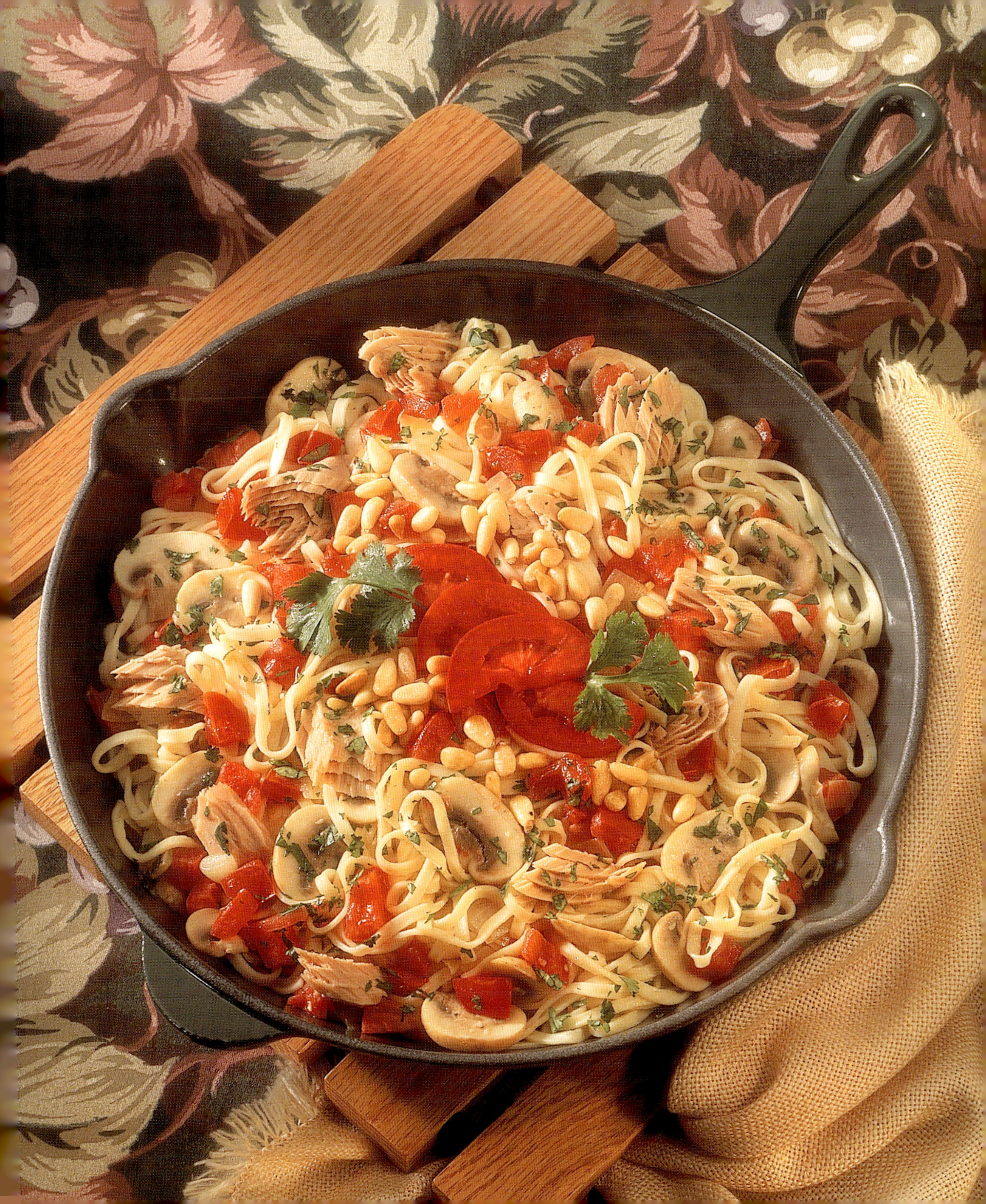

Pâtes au saumon et à l'aneth

- 6 onces (170 g) de pâtes Mafalda corta, crues
- 1 cuillère à soupe d'huile d'olive
- 2 côtes de céleri, émincées
- 1 petit oignon rouge, haché
- 1 boîte (10¾ onces/320 ml) de concentré de crème de céleri, non dilué
- ¼ tasse (60 ml) de mayonnaise à teneur réduite en M.G.
- ¼ tasse (60 ml) de vin blanc sec
- 3 cuillères à soupe de persil frais haché
- 1 cuillère à thé d'aneth séché
- 1 boîte (7½ onces/210 g) de saumon rose, égoutté
- ½ tasse (30 g) de chapelure
- 1 cuillère à soupe de beurre, fondu
- Brins d'aneth frais (facultatif)

1. Préchauffez le four à 350 °F (175 °C). Vaporisez un plat de cuisson de 1 litre avec un aérosol de cuisson antiadhésif.

2. Faites cuire les pâtes en suivant les instructions indiquées sur le paquet pour une cuisson al dente ; égouttez-les et réservez.

3. Pendant ce temps, faites chauffer l'huile dans une sauteuse de taille moyenne à feu moyen-vif. Ajoutez le céleri et l'oignon ; faites cuire pendant 2 minutes ou jusqu'à ce que les légumes soient tendres. Réservez.

4. Dans un grand récipient, mélangez le concentré de crème de céleri, la mayonnaise, le vin, le persil et l'aneth. Incorporez les pâtes, les légumes et le saumon et remuez pour bien enrober les pâtes. Versez la préparation ainsi obtenue dans le plat de cuisson huilé.

5. Dans un petit récipient, mélangez la chapelure et le beurre ; parsemez-en uniformément le plat. Enfournez, à découvert, pour 25 minutes ou jusqu'à ce que ce soit chaud et bouillonnant. Décorez de brins d'aneth, si désiré.

Donne 4 portions

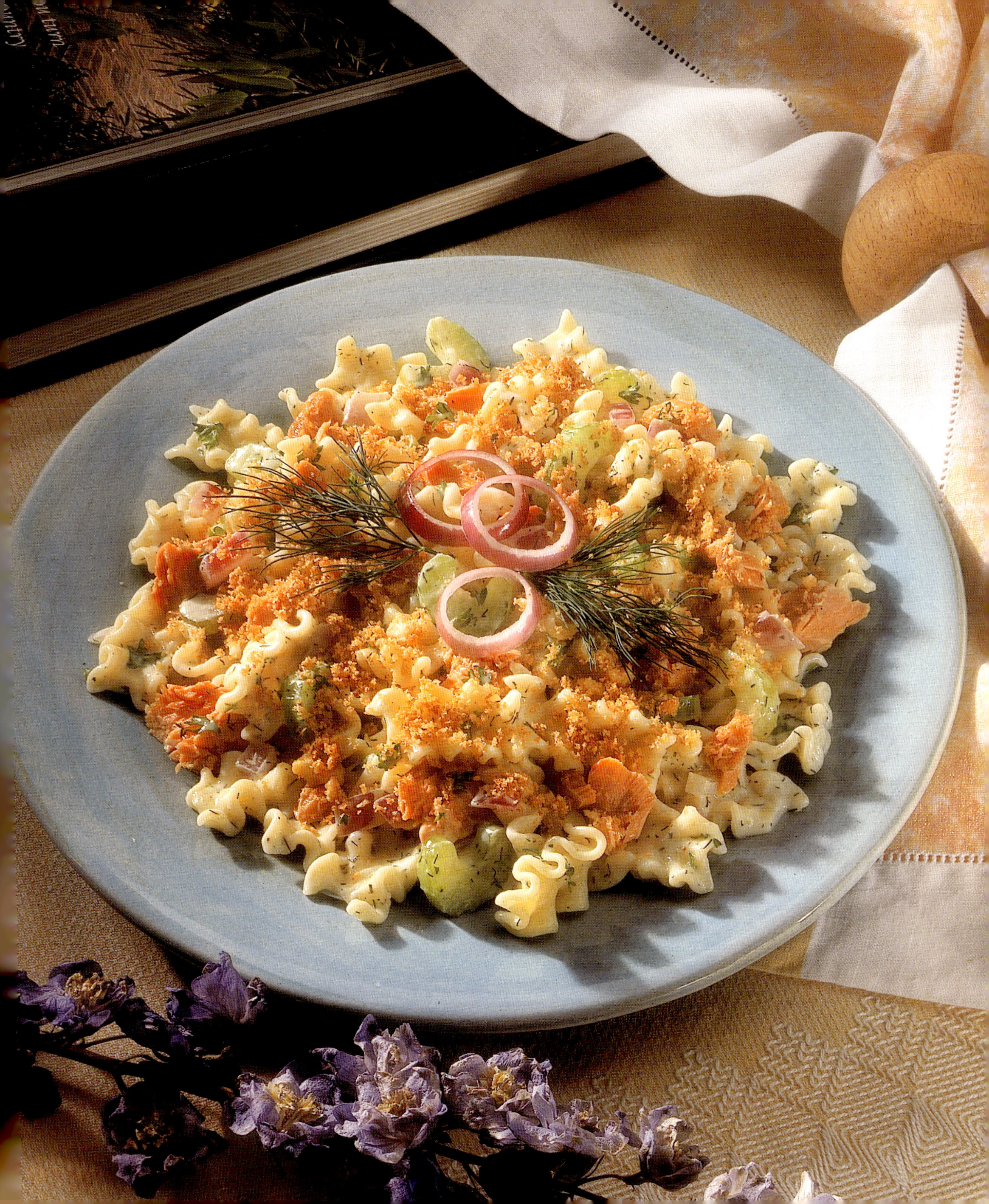

Poisson au four sur riz aux fines herbes

- 1½ tasse (375 ml) de bouillon de poulet, chaud
- ½ tasse (105 g) de riz ordinaire, cru
- ¼ cuillère à thé d'assaisonnement de type italien
- ¼ cuillère à thé de poudre d'ail
- 1 paquet (10 onces/285 g) de brocolis hachés surgelés, décongelés et égouttés
- 1⅓ tasse (330 g) de rondelles d'oignons panées (à diviser)
- 1 cuillère à soupe de parmesan râpé
- 1 livre (455 g) de filets de poisson non panés, décongelés si surgelés
  Paprika (facultatif)
- ½ tasse (2 onces/55 g) de cheddar râpé

Préchauffez le four à 375°F (190°C). Dans un plat de cuisson de 12 x 8 po (30 x 20 cm), mélangez le bouillon chaud, le riz cru, l'assaisonnement de type italien et la poudre d'ail. Couvrez et faites cuire à 375°F (190°C) pendant 10 minutes. Garnissez ensuite avec les brocolis et ⅔ tasse (165 g) de rondelles d'oignons panées, puis parsemez de parmesan. Déposez les filets de poisson en diagonale dans le plat; saupoudrez-les légèrement de paprika. Couvrez et faites cuire à 375°F (190°C) pendant 20 à 25 minutes ou jusqu'à ce que le poisson s'émiette facilement à la fourchette. Remuez le riz. Parsemez le poisson de cheddar et du reste des rondelles d'oignon panées (⅔ tasse/165 g); poursuivez la cuisson à découvert pendant 3 minutes ou jusqu'à ce que les oignons soient dorés.

Donne 3 à 4 portions

Instructions de cuisson au four à micro-ondes: Dans un plat de 12 x 8 po (30 x 20 cm) allant au micro-ondes, préparez le mélange de riz comme expliqué ci-dessus, mais réduisez la quantité de bouillon utilisée, soit 1¼ tasse (310 ml). Faites cuire, à couvert, à HAUTE intensité pendant 5 minutes, tout en remuant à mi-cuisson. Incorporez les brocolis, ⅔ tasse (165 g) de rondelles d'oignon panées et le parmesan. Déposez les filets de poisson sur le riz en une seule couche; saupoudrez-les légèrement de paprika. Faites cuire, à couvert, à MOYENNE intensité (50 à 60% de la puissance maximale) pendant 18 à 20 minutes ou jusqu'à ce que le poisson s'émiette facilement à la fourchette et que le riz soit cuit. Tournez le plat à mi-cuisson. Parsemez le poisson de cheddar et des rondelles d'oignon panées restantes (⅔ tasse/165 g); poursuivez la cuisson à découvert à HAUTE intensité pendant 1 minute ou jusqu'à ce que le fromage soit fondu. Laissez reposer pendant 5 minutes.

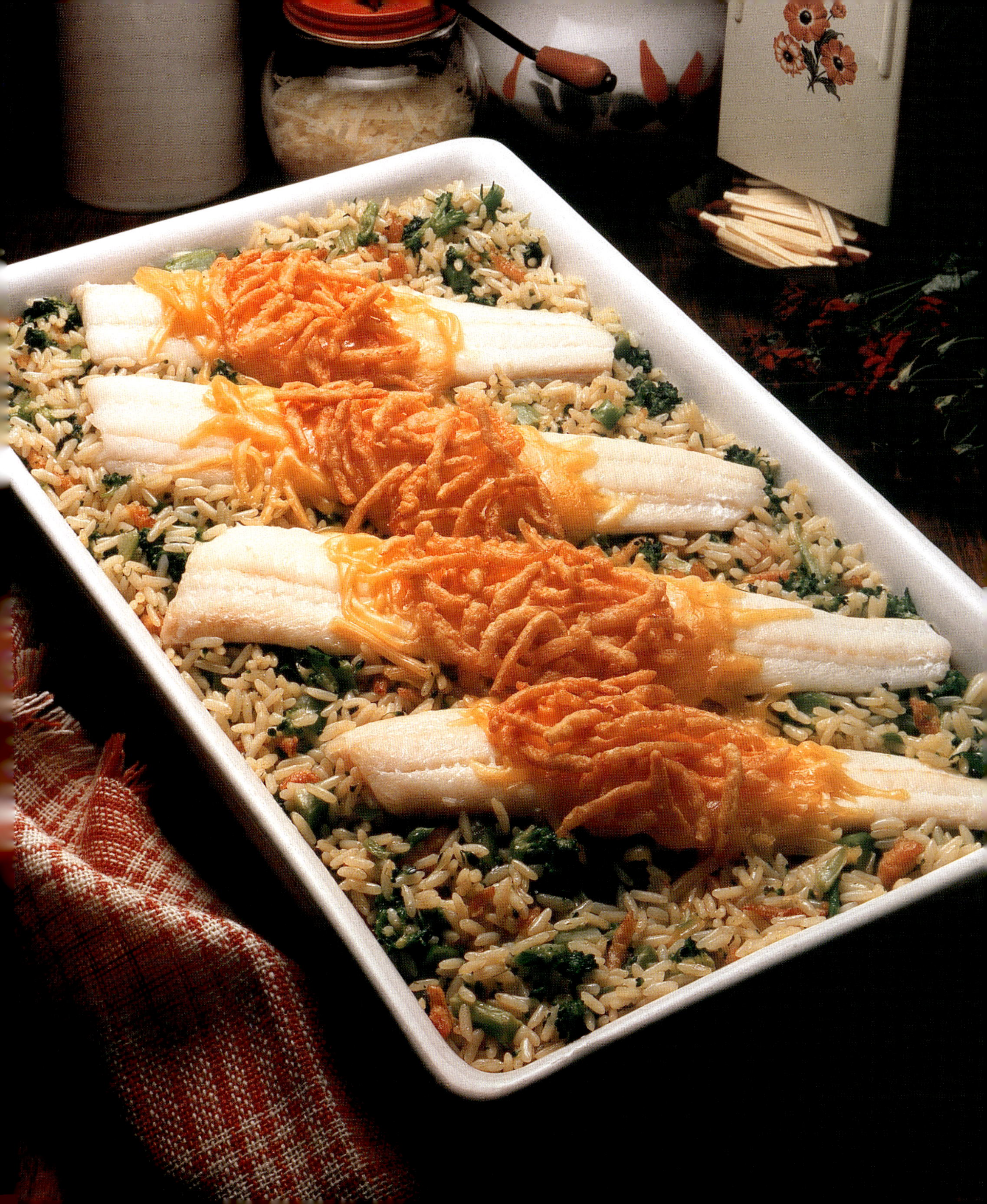

Macaronis aux légumes et au thon

1½ tasse (6 onces/170 g) de macaronis (coudes)
3 cuillères à soupe de beurre ou de margarine
1 petit oignon, haché
½ poivron rouge de taille moyenne, haché
½ poivron vert de taille moyenne, haché
¼ tasse (30 g) de farine tout usage
1¾ tasse (440 ml) de lait
8 onces (225 g) de produit de fromage fondu allégé, coupé en dés
½ cuillère à thé de marjolaine séchée
1 paquet (10 onces/285 g) de petits pois surgelés
1 boîte (9 onces/255 g) de thon dans l'eau, égoutté

Instruction de cuisson à la mijoteuse

1. Faites cuire les macaronis en suivant les instructions indiquées sur le paquet jusqu'à ce qu'ils soient tendres ; égouttez-les.

2. Faites fondre le beurre dans une casserole de taille moyenne à feu moyen. Ajoutez l'oignon et les poivrons. Laissez cuire pendant 5 minutes ou jusqu'à ce qu'ils soient tendres. Incorporez la farine et poursuivez la cuisson pendant 2 minutes à feu moyen, sans cesser de remuer. Versez le lait et portez à ébullition. Laissez bouillir jusqu'à épaississement, tout en continuant de remuer. Réduisez le feu à faible intensité ; ajoutez le fromage et la marjolaine et remuez jusqu'à ce que le fromage soit fondu.

3. Mettez les macaronis, la sauce à base de fromage, les petits pois et le thon dans la mijoteuse. Couvrez et laissez cuire à BASSE température pendant 2½ heures ou jusqu'à ce que des bulles se forment à la surface.

Donne 6 portions

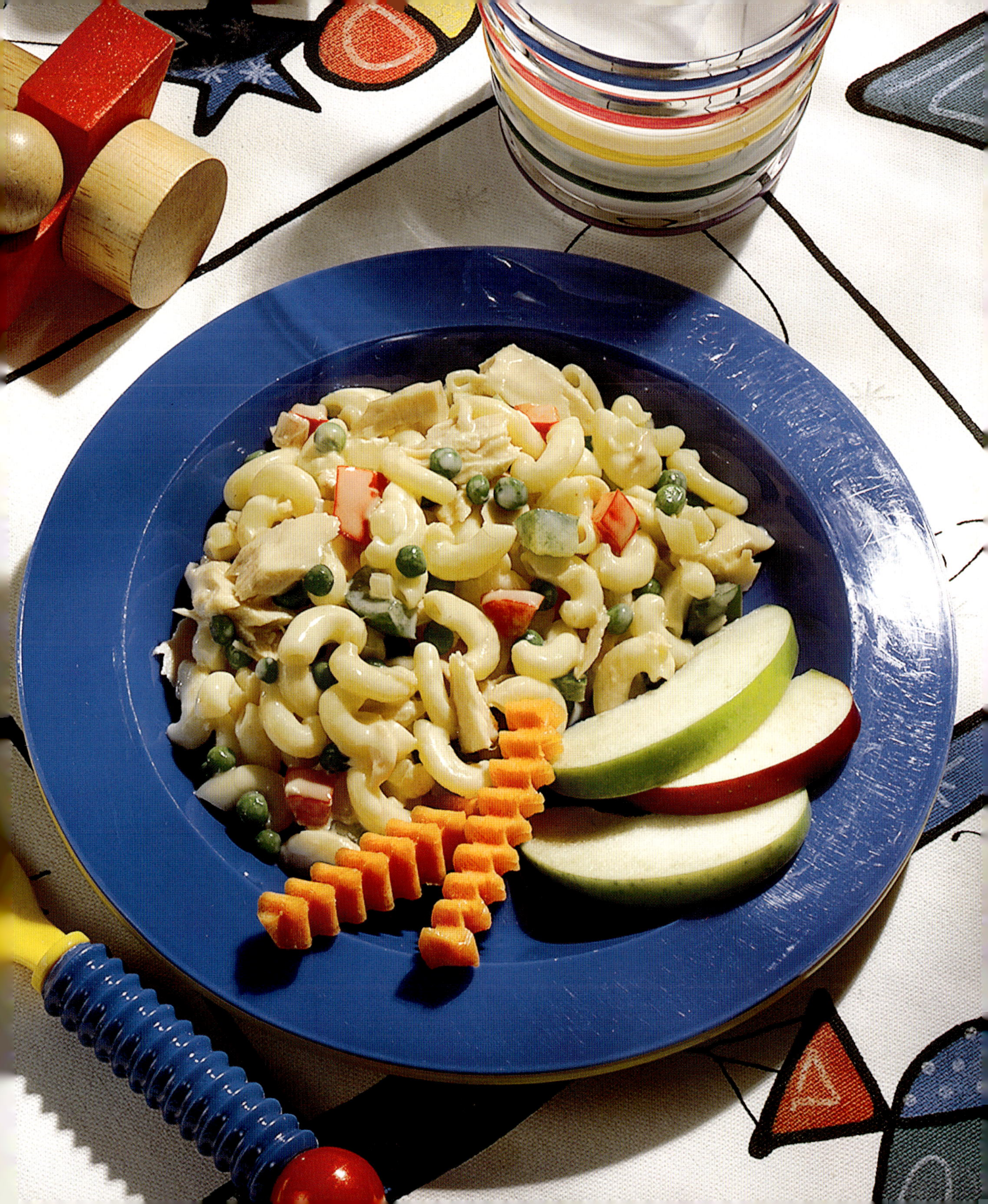

Jambalaya

 1 cuillère à thé d'huile végétale
 ½ livre (225 g) de jambon fumé extra-maigre, coupé en dés
 ½ livre (225 g) de saucisses fumées, coupées en rondelles de ¼ pouce (5 mm) d'épaisseur
 1 gros oignon, haché
 1 gros poivron vert, haché (environ 1½ tasse/360 g)
 3 côtes de céleri, hachées (environ 1 tasse/240 g)
 3 gousses d'ail, émincées
 1 boîte (28 onces/795 g) de tomates en dés, non égouttées
 1 boîte (10½ onces/315 ml) de bouillon de poulet à teneur réduite en sodium et en M.G.
 1 tasse (210 g) de riz, cru
 1 cuillère à soupe de sauce Worcestershire
 1 cuillère à thé de sel
 1 cuillère à thé de thym
 ½ cuillère à thé de poivre noir
 ¼ cuillère à thé de piment de Cayenne en poudre
 1 paquet (12 onces/340 g) de crevettes prêtes à cuire surgelées, décongelées
   Brins de ciboulette fraîche (facultatif)

1. Préchauffez le four à 350 °F (175 °C). Vaporisez un plat de cuisson de 13 x 9 po (33 x 23 cm) avec un aérosol de cuisson antiadhésif.

2. Dans une grande sauteuse, faites chauffer l'huile à feu moyen-vif. Ajoutez le jambon et les saucisses. Faites cuire pendant 5 minutes ou jusqu'à ce que les saucisses soient légèrement dorées de chaque côté. Retirez le jambon et les saucisses de la sauteuse et transférez-les dans le plat de cuisson huilé. Mettez ensuite l'oignon, le poivron, le céleri et l'ail dans la sauteuse ; laissez cuire pendant 3 minutes. Ajoutez le tout au mélange à base de saucisses.

3. Mettez les tomates avec leur jus, le bouillon de poulet, le riz, la sauce Worcestershire, le sel, le thym, le poivre noir et le piment de Cayenne dans la sauteuse ; portez à ébullition à feu vif. Réduisez le feu et laissez mijoter à petit feu pendant 3 minutes. Versez le tout sur le mélange de saucisses et remuez pour bien mélanger.

4. Couvrez avec du papier d'aluminium bien serré et enfournez pour 45 minutes ou jusqu'à ce que le riz soit presque tendre. Retirez le plat du four ; déposez les crevettes sur le riz et poursuivez la cuisson, à découvert, pendant 10 minutes ou jusqu'à ce que les crevettes deviennent roses et opaques. Décorez de brins de ciboulette, si désiré.

Donne 8 portions

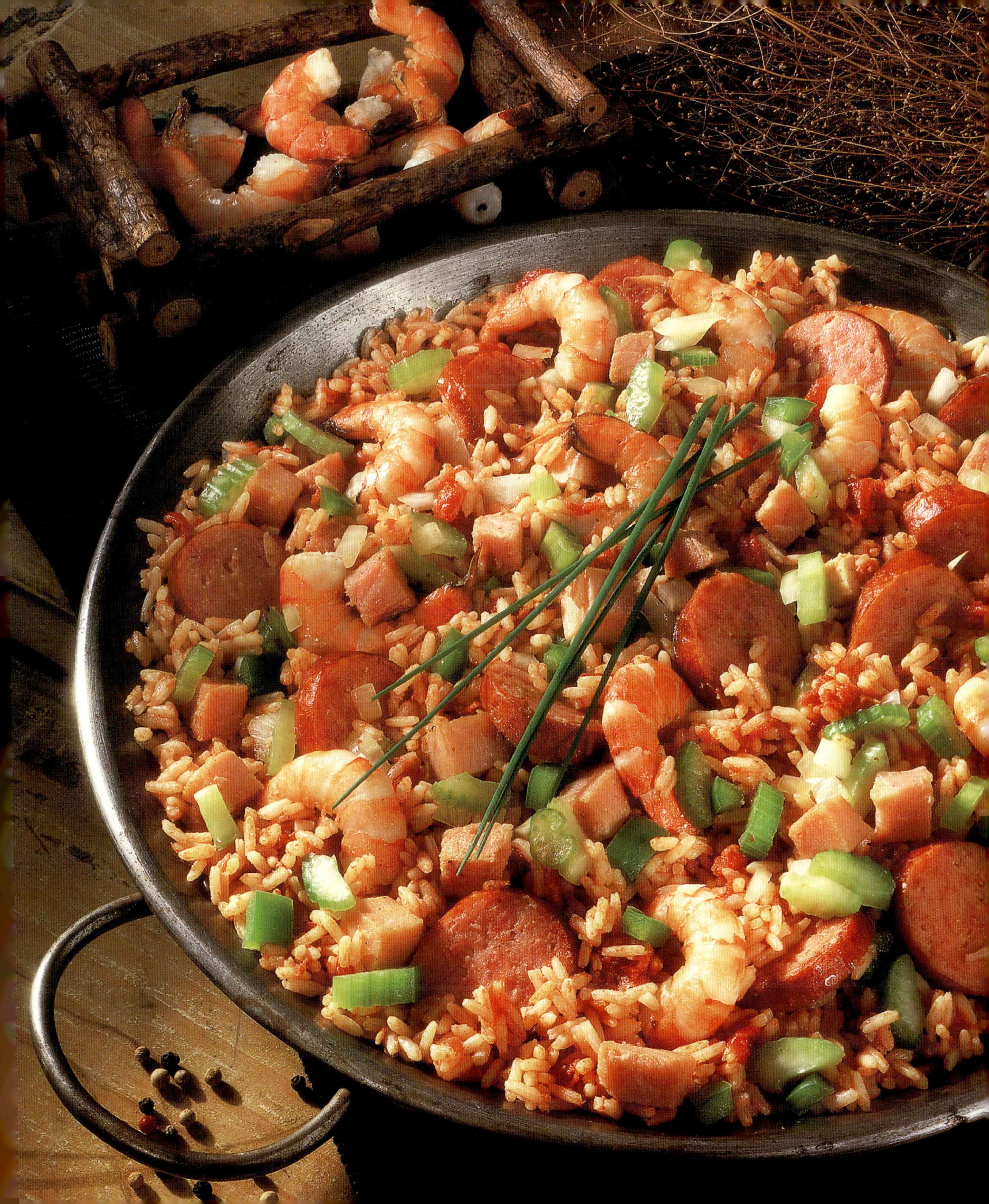

Casserole de poisson et brocoli

- 1 paquet (10 onces/285 g) de brocolis en branches surgelés, décongelés et égouttés
- 1 tasse (250 g) de poisson blanc émietté, cuit
- 1 boîte (10¾ onces/320 ml) de concentré de crème de champignons
- ½ tasse (125 ml) de lait
- ¼ cuillère à thé de sel
- ⅛ cuillère à thé de poivre noir fraîchement moulu
- ½ tasse (55 g) de chips de pommes de terre émiettées

1. Préchauffez le four à 425 °F (220 °C). Huilez un plat de cuisson de 1½ litre. Étalez les brocolis dans le plat. Dans un grand récipient, mélangez le poisson, le concentré, le lait, le sel et le poivre noir.

2. Étalez le mélange ainsi obtenu sur les brocolis. Parsemez de chips émiettées. Faites cuire au four pendant 12 à 15 minutes ou jusqu'à ce que ce soit doré.

Donne 4 portions

Recette favorite extraite du site du **Florida Department of Agriculture and Consumer Services, Bureau of Seafood and Aquaculture**

Casserole de fruits de mer à la Newburg

- 1 boîte (10¾ onces/320 ml) de concentré de crème de crevettes, non dilué
- ½ tasse (125 ml) de crème légère, 10 % M.G.
- 1 cuillère à soupe de xérès sec
- ¼ cuillère à thé de piment de Cayenne en poudre
- 3 tasses (630 g) de riz cuit
- 2 boîtes (6 onces/170 g chacune) de chair de crabe en morceaux, égouttée
- ¼ livre (155 g) de crevettes crues de taille moyenne, décortiquées et déveinées
- ¼ livre (155 g) de pétoncles de baie crus
- 1 pot (4 onces/115 g) de piments doux d'Espagne, égouttés et hachés
- ¼ tasse (15 g) de persil frais finement haché

1. Préchauffez le four à 350 °F (175 °C). Vaporisez un plat de cuisson de 2½ litres avec un aérosol de cuisson antiadhésif.

2. Mettez le concentré, la crème, le xérès et le piment de Cayenne en poudre dans un grand récipient et fouettez jusqu'à obtenir un mélange homogène. Ajoutez le riz, la chair de crabe, les crevettes, les pétoncles et les piments doux d'Espagne ; remuez bien.

3. Transférez la préparation ainsi obtenue dans le plat de cuisson huilé ; parsemez de persil. Couvrez et faites cuire au four pendant 25 minutes ou jusqu'à ce que les crevettes et les pétoncles deviennent opaques.

Donne 6 portions

Souper de linguine au saumon

- 8 onces (225 g) de linguine, cuites dans de l'eau non salée et égouttées
- 1 paquet (10 onces/285 g) de petits pois surgelés
- 1 tasse (250 ml) de lait
- 1 boîte (10¾ onces/320 ml) de concentré de crème de céleri
- ¼ tasse (1 once/30 g) de parmesan râpé
- ⅛ cuillère à thé d'estragon séché, émietté (facultatif)
- 1 boîte (15½ onces/440 g) de saumon, égoutté et émietté
- 1 œuf, légèrement battu
- ¼ cuillère à thé de sel
- ¼ cuillère à thé de poivre
- 1⅓ tasse (330 g) de rondelles d'oignon panées (à diviser)

1. Préchauffez le four à 375°F (190°C). Remettez les pâtes chaudes dans la casserole; incorporez les petits pois, le lait, le concentré, le fromage et l'estragon; à l'aide d'une cuillère, déposez le mélange ainsi obtenu dans un plat de cuisson de 12 x 8 po (30 x 20 cm).

2. Mettez le saumon, l'œuf, le sel, le poivre et ⅔ de tasse de rondelles d'oignon panées dans un récipient de taille moyenne et utilisez une fourchette pour bien mélanger le tout. Façonnez ce mélange en 4 galettes ovales et déposez celles-ci sur les pâtes.

3. Couvrez et faites cuire à 375°F (190°C) pendant 40 minutes ou jusqu'à ce que les galettes soient cuites.

4. Disposez les rondelles d'oignons panées restantes (⅔ tasse/165 g) sur les galettes; poursuivez la cuisson à découvert pendant 3 minutes ou jusqu'à ce que les oignons soient dorés.

Donne 4 portions

Instructions de cuisson au four à micro-ondes : Préparez le mélange à base de pâtes comme indiqué ci-dessus, mais augmentez la quantité de lait en utilisant 1¼ tasse (310 ml) ; à l'aide d'une cuillère, déposez le mélange ainsi obtenu dans un plat de cuisson de 12 x 8 po (30 x 20 cm) allant au micro-ondes. Couvrez et faites cuire à HAUTE intensité pendant 3 minutes ; remuez. Préparez les galettes de saumon comme susmentionné, mais utilisez deux œufs au lieu d'un. Déposez les galettes sur les pâtes. Poursuivez la cuisson, à couvert, pendant 10 à 12 minutes ou jusqu'à ce que les galettes soient cuites. Tournez le plat à mi-cuisson. Disposez les rondelles d'oignons panées restantes sur les galettes. Poursuivez la cuisson à découvert pendant encore 1 minute. Laissez reposer pendant 5 minutes.

Frittata épicée au crabe

- 1 cuillère à soupe d'huile d'olive
- 1 poivron vert de taille moyenne, finement haché
- 2 gousses d'ail, émincées
- 6 œufs
- 1 boîte (6½ onces/185 g) de chair de crabe en morceaux, égouttée
- ¼ cuillère à thé de poivre noir
- ¼ cuillère à thé de sel
- ¼ cuillère à thé de sauce au piment fort
- 1 grosse tomate italienne bien mûre, épépinée et finement hachée

1. Préchauffez le gril du four. Faites chauffer l'huile à feu moyen-vif dans une sauteuse antiadhésive de 10 pouces (25 cm) dotée d'une poignée résistant à la chaleur. Ajoutez le poivron et l'ail et laissez cuire pendant 3 minutes ou jusqu'à ce qu'ils soient ramollis.

2. Pendant ce temps, battez les œufs dans un récipient de taille moyenne. Émiettez la chair de crabe en gros morceaux. Incorporez le crabe, le poivre noir, le sel et la sauce au piment fort aux œufs ; remuez bien et réservez.

3. Mettez la tomate dans la sauteuse et faites cuire pendant 1 minute. Ajoutez ensuite le mélange à base d'œufs. Réduisez le feu et faites cuire à feu moyen-faible pendant environ 7 minutes ou jusqu'à ce que les œufs commencent à prendre sur les bords.

4. Retirez la sauteuse du feu et mettez-la sous le gril du four à 6 pouces (15 cm) de la source de chaleur. Faites griller pendant environ 2 minutes ou jusqu'à ce que la frittata soit cuite et que le dessus soit doré. Retirez la sauteuse du four et faites glisser la frittata sur une assiette de service. Servez immédiatement.

Donne 4 portions

Conseil: Servez accompagné de pain croustillant, de crudités en morceaux et de guacamole.

Réduisez le temps de préparation: Utilisez de l'ail émincé prêt à l'emploi (du commerce).

Temps de préparation et de cuisson: 20 minutes

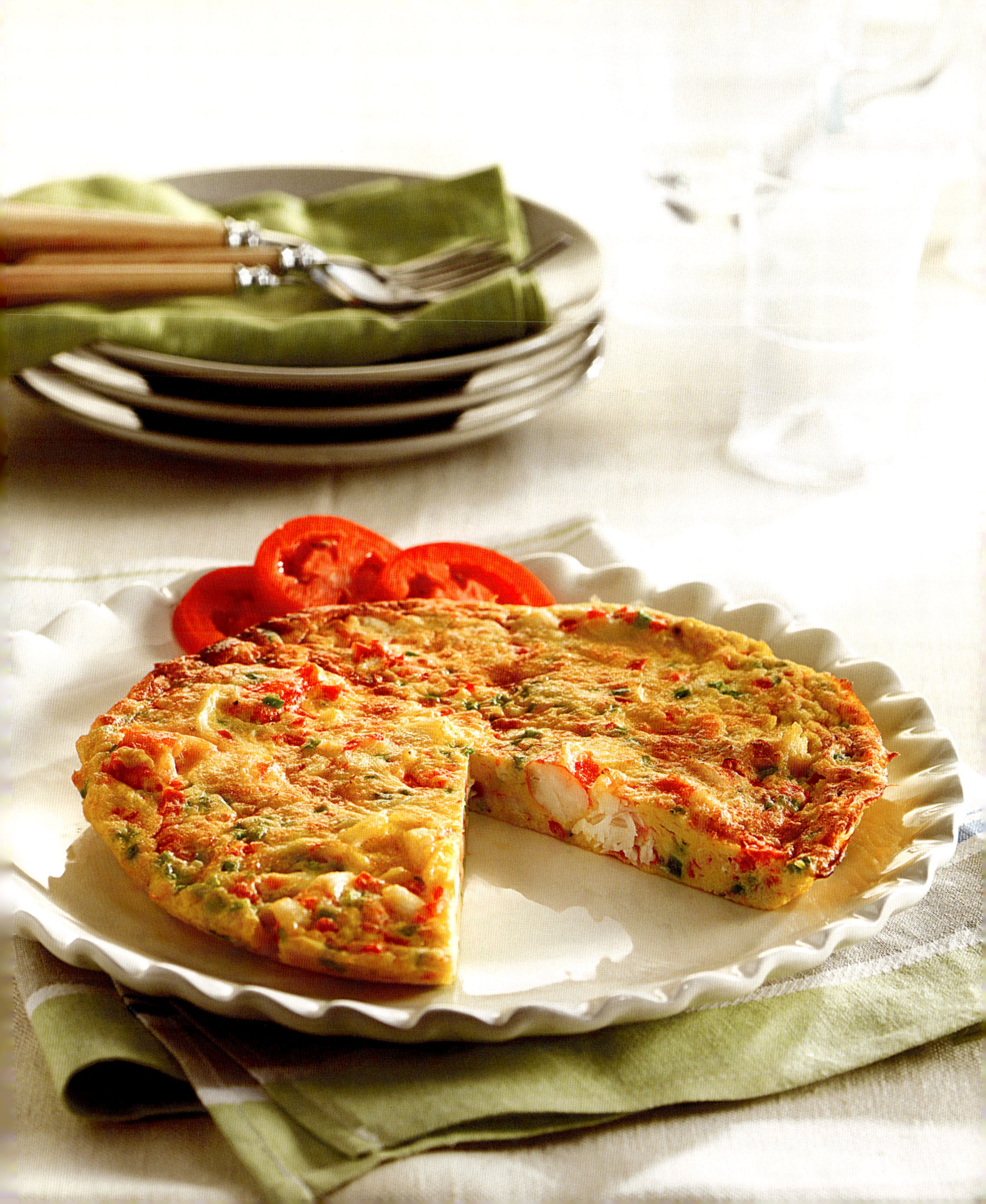

Gratin de thon et brocolis

- **1 paquet (16 onces/455 g) de brocolis en morceaux surgelés, décongelés et bien égouttés**
- **2 tranches de pain, coupées en dés de ½ pouce (1,25 cm) d'épaisseur**
- **1 paquet (7 onces/200 g) de thon Albacore ou de thon pâle en morceaux**
- **2 tasses (450 g) de fromage cottage**
- **1 tasse (115 g) de cheddar râpé**
- **3 œufs**
- **¼ cuillère à thé de poivre noir moulu**

1. Déposez les brocolis dans le fond d'un plat de cuisson de 2 litres. Mettez dessus les dés de pain et le thon.

2. Dans un récipient de taille moyenne, mélangez le fromage cottage, le cheddar, les œufs et le poivre. Répartissez uniformément le mélange ainsi obtenu sur le thon.

3. Faites cuire dans un four à 400 °F (205 °C) pendant 30 minutes ou jusqu'à ce que le dessus soit doré et gonflé.

Donne 4 portions

Temps de préparation : 35 minutes

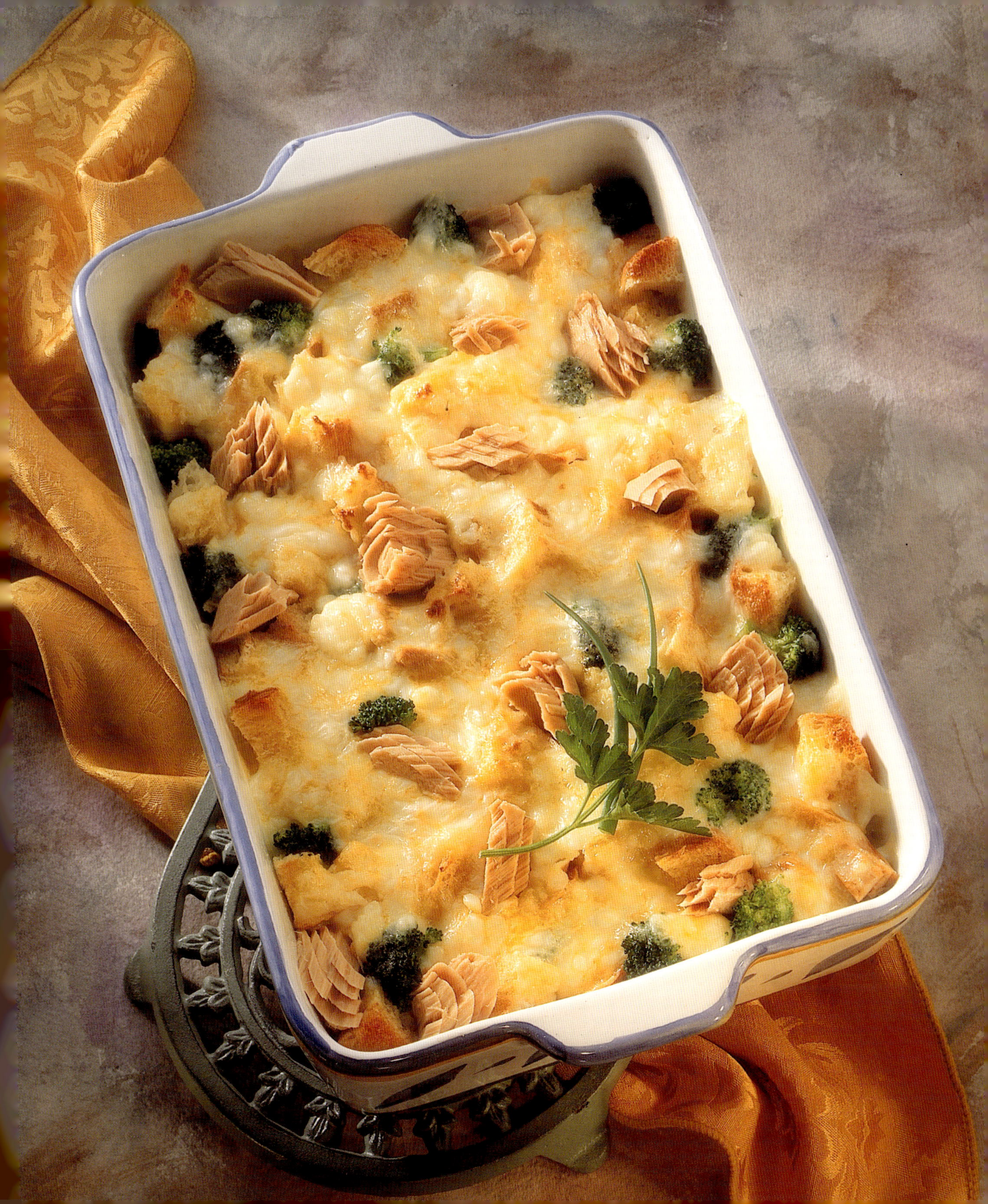

Crevettes à l'antillaise et riz

- **1 paquet (12 onces/340 g) de crevettes surgelées, décongelées**
- **½ tasse (125 ml) de bouillon de poulet à teneur réduite en sodium et en M.G.**
- **1 gousse d'ail, émincée**
- **1 cuillère à thé d'assaisonnement au chili**
- **½ cuillère à thé de sel**
- **½ cuillère à thé d'origan séché**
- **1 tasse (240 g) de petits pois surgelés, décongelés**
- **½ tasse (120 g) de tomates en dés**
- **2 tasses (420 g) de riz blanc à grain long, cuit**

Instructions de cuisson à la mijoteuse

1. Mettez les crevettes, le bouillon de poulet, l'ail, l'assaisonnement au chili, le sel et l'origan dans la mijoteuse. Couvrez et laissez cuire à BASSE température pendant 2 heures.

2. Incorporez les petits pois et les tomates. Couvrez et poursuivez la cuisson à BASSE température pendant 15 minutes.

3. Ajoutez le riz. Couvrez et laissez cuire à BASSE température pendant encore 30 minutes.

Donne 4 portions

Crevettes marinées au pamplemousse de Floride

- 1 tasse (250 ml) de jus de pamplemousse de Floride concentré, décongelé
- 2 gousses d'ail, émincées
- 3 cuillères à soupe de coriandre ou de persil frais haché
- 1 cuillère à soupe de miel
- 2 cuillères à thé de ketchup
- ½ cuillère à thé de sel
- ¼ cuillère à thé de piment de Cayenne en poudre
- 1 livre (455 g) de crevettes crues de taille moyenne, décortiquées et déveinées
- 2 cuillères à thé de fécule de maïs
- 1 tasse (210 g) de riz blanc à grain long, cru
- 1 cuillère à soupe d'huile d'olive
- 1 gros poivron rouge, coupé en lanières
- 2 côtes de céleri, coupées en tranches transversales de ¼ pouce (5 mm) d'épaisseur
- 2 pamplemousses de Floride, pelés et coupés en quartiers
- Brins de coriandre fraîche

1. Dans un récipient de taille moyenne, mélangez le jus de pamplemousse concentré, l'ail, la coriandre, le miel, le ketchup, le sel et le piment de Cayenne en poudre. Incorporez les crevettes. Laissez-les mariner pendant 20 minutes, en les retournant une fois.

2. Égouttez les crevettes et réservez la marinade. Incorporez la fécule de maïs à la marinade et mélangez.

3. Pendant ce temps, préparez le riz en suivant les instructions de cuisson indiquées sur le paquet. Faites chauffer l'huile à feu moyen-vif dans une grande sauteuse antiadhésive ; ajoutez-y les crevettes.

4. Faites cuire pendant 2 à 3 minutes ou jusqu'à ce que les crevettes deviennent roses et opaques. Ajoutez le poivron rouge, le céleri et la marinade réservée. Portez à ébullition à feu vif ; laissez bouillir jusqu'à épaississement, sans cesser de remuer.

5. Ajoutez le pamplemousse et faites chauffer pendant 30 secondes. Décorez de brins de coriandre fraîche.

Donne 4 portions

Recette favorite extraite du site du **Florida Department of Citrus**

Tarte aux légumes et aux crevettes

- 1 boîte (10¾ onces/320 ml) de concentré de crème de crevettes, non dilué
- 1 paquet (12 onces/340 g) de crevettes crues et décortiquées de taille moyenne, surgelées
- 2 paquets (1 livre/455 g chacun) de jardinière de légumes surgelés (ex.: mélange de haricots verts, de pommes de terre, d'oignons et de poivrons rouges), décongelés et égouttés
- 1 cuillère à thé d'aneth séché
- ¼ cuillère à thé de sel
- ¼ cuillère à thé de poivre noir
- 1 boîte (11 onces/310 g) de pâte à gressins réfrigérée

1. Préchauffez le four à 400°F (205°C). Faites chauffer le concentré de crème de crevettes dans une sauteuse antiadhésive de taille moyenne à feu moyen-vif pendant 1 minute. Ajoutez les crevettes et laissez cuire pendant 3 minutes ou jusqu'à ce que les crevettes commencent à décongeler. Incorporez les légumes, l'aneth, le sel et le poivre et remuez bien. Réduisez le feu et laissez mijoter à feu moyen-faible pendant 3 minutes.

2. Déballez la pâte à gressins et séparez-la en 8 lanières. Torsadez les lanières et coupez-les à la largeur de la sauteuse. Pour une décoration attrayante, disposez les lanières sur les crevettes de façon à ce qu'elles s'entrecroisent. Appuyez légèrement les extrémités de la pâte contre le rebord de la sauteuse pour maintenir les lanières en place. Enfournez pour 18 minutes ou jusqu'à ce que la croûte soit dorée et que des bulles se forment à la surface.

Donne 4 à 6 portions

Temps de préparation et de cuisson : 30 minutes

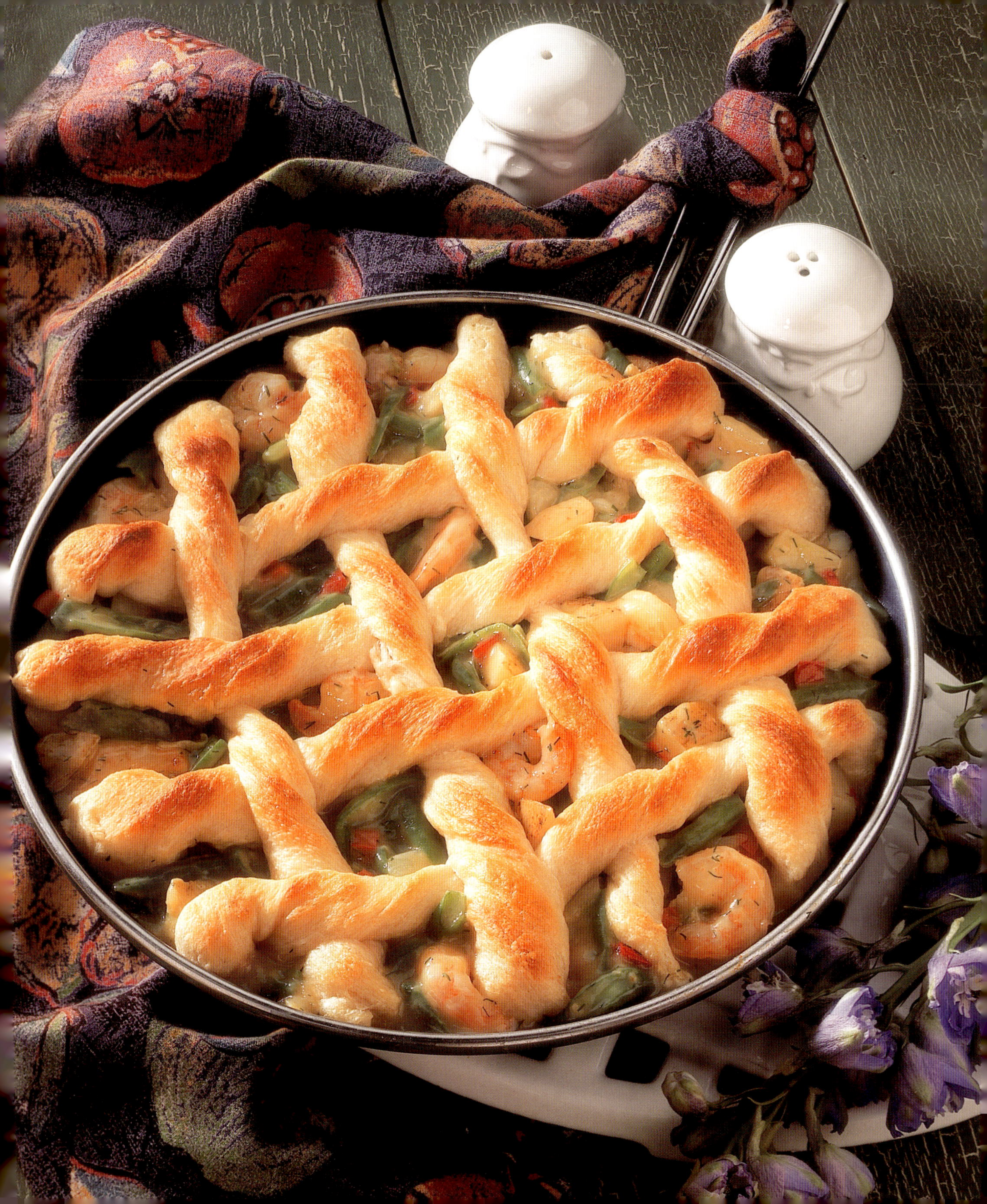

Crevettes à la créole

    2 cuillères à soupe d'huile d'olive
1½ tasse (360 g) de poivrons verts hachés
    1 oignon de taille moyenne, haché
  ⅔ tasse (160 g) de céleri haché
    2 gousses d'ail, finement hachées
    1 tasse (210 g) de riz à grain long, cru
    1 boîte (environ 14 onces/395 g) de tomates en dés, égouttées, avec le jus réservé
    1 cuillère à thé d'origan séché
  ¾ cuillère à thé de sel
  ½ cuillère à thé de thym séché
    2 cuillères à thé de sauce au piment fort ou selon votre goût
    Poivre noir
    1 livre (455 g) de crevettes crues, décortiquées et déveinées
    1 cuillère à soupe de persil frais haché (facultatif)

1. Préchauffez le four à 325 °F (160 °C). Faites chauffer l'huile d'olive dans une grande sauteuse à feu moyen-vif. Ajoutez les poivrons verts, l'oignon, le céleri et l'ail; laissez cuire pendant 5 minutes ou jusqu'à ce que les légumes soient tendres.

2. Incorporez le riz et poursuivez la cuisson pendant 5 minutes à feu moyen jusqu'à ce que le riz devienne opaque. Ajoutez les tomates, l'origan, le sel, le thym, la sauce au piment fort et le poivre noir dans la sauteuse; remuez pour bien mélanger et laissez cuire. Versez le jus de tomates réservé dans une tasse à mesurer. Ajoutez suffisamment d'eau pour obtenir 1¾ tasse (440 ml) de liquide, puis incorporez au reste des ingrédients dans la sauteuse. Laissez cuire pendant 2 minutes.

3. Transférez le mélange ainsi obtenu dans un plat de cuisson de 2½ litres. Incorporez les crevettes. Couvrez et enfournez pour 55 minutes ou jusqu'à ce que le riz soit tendre et que le liquide ait été absorbé. Parsemez de persil, si désiré.

Donne 4 à 6 portions

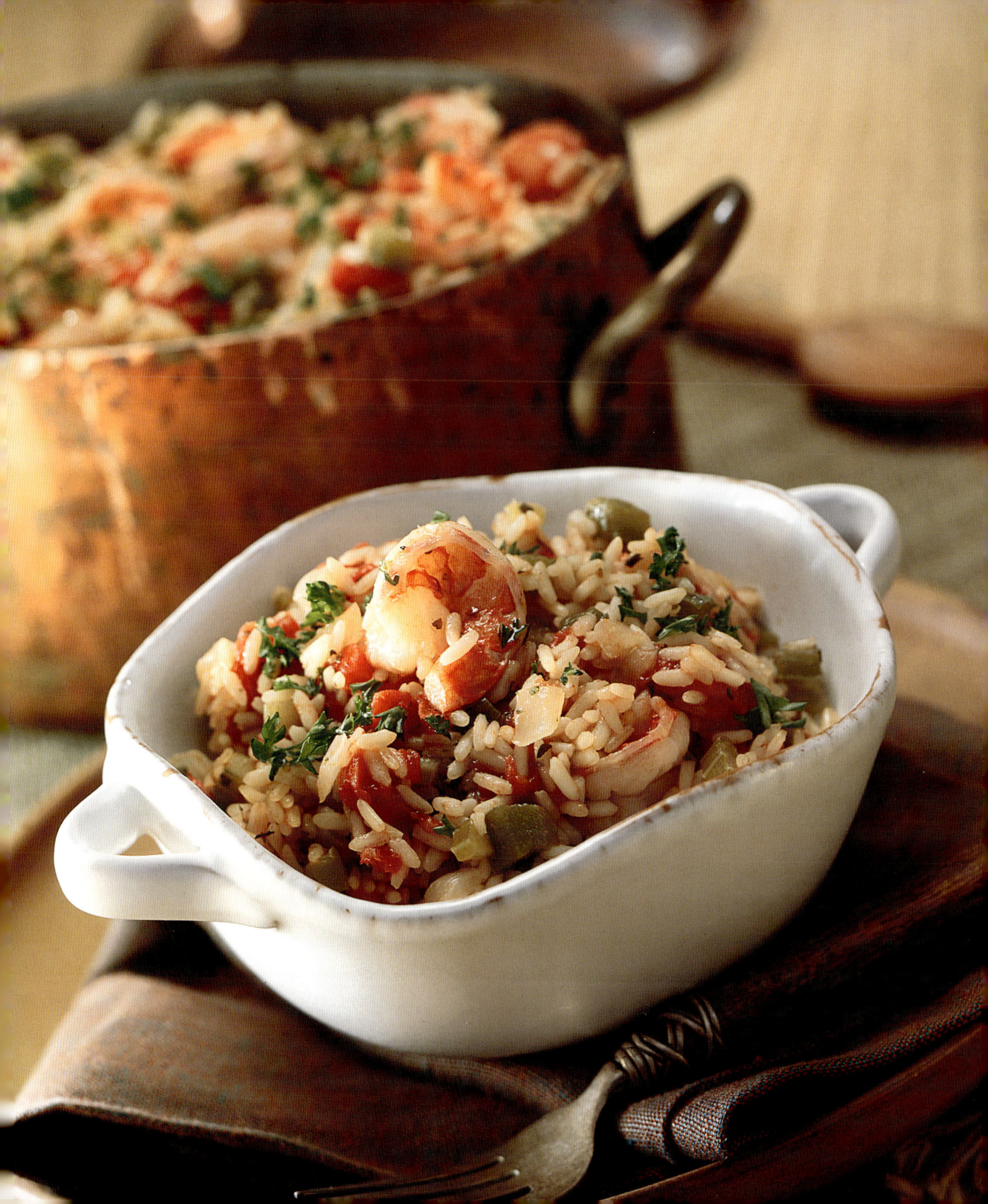

Paëlla express

- 1 cuillère à soupe d'huile d'olive
- 1 gros oignon, haché
- 2 gousses d'ail, émincées
- 1 pot (16 onces/500 ml) de salsa
- 1 boîte (14½ onces/410 g) de tomates en dés, non égouttées
- 1 boîte (14 onces/295 g) de cœurs d'artichaut, égouttés et coupés en quartiers
- 1 boîte (14 onces/420 ml) de bouillon de poulet
- 1 paquet (environ 8 onces/225 g) de riz doré cru
- 1 boîte (12 onces/340 g) de thon blanc entier, égoutté et émietté
- 1 paquet (9 à 10 onces/255 à 285 g) de petits pois surgelés
- 2 cuillères à soupe d'oignons verts finement hachés (facultatif)
- 2 cuillères à soupe de poivrons rouges finement hachés (facultatif)

1. Faites chauffer l'huile dans une grande sauteuse antiadhésive à feu moyen. Ajoutez l'oignon et l'ail et laissez cuire pendant environ 5 minutes ou jusqu'à ce que l'oignon soit tendre.

2. Incorporez la salsa, les tomates avec leur jus, les cœurs d'artichaut, le bouillon et le riz. Portez à ébullition. Couvrez et réduisez le feu ; laissez mijoter à petit feu pendant 15 minutes.

3. Ajoutez le thon et les petits pois. Couvrez et poursuivez la cuisson pendant 5 à 10 minutes ou jusqu'à ce que le riz soit tendre et que le thon et les petits pois soient chauds. Parsemez chaque portion d'oignons verts et de poivrons rouges hachés, si désiré.

Donne 4 à 6 portions

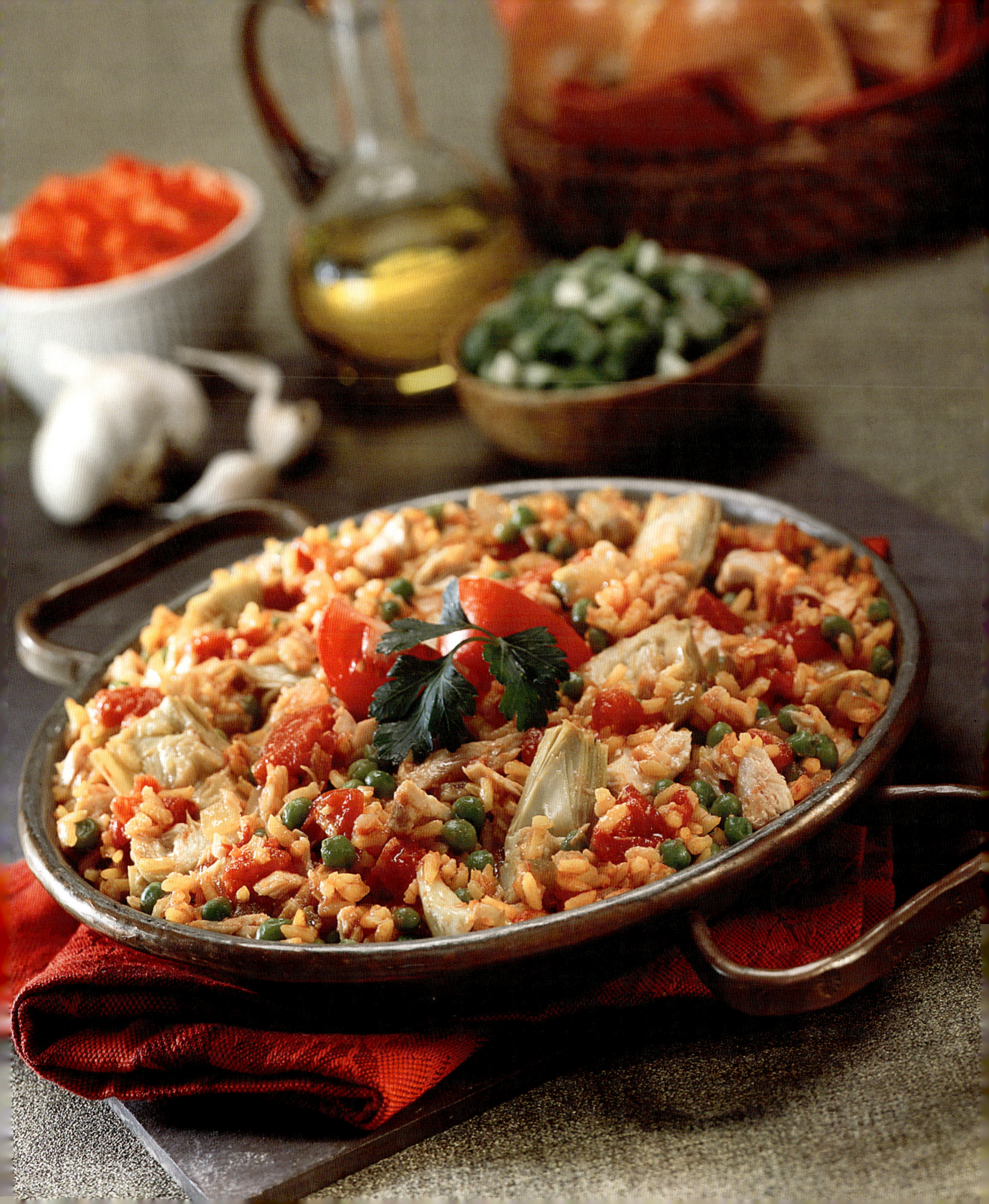

Casserole de thon de maman

- 2 boîtes (12 onces/340 g chacune) de thon, égoutté et émietté
- 3 tasses (720 g) de céleri coupé en dés
- 3 tasses (330 g) de chips de pommes de terre émiettées (à diviser)
- 6 œufs durs, hachés
- 1 boîte (10¾ onces/320 ml) de concentré de crème de champignons, non dilué
- 1 boîte (10¾ onces/320 ml) de concentré de crème de céleri, non dilué
- 1 tasse (250 ml) de mayonnaise
- 1 cuillère à thé d'estragon séché
- 1 cuillère à thé de poivre noir moulu

Instructions de cuisson à la mijoteuse

1. Mettez le thon, le céleri, 2½ tasses (275 g) de chips de pommes de terre, les œufs, les concentrés, la mayonnaise, l'estragon et le poivre noir dans la mijoteuse et remuez bien.

2. Parsemez avec les chips de pommes de terre restantes (½ tasse/55 g).

3. Couvrez et laissez cuire à BASSE température pendant 5 à 8 heures.

Donne 8 portions

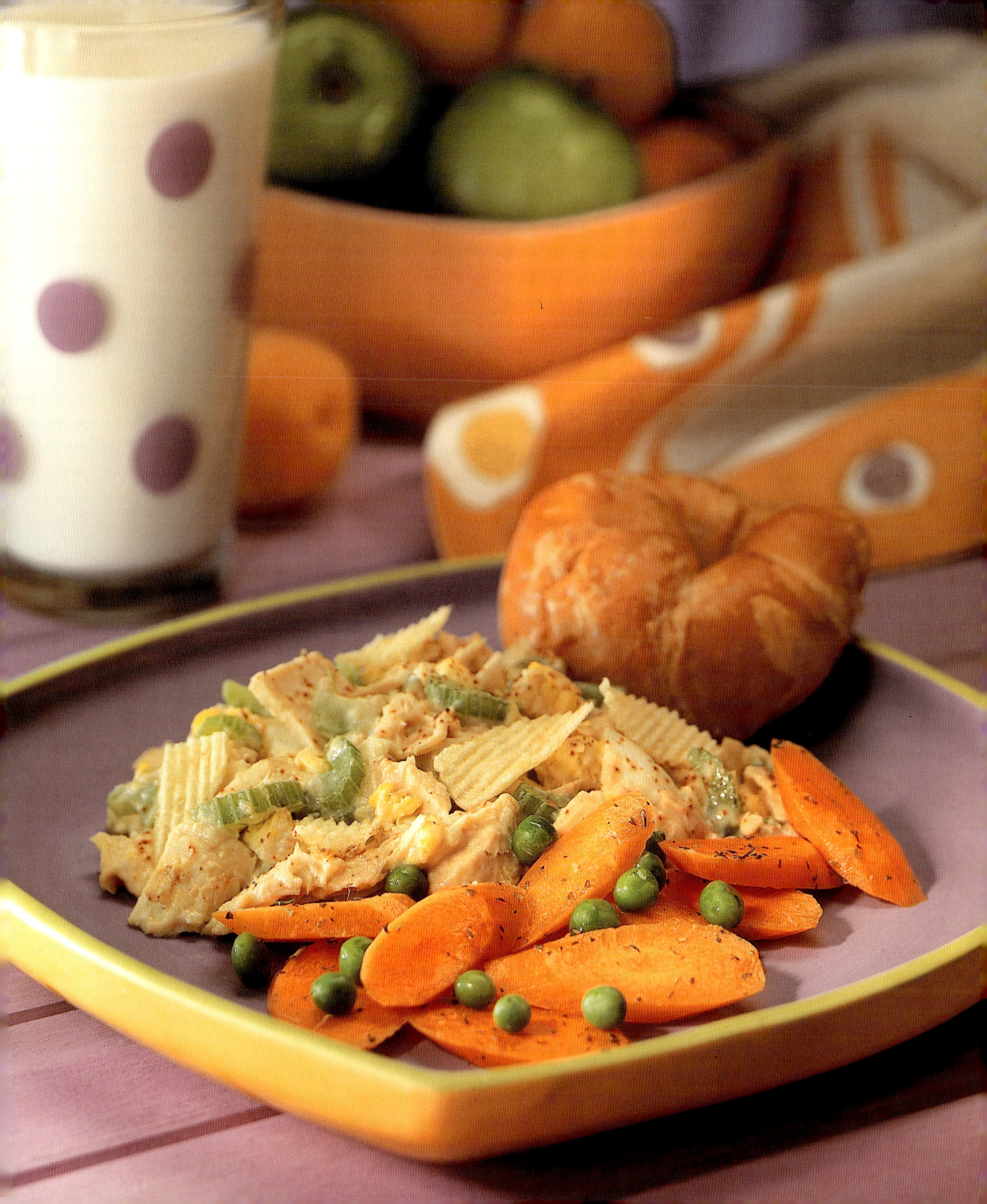

Fettuccine au crabe et à la crème

   1 livre (455 g) de chair de crabe ou de surimis (bâtonnets de poisson à saveur de crabe)
   6 onces (170 g) de fettuccine crues
   3 cuillères à soupe de margarine ou de beurre (à diviser)
   1 petit oignon, haché
   2 côtes de céleri, hachées
   ½ poivron rouge de taille moyenne, haché
   2 gousses d'ail, émincées
   1 tasse (250 ml) de crème sure à teneur réduite en M.G.
   1 tasse (250 ml) de mayonnaise à teneur réduite en M.G.
   1 tasse (4 onces/115 g) de cheddar piquant râpé
   2 cuillères à soupe de persil frais haché
   ¼ cuillère à thé de sel
   ⅛ cuillère à thé de poivre noir
   ½ tasse (60 g) de flocons de maïs émiettés
   Ciboulette fraîche (facultatif)

1. Préchauffez le four à 350°F (175°C). Vaporisez un plat de cuisson carré de 2 litres avec un aérosol de cuisson antiadhésif. Coupez les surimis en petites bouchées. Faites cuire les pâtes en suivant les instructions indiquées sur le paquet pour une cuisson *al dente*. Égouttez-les et réservez.

2. Pendant ce temps, faites fondre 1 cuillère à soupe de margarine dans une grande sauteuse à feu moyen-vif. Ajoutez-y l'oignon, le céleri, le poivron et l'ail; laissez cuire pendant 2 minutes ou jusqu'à ce que les légumes soient tendres.

3. Dans un grand récipient, mélangez la crème sure, la mayonnaise, le fromage, le persil, le sel et le poivre noir. Ajoutez les morceaux de surimi, les pâtes et le mélange de légumes, tout en remuant délicatement pour mélanger le tout. Versez la préparation ainsi obtenue dans le plat de cuisson huilé.

4. Faites fondre les 2 cuillères à soupe de margarine restantes. Dans un petit récipient, mélangez les flocons de maïs émiettés et la margarine; parsemez-en uniformément le dessus du plat.

5. Enfournez à découvert pour 30 minutes ou jusqu'à ce que ce soit chaud et bouillonnant. Décorez de ciboulette, si désiré.

Donne 6 portions

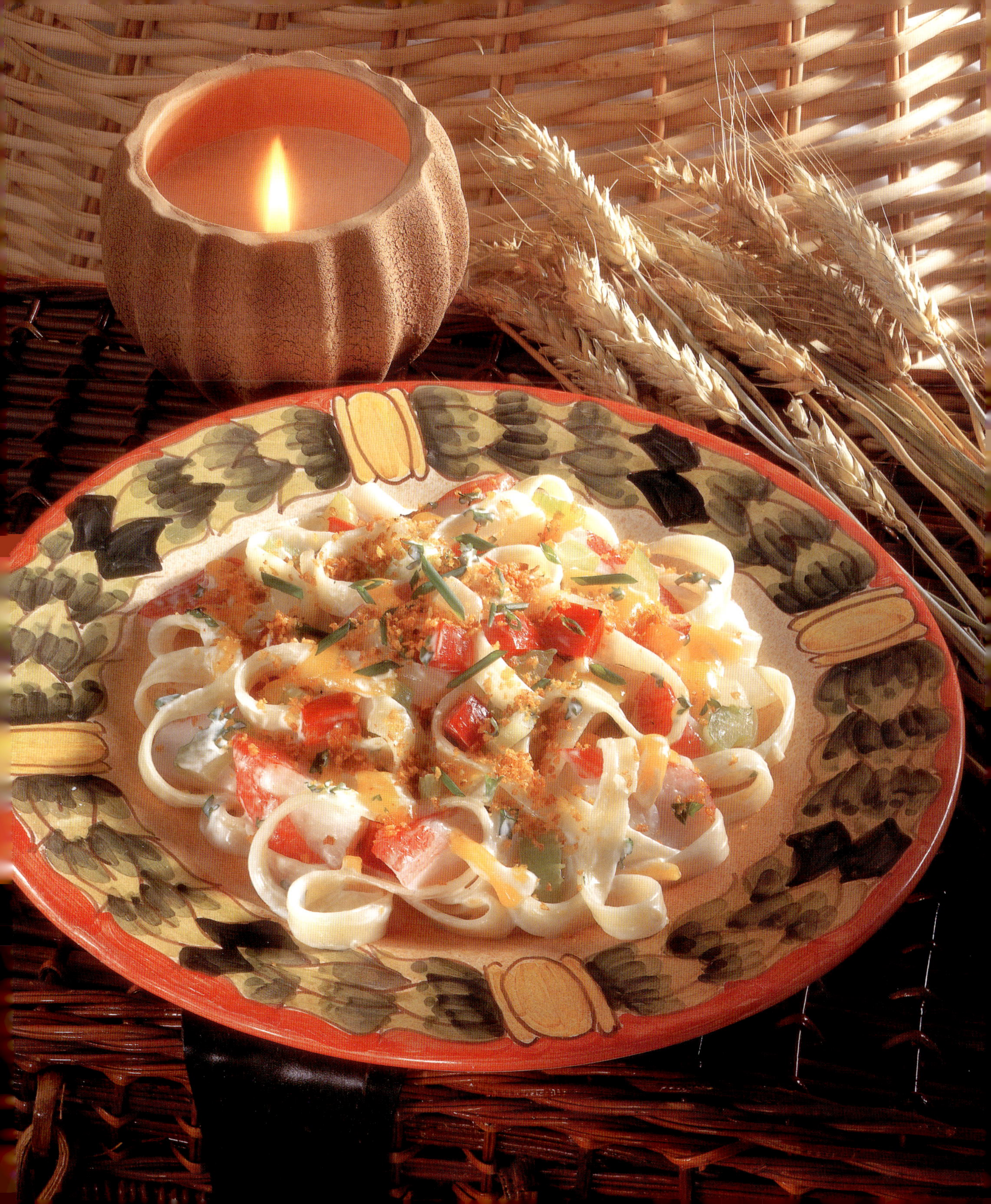

Jambalaya à la mijoteuse

- 2 boîtes (14½ onces/410 g chacune) de tomates à l'étuvée, non égouttées
- 2 tasses (500 g) de jambon blanc, coupé en dés
- 2 oignons de taille moyenne, grossièrement hachés
- 1 poivron vert de taille moyenne, coupé en dés
- 2 côtes de céleri, tranchées
- 1 tasse (210 g) de riz étuvé à grain long, cru
- 2 cuillères à soupe d'huile végétale
- 2 cuillères à soupe de ketchup
- 3 gousses d'ail, émincées
- ½ cuillère à thé de thym séché
- ½ cuillère à thé de poivre noir
- ⅛ cuillère à thé de clous de girofle moulus
- 1 livre (455 g) de crevettes crues fraîches ou surgelées, décortiquées et déveinées

Instructions de cuisson à la mijoteuse

1. Mettez tous les ingrédients à l'exception des crevettes dans la mijoteuse et mélangez bien le tout.

2. Couvrez et laissez cuire à BASSE température pendant 8 à 10 heures.

3. Une heure avant de servir, réglez la mijoteuse à HAUTE température. Incorporez les crevettes. Couvrez et poursuivez la cuisson jusqu'à ce que les crevettes deviennent roses et tendres.

Donne 4 à 6 portions

Crevettes et riz à la créole

   2 cuillères à soupe d'huile d'olive
   1 tasse (210 g) de riz blanc cru
   1 boîte (15 onces/425 g) de tomates en dés assaisonnées d'ail, non égouttées
1 ½ tasse (375 ml) d'eau
   1 cuillère à thé d'assaisonnement à la créole ou à la cajun
   1 livre (455 g) de crevettes de taille moyenne, cuites et décortiquées
   1 paquet (10 onces/285 g) de gombo surgelé ou 1 ½ tasse (360 g) de pois sucrés surgelés, décongelés

1. Faites chauffer l'huile dans une grande sauteuse à feu moyen. Ajoutez le riz et laissez cuire pendant 2 à 3 minutes ou jusqu'à ce qu'il soit légèrement coloré.

2. Incorporez les tomates avec leur jus, l'eau et l'assaisonnement à la créole ou à la cajun ; portez à ébullition. Réduisez le feu et laissez mijoter pendant 15 minutes.

3. Ajoutez les crevettes et le gombo. Poursuivez la cuisson, à couvert, pendant encore 3 minutes ou jusqu'à ce que ce soit chaud.

Donne 4 portions

Remarque : Le gombo se présente sous forme de gousses vertes ovoïdes. Il renferme une substance gélatineuse qui agit comme un épaississant lorsqu'il est cuit, idéal dans les soupes et les ragoûts.

Temps de préparation et de cuisson : 20 minutes

Lasagnes aux fruits de mer

- 1 paquet (16 onces/455 g) de lasagnes
- 2 cuillères à soupe de margarine ou de beurre
- 1 gros oignon, finement haché
- 1 contenant (8 onces/225 g) de fromage à la crème, coupé en morceaux de ½ pouce (1,25 cm) et ramolli
- 1 ½ tasse (335 g) de fromage cottage crémeux
- 2 cuillères à thé de basilic séché
- ½ cuillère à thé de sel
- ⅛ cuillère à thé de poivre noir
- 1 œuf, légèrement battu
- 2 boîtes (10 ¾ onces/320 ml chacune) de concentré de crème de champignons, non dilué
- ⅓ tasse (75 ml) de lait
- 1 gousse d'ail, émincée
- ½ livre (225 g) de pétoncles de baie, rincés et asséchés avec du papier absorbant
- ½ livre (225 g) de filets de flétan, rincés et asséchés avec du papier absorbant, et coupés en dés de ½ pouce (1,25 cm) d'épaisseur
- ½ livre (225 g) de crevettes crues de taille moyenne, décortiquées et déveinées
- ½ tasse (125 ml) de vin blanc sec
- 1 tasse (4 onces/115 g) de mozzarella râpée
- 2 cuillères à soupe de parmesan râpé

1. Faites cuire les lasagnes en suivant les instructions indiquées sur le paquet; égouttez-les.

2. Faites fondre la margarine dans une grande sauteuse à feu moyen. Ajoutez-y l'oignon et laissez cuire jusqu'à ce qu'il soit tendre, tout en remuant souvent. Incorporez le fromage à la crème, le fromage cottage, le basilic, le sel et le poivre; remuez bien. Ajoutez l'œuf et réservez.

3. Dans un grand récipient, mettez le concentré, le lait et l'ail et mélangez bien. Incorporez les pétoncles, les morceaux de poisson, les crevettes et le vin.

4. Préchauffez le four à 350 °F (175 °C). Huilez un plat de cuisson de 13 x 9 po (33 x 23 cm).

5. Déposez une couche de lasagnes dans le plat de cuisson, en les faisant se chevaucher. Étalez dessus la moitié du mélange à base de fromage. Déposez ensuite une nouvelle couche de lasagnes et recouvrez avec la moitié du mélange à base de fruits de mer. Répétez toute l'opération. Pour terminer, parsemez de mozzarella et de parmesan.

6. Enfournez pour 45 minutes ou jusqu'à ce que ce soit bouillonnant. Laissez reposer pendant 10 minutes avant de couper.

Donne 8 à 10 portions

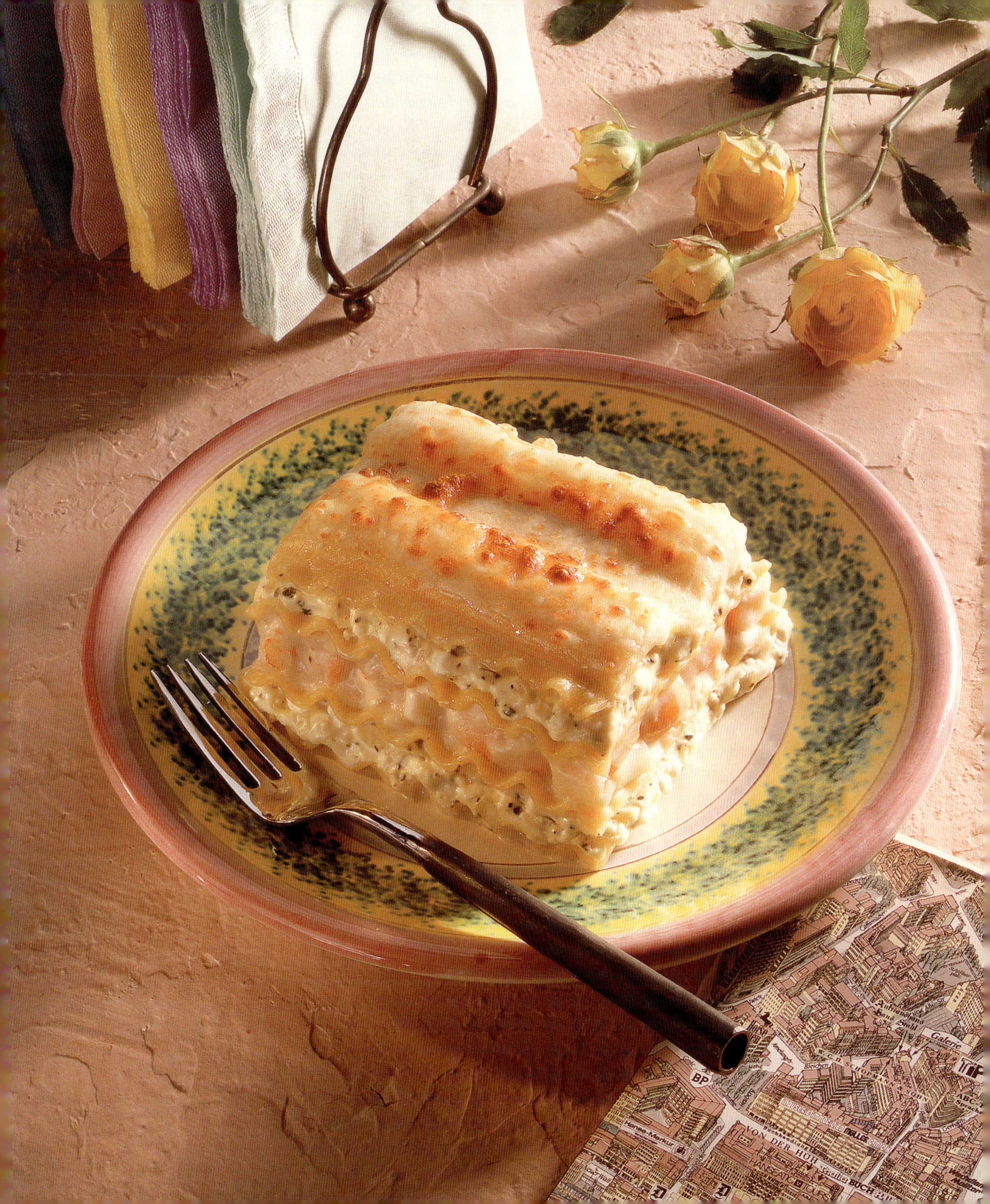

Courges farcies au thon

- 4 courgettes vertes ou jaunes ou courges torticolis de taille moyenne
- ¼ tasse (60 g) de carottes coupées en dés
- ¼ tasse (60 g) d'oignons verts hachés
- 2 cuillères à soupe de sauce à salade italienne à teneur réduite en calories (du commerce)
- 1 paquet (7 onces/200 g) de thon Albacore ou de thon pâle en morceaux
- ¼ tasse (50 g) de riz complet ou blanc cuit
- ¼ cuillère à thé de poudre d'ail
- ¼ cuillère à thé de poivre noir
- ½ tasse (55 g) de mozzarella, de fromage suisse ou de cheddar à teneur réduite en M.G., râpé

1. Coupez les courges en deux dans le sens de la longueur. Coupez ensuite une fine lamelle sur le fond de chaque moitié afin qu'elle ne bascule pas. À l'aide d'une cuillère, retirez la pulpe de chaque moitié de courge, en laissant une épaisseur de ¼ pouce (6 mm). Hachez la pulpe et réservez. Plongez les moitiés de courge dans de l'eau bouillante et laissez cuire pendant 5 minutes. Rincez-les ensuite à l'eau froide. Laissez-les bien égoutter, à l'envers, sur du papier absorbant. Réservez.

2. Préchauffez le four à 375 °F (190 °C). Pour la garniture, faites sauter les carottes, les oignons, la pulpe de courge hachée et la sauce à salade italienne dans une sauteuse pendant 3 minutes. Incorporez le thon, le riz et le reste des assaisonnements et remuez pour bien mélanger le tout. Remplissez les moitiés de courge du mélange ainsi obtenu. Vaporisez un plat de cuisson peu profond avec un aérosol de cuisson antiadhésif. Déposez les courges farcies dans le plat et couvrez avec du papier d'aluminium. Enfournez pour 20 minutes. Retirez le papier d'aluminium et parsemez de fromage. Poursuivez la cuisson pendant encore 5 minutes ou jusqu'à ce que ce soit chaud.

Donne 4 portions

Temps de préparation : 25 minutes

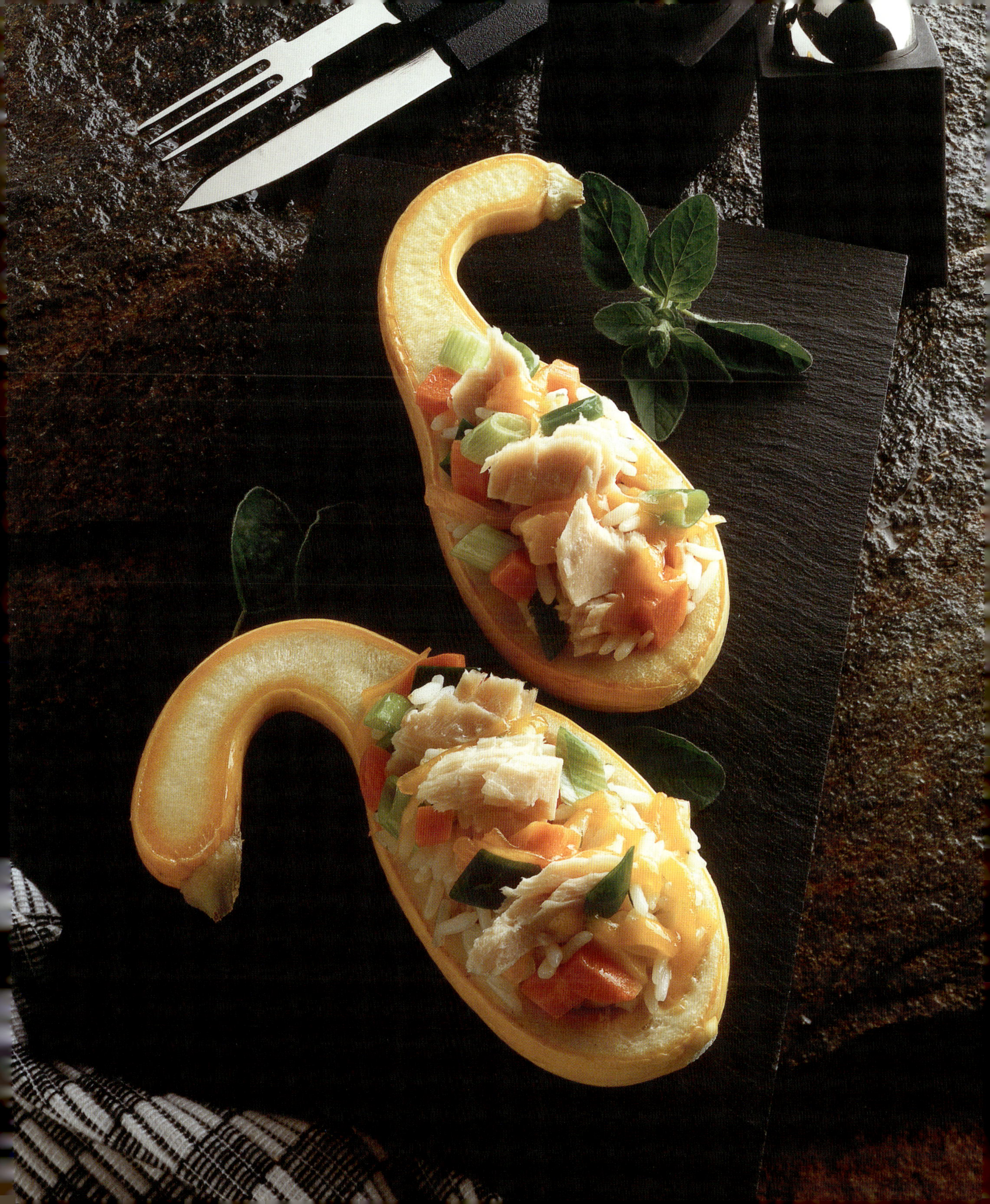

Casserole de saumon

- 2 cuillères à soupe de beurre ou de margarine
- 2 tasses (480 g) de champignons tranchés
- 1½ tasse (360 g) de carottes hachées
- 1 tasse (240 g) de petits pois surgelés
- 1 tasse (240 g) de céleri haché
- ½ tasse (120 g) d'oignons hachés
- ½ tasse (120 g) de poivrons rouges hachés
- 1 cuillère à soupe de persil frais haché
- 1 gousse d'ail, émincée
- 1 cuillère à thé de sel
- ½ cuillère à thé de poivre noir
- ½ cuillère à thé de basilic séché
- 4 tasses (840 g) de riz cuit
- 1 boîte (14 onces/395 g) de saumon rouge (sockeye), égoutté et émietté
- 1 boîte (10¾ onces/320 ml) de concentré de crème de champignons, non dilué
- 2 tasses (8 onces/225 g) de cheddar râpé
- ½ tasse (100 g) d'olives noires tranchées

1. Préchauffez le four à 350°F (175°C). Vaporisez un plat de cuisson de 2 litres avec un aérosol de cuisson antiadhésif; réservez.

2. Faites fondre le beurre dans une grande sauteuse ou un faitout à feu moyen. Ajoutez les champignons, les carottes, les petits pois, le céleri, les oignons, les poivrons, le persil, l'ail, le sel, le poivre noir et le basilic; laissez cuire pendant 10 minutes ou jusqu'à ce que les légumes soient tendres. Incorporez le riz, le saumon, le concentré et le fromage; remuez bien.

3. Transférez la préparation ainsi obtenue dans le plat de cuisson huilé. Parsemez d'olives. Enfournez pour 30 minutes ou jusqu'à ce que ce soit chaud et bouillonnant.

Donne 8 portions

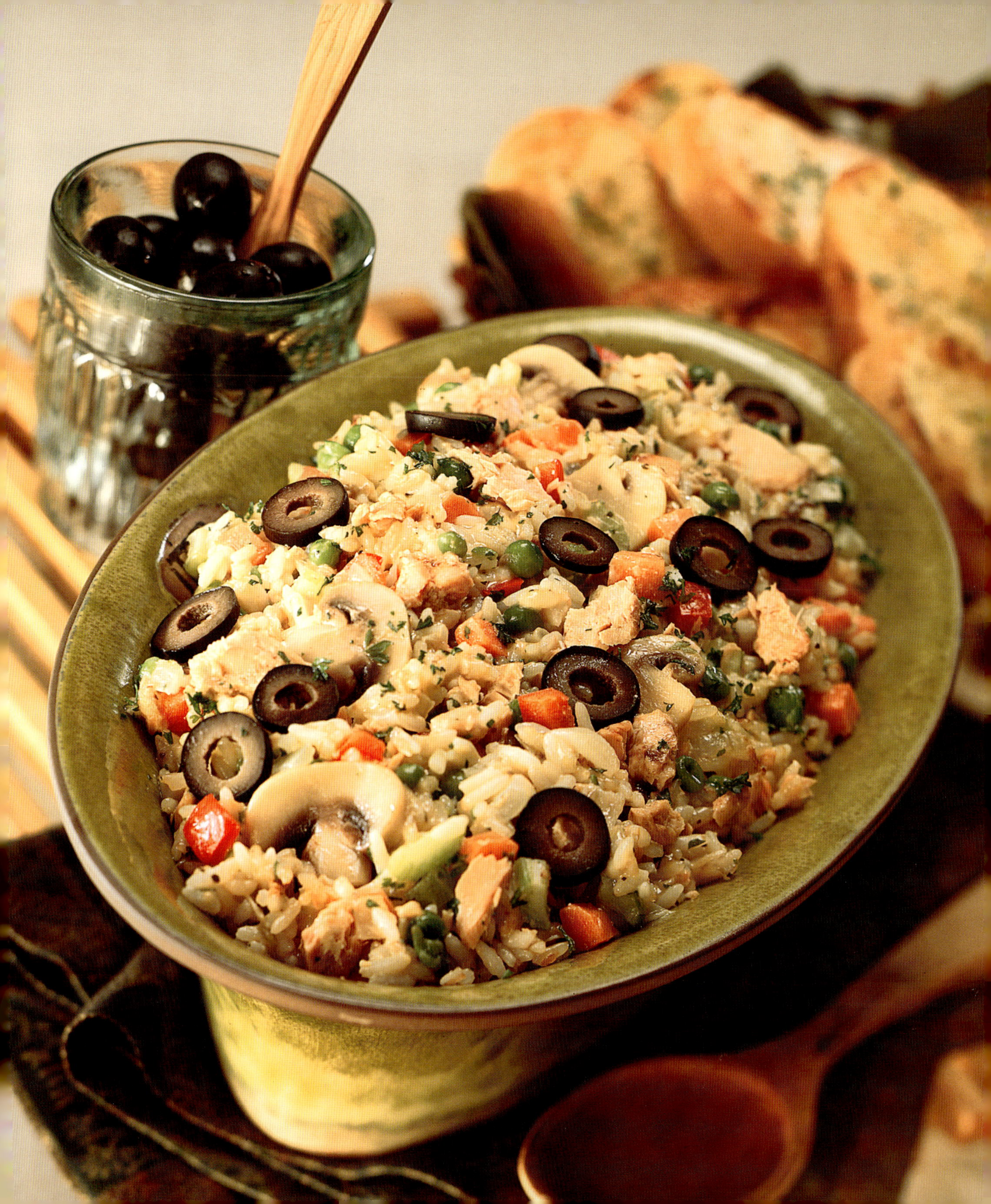

Casserole au crabe et aux artichauts

- 8 onces (225 g) de coquillettes crues
- 2 cuillères à soupe de beurre
- 6 oignons verts, hachés
- 2 cuillères à soupe de farine tout usage
- 1 tasse (250 ml) de crème à café, 10% M.G.
- 1 cuillère à thé de moutarde sèche
- ½ cuillère à thé de piment de Cayenne en poudre
  Sel et poivre noir
- ½ tasse (2 onces/55 g) de fromage suisse râpé (à diviser)
- 1 paquet (environ 8 onces/225 g) de chair de crabe ou de surimis (bâtonnets de poisson à saveur de crabe) en morceaux
- 1 boîte (environ 14 onces/395 g) de cœurs d'artichaut, égouttés et coupés en petites bouchées

1. Préchauffez le four à 350°F (175°C). Huilez un plat de cuisson de 2 litres. Faites cuire les pâtes en suivant les instructions indiquées sur le paquet. Égouttez-les et réservez.

2. Faites chauffer le beurre dans une grande casserole à feu moyen; ajoutez les oignons verts. Laissez cuire pendant environ 2 minutes. Incorporez la farine et poursuivez la cuisson pendant encore 2 minutes. Ajoutez graduellement la crème, sans cesser de fouetter jusqu'à épaississement. Ajoutez la moutarde et le piment de Cayenne; assaisonnez de sel et de poivre noir au goût. Retirez la casserole du feu; incorporez ¼ tasse (30 g) de fromage et remuez jusqu'à ce qu'il soit fondu.

3. Mélangez les morceaux de crabe ou de surimi, les cœurs d'artichaut et les pâtes dans le plat de cuisson. Versez ensuite la sauce et remuez pour bien mélanger le tout. Parsemez avec le reste du fromage (¼ tasse/30 g). Enfournez pour environ 40 minutes ou jusqu'à ce que ce soit chaud, bouillonnant et légèrement doré.

Donne 6 portions

Conseil: Vous pouvez également réaliser cette casserole dans des plats de cuisson individuels. Il vous suffit alors de réduire le temps de cuisson, soit une durée totale d'environ 20 minutes.

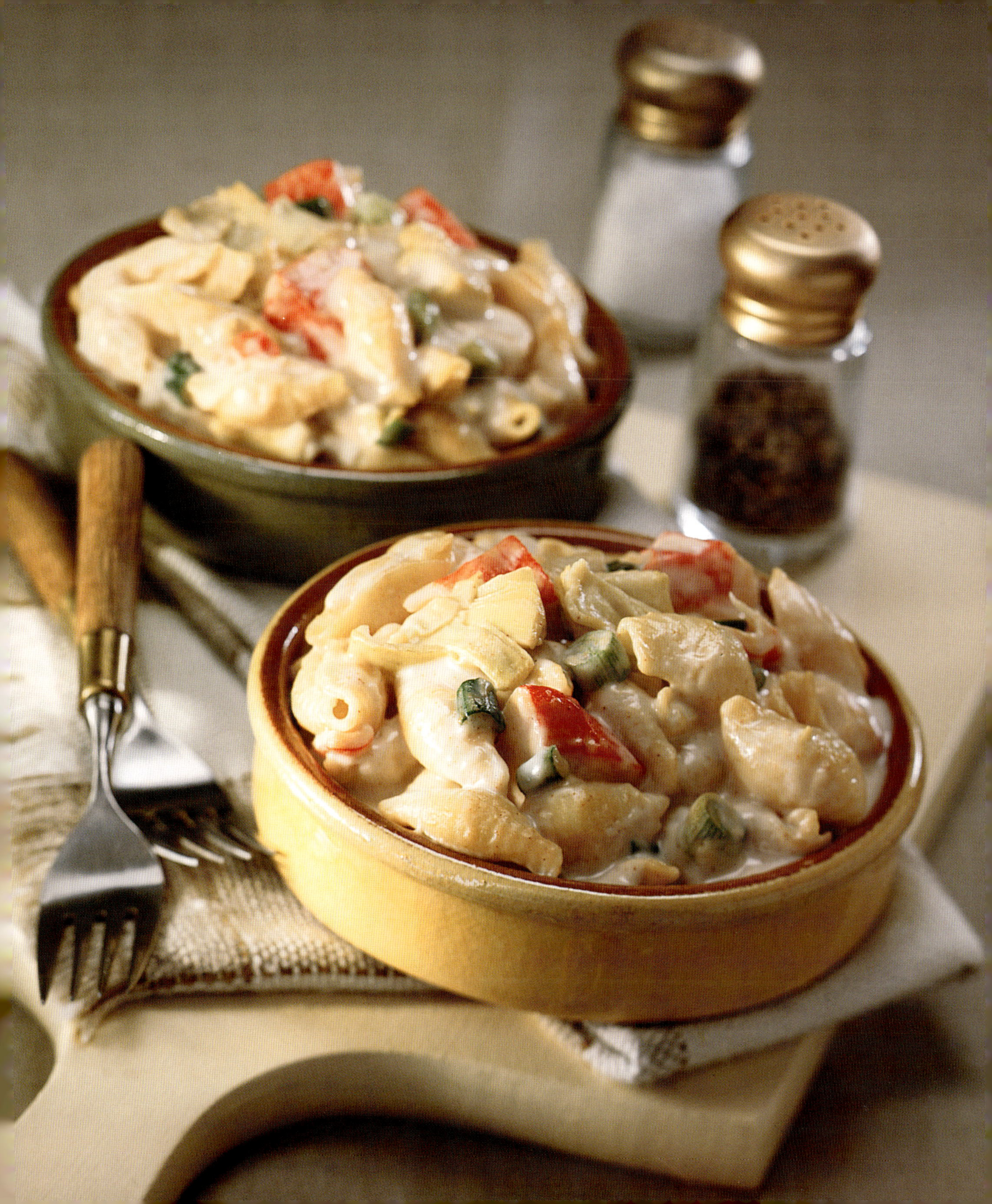

Tarte au saumon facile comme bonjour

- 1 boîte (7½ onces/210 g) de saumon dans l'eau, égoutté et désarêté
- ½ tasse (55 g) de parmesan râpé
- ¼ tasse (60 g) d'oignons verts tranchés
- 1 pot (2 onces/55g) de piments d'Espagne doux hachés, égouttés
- ½ tasse (115 g) de fromage cottage écrémé (1% M.G.)
- 1 cuillère à soupe de jus de citron
- 1½ tasse (375 ml) de lait écrémé (1% M.G.)
- ¾ tasse (85 g) de mélange à pâte ou à crêpe à teneur réduite en M.G.
- 2 œufs entiers
- 2 blancs d'œuf ou ¼ tasse (60 ml) de succédané d'œuf sans cholestérol
- ¼ cuillère à thé de sel
- ¼ cuillère à thé d'aneth séché
- ¼ cuillère à thé de paprika (facultatif)

1. Préchauffez le four à 375°F (190°C). Vaporisez un plat à tarte de 9 pouces (23 cm) de diamètre avec un aérosol de cuisson antiadhésif. Mélangez le saumon, le parmesan, les oignons et les piments doux d'Espagne dans le plat à tarte huilé et réservez.

2. Mélangez le fromage cottage et le jus de citron dans un mixeur ou un robot culinaire jusqu'à obtenir un mélange homogène. Incorporez le lait, le mélange à pâte, les œufs entiers, les blancs d'œuf, le sel et l'aneth et mixez pendant 15 secondes. Versez la préparation ainsi obtenue sur le mélange à base de saumon dans le plat à tarte. Saupoudrez de paprika, si désiré.

3. Enfournez pour 35 à 40 minutes ou jusqu'à ce que la tarte soit légèrement dorée et qu'un couteau inséré au centre en ressorte propre. Laissez refroidir pendant 5 minutes. Coupez la tarte en 8 parts et servez. Décorez si désiré.

Donne 8 portions

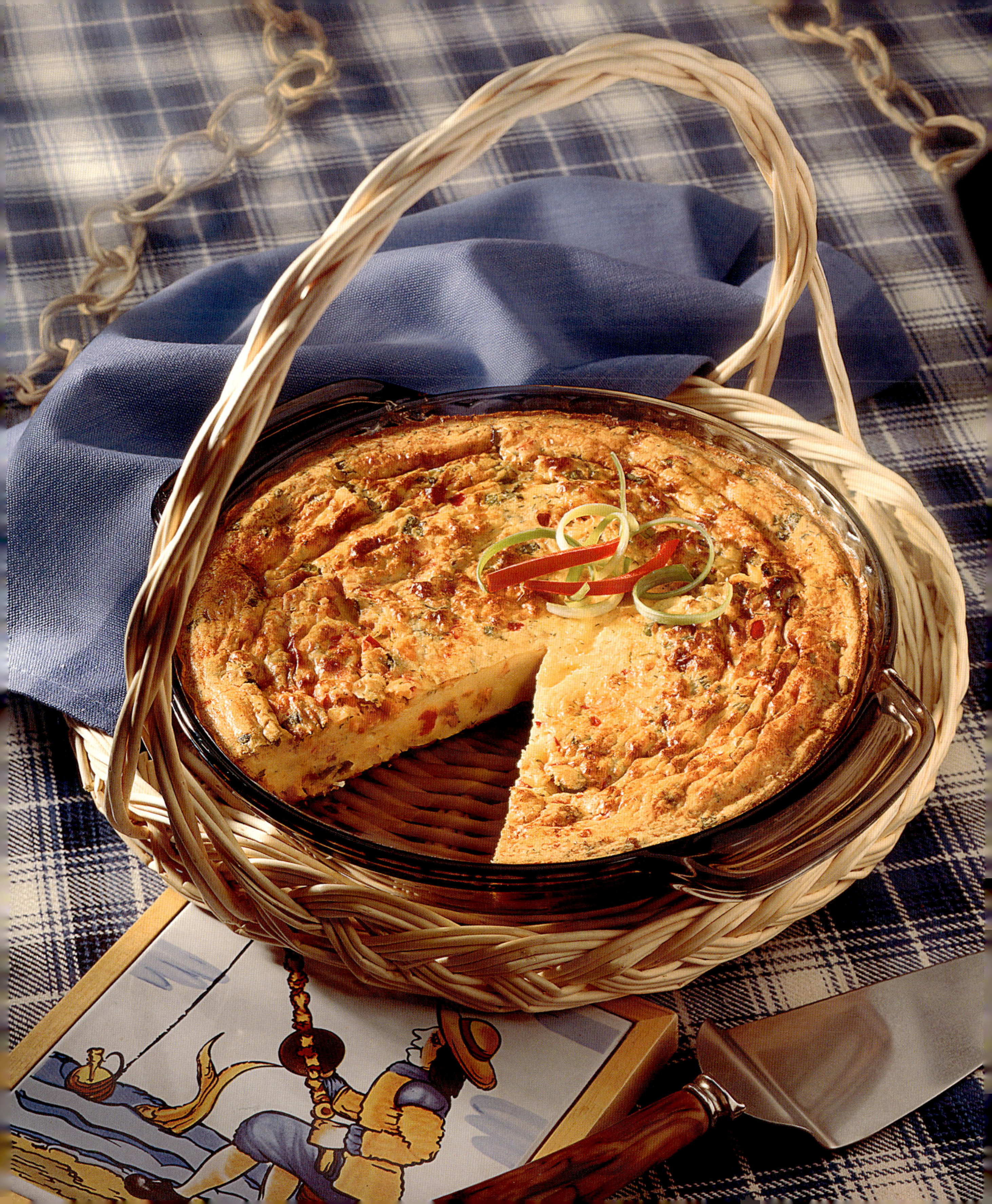

Remerciements

L'éditeur tient à remercier les sociétés et les organismes énumérés ci-dessous pour lui avoir permis d'utiliser leurs recettes et leurs photos dans cet ouvrage.

Del Monte Foods

Huiles d'olive Filippo Berio®

Florida Department of Agriculture and Consumer Services, Bureau of Seafood and Aquaculture

Florida's Citrus Growers

The Golden Grain Company®

Hillshire Farm®

MASTERFOODS USA

National Onion Association

Reckitt Benckiser Inc.

Sargento® Foods Inc.

StarKist Seafood Company

Unilever Foods North America

USA Rice Federation

Veg•All®

Index

A
Artichauts
Casserole au crabe et aux artichauts, 244
Casserole de poulet aux artichauts et aux olives, 104
Paëlla express, 230
Paëlla végétarienne, 182

Asperges
Délice d'automne, 70
Risotto aux asperges et aux épinards, 170

Aubergines
Aubergines à la parmesane, 152
Gratin d'aubergines et de courgettes, 194
Lasagnes végétariennes, 164
Ragoût méditerranéen, 158

B
Bacon
Bœuf bourguignon, 64
Boulettes de porc et choucroute, 144
Gnocchis au four, 184
Porc effiloché à la sauce barbecue, 140
Risotto aux asperges et aux épinards, 170
Suprême de poulet d'Heidi, 82
Bifteck à l'étouffée, 52
Bœuf au chili explosif, 34
Bœuf aux légumes dans une sauce bourguignonne onctueuse, 40
Bœuf aux oignons, 36
Bœuf braisé et légumes à l'américaine, 58
Bœuf épicé à l'italienne, 38
Bœuf haché à la sauce barbecue, 46
Bœuf mandarin à la tomate, 33
Bœuf Strogonoff facile, 70
Boulettes de viande en sauce bourguignonne, 26
Braciola, 54

Brocolis
Casserole de nouilles aux brocolis et au cheddar, 160
Casserole de poisson et brocoli, 218
Casserole de riz au poulet et brocoli, 82
Filets de flétan sur riz au citron, 206
Frittata fermière, 162
Gratin de thon et brocolis, 222
Poisson au four sur riz aux fines herbes, 212
Poulet Alfredo facile, 112
Poulet tomate basilic aux brocolis, 103
Roulés de porc effiloché, 122
Sandwich aux brocolis et au fromage, 168
Souper marocain, 190
Steak de bœuf aux brocolis et aux poivrons, 30
Burritos au bœuf et aux haricots, 52

C
Casseroles
Aubergines à la parmesane, 152
Bœuf aux oignons, 36
Bœuf haché à la sauce barbecue, 46
Casserole à la hongroise, 134
Casserole arc-en-ciel, 53
Casserole au crabe et aux artichauts, 244
Casserole de bœuf garnie de feuilletés, 72
Casserole de côtelettes de porc épicée, 146
Casserole de fruits de mer à la Newburg, 218
Casserole de haricots cannellini au parmesan, 163
Casserole de nouilles aux brocolis et au cheddar, 160
Casserole de poulet aux artichauts et aux olives, 104
Casserole de poulet garnie de feuilletés à l'oignon, 88
Casserole de riz au poulet et brocoli, 82
Casserole de saumon, 242
Casserole de thon de maman, 232
Casserole étagée à la mexicaine, 180
Casserole marocaine, facile à réaliser, 118
Chili aux haricots et au maïs, 154
Coquilles farcies à la mexicaine, 50
Côtes de porc et garniture aux pommes, 116
Côtes de porc et haricots au lard de la Caroline, 126
Crevettes à la créole, 228
Crevettes au citron, 204
Enchiladas au poulet et au fromage, 83
Enchiladas aux épinards et aux champignons, 175
Enchiladas de bœuf festives, 62
Escalopes de poulet, 84
Filets de flétan sur riz au citron, 206

Gnocchis au four, 184
Gratin d'aubergines et de courgettes, 194
Gratin de légumes et de tofu, 192
Gratin de maïs aux piments, 200
Gratin de thon et brocolis, 222
Gratin étagé de poireaux au cheddar, 196
Hachis Parmentier du Sud-Ouest, 44
Jambalaya, 216
Lasagnes au pesto, 188
Lasagnes aux courgettes, 174
Lasagnes aux fruits de mer, 238
Manicotti, 68
Manicotti farcis, 172
Orge gratinée au fromage, 178
Paëlla, 106
Pain de viande façon pizza, 42
Pâtes au saumon et à l'aneth, 210
Poisson au four sur riz aux fines herbes, 212
Poivrons épicés farcis à l'italienne, 60
Poivrons farcis, 186
Porc et sa délicieuse garniture aux pommes, 128
Poulet à la normande, 114
Risotto aux asperges et aux épinards, 170
Souper de linguine au saumon, 219
Tamales de bœuf en carrés, 28
Tarte au saumon facile comme bonjour, 246
Tarte aux légumes et aux crevettes, 226

Tortellinis sautés au pesto, 183
Casserole à la hongroise, 134
Casserole arc-en-ciel, 53
Casserole au crabe et aux artichauts, 244
Casserole de bœuf garnie de feuilletés, 72
Casserole de côtelettes de porc épicée, 146
Casserole de fruits de mer à la Newburg, 218
Casserole de haricots cannellini au parmesan, 163
Casserole de nouilles aux brocolis et au cheddar, 160
Casserole de poisson et brocoli, 218
Casserole de poulet aux artichauts et aux olives, 104
Casserole de poulet garnie de feuilletés à l'oignon, 88
Casserole de riz au poulet et brocoli, 82
Casserole de saumon, 242
Casserole de thon de maman, 232
Casserole étagée à la mexicaine, 180
Casserole marocaine, facile à réaliser, 118

Champignons
Bœuf aux légumes dans une sauce bourguignonne onctueuse, 40
Bœuf bourguignon, 64
Casserole de saumon, 242
Coq au vin tout simple, 100
Crevettes au citron, 204
Enchiladas aux épinards et aux champignons, 175
Escalopes de poulet, 84
Lasagnes aux courgettes, 174

Lasagnes végétariennes, 164
Linguine au thon épicé à l'ail et aux pignons, 208
Porc à la cantonaise, 142
Poulet à l'ananas et aux patates douces, 78
Poulet au fromage suisse fondu, 92
Poulet et champignons à la crème, 90
Poulet et nouilles aux trois fromages, 96
Poulet San Marino, 94
Risotto safrané au poulet, 80
Chili aux haricots et au maïs, 154

Chou
Boulettes de porc et choucroute, 144
Corned-beef au chou, 74

Confitures et gelées
Côtelettes en sauce aigre-douce, 150
Longe de porc laquée, 126
Sandwichs au porc effiloché à l'abricot, 136
Coq au vin tout simple, 100
Coquilles farcies à la mexicaine, 50
Corned-beef au chou, 74
Côtelettes en sauce aigre-douce, 150
Côtes de porc au miel, 132
Côtes de porc et garniture aux pommes, 116
Côtes de porc et haricots au lard de la Caroline, 126
Côtes de porc sucrées et épicées, 124

Courges et courgettes
Courges farcies au thon, 240
Gratin d'aubergines et de courgettes, 194

Index

Gratin de légumes et de tofu, 192
Gratin de maïs aux piments, 200
Lasagnes aux courgettes, 174
Lasagnes végétariennes, 164
Orge gratinée au fromage, 178
Ragoût méditerranéen, 158

Crabe
Casserole au crabe et aux artichauts, 244
Casserole de fruits de mer à la Newburg, 218
Fettuccine au crabe et à la crème, 234
Frittata épicée au crabe, 220

Crevettes
Casserole de poisson et brocoli, 218
Crevettes à l'antillaise et riz, 224
Crevettes à la créole, 228
Crevettes au citron, 204
Crevettes et riz à la créole, 237
Crevettes marinées au pamplemousse de Floride, 225
Jambalaya, 216
Jambalaya à la mijoteuse, 236
Lasagne aux fruits de mer, 238
Paëlla, 106
Tarte aux légumes et aux crevettes, 226

D
Délice d'automne, 70
Délice de thon au parmesan, 202

E
Enchiladas au poulet et au fromage, 83
Enchiladas aux épinards et aux champignons, 175
Enchiladas de bœuf festives, 62
Enchiladas végé express, 183

Épinards
Enchiladas aux épinards et aux champignons, 175
Gnocchis au four, 184
Lasagnes au pesto, 188
Manicotti farcis, 172
Raviolis en sauce tomate maison, 156
Risotto aux asperges et aux épinards, 170
Escalopes de poulet, 84

F
Farce de porc épicé à l'asiatique, 130
Fettuccine au crabe et à la crème, 234

Feuilletés
Braciola, 54
Casserole de bœuf garnie de feuilletés, 72
Casserole de poulet garnie de feuilletés à l'oignon, 88
Filets de flétan sur riz au citron, 206
Frittata au porc et aux pommes de terre, 138
Frittata épicée au crabe, 220
Frittata fermière, 162

G
Gnocchis au four, 184

Gombo
Crevettes et riz à la créole, 237
Ragoût méditerranéen, 158

Gratin d'aubergines et de courgettes, 194
Gratin de légumes et de tofu, 192
Gratin de maïs aux piments, 200
Gratin de thon et brocolis, 222
Gratin étagé de poireaux au cheddar, 196

H
Hachis Parmentier (pâté chinois), 32
Hachis Parmentier du Sud-Ouest, 44

Haricots
Bœuf au chili explosif, 34
Burritos au bœuf et aux haricots, 52
Casserole de haricots cannellini au parmesan, 163
Casserole étagée à la mexicaine, 180
Casserole marocaine, facile à réaliser, 118
Chili aux haricots et au maïs, 154
Côtes de porc et haricots au lard de la Caroline, 126
Enchiladas au poulet et au fromage, 183
Enchiladas aux épinards et aux champignons, 175
Paëlla végétarienne, 182
Ragoût méditerranéen, 158
Riz aux saucisses végétariennes, 198
Saucisses à l'italienne, 120
Souper marocain, 190
Tarte étagée aux enchiladas, 86

Haricots verts
Casserole marocaine, facile à réaliser, 118

Index

Ragoût de porc du Panama, 120
Ragoût provençal, 148

J
Jambon
Jambalaya, 216
Jambalaya à la mijoteuse, 236

L
Lasagnes aux courgettes, 174
Lasagnes aux fruits de mer, 238
Lasagnes au pesto, 188
Lasagnes végétariennes, 164
Légumes grillés sur lit de fettuccine, 176
Linguine au thon épicé à l'ail et aux pignons, 208
Lo Mein de bœuf à la sichouanaise, 56
Longe de porc laquée, 126

M
Macaronis aux légumes et au thon, 214
Maïs
Bœuf haché à la sauce barbecue, 46
Casserole de côtelettes de porc épicée, 146
Casserole étagée à la mexicaine, 180
Chili aux haricots et au maïs, 154
Corned-beef au chou, 74
Enchiladas de bœuf festives, 62
Gratin de maïs aux piments, 200
Hachis Parmentier du sud-ouest, 44
Poivrons farcis, 186
Ragoût de porc du Panama, 120

Tamales de bœuf en carrés, 28
Manicotti, 68
Manicotti farcis, 172
Mijoté de poulet au curry et aux légumes, accompagné de semoule, 102

N
Noix
Souper marocain, 190
Linguine au thon épicé à l'ail et aux pignons, 208
Nouilles et pâtes
Bœuf aux légumes dans une sauce bourguignonne onctueuse, 40
Boulettes de viande en sauce bourguignonne, 26
Casserole à la hongroise, 134
Casserole au crabe et aux artichauts, 244
Casserole de nouilles aux brocolis et au cheddar, 160
Casserole de poulet aux artichauts et aux olives, 104
Coquilles farcies à la mexicaine, 50
Crevettes au citron, 204
Délice de thon au parmesan, 202
Fettuccine au crabe et à la crème, 234
Gnocchis au four, 184
Lasagnes au pesto, 188
Lasagnes aux courgettes, 174
Lasagnes aux fruits de mer, 238
Lasagnes végétariennes, 164
Légumes grillés sur lit de fettuccine, 176

Linguine au thon épicé à l'ail et aux pignons, 208
Lo Mein de bœuf à la sichouanaise, 56
Macaronis aux légumes et au thon, 214
Manicotti, 68
Manicotti farcis, 172
Pâtes au saumon et à l'aneth, 210
Poulet à la normande, 114
Poulet Alfredo facile, 112
Poulet et nouilles aux trois fromages, 96
Raviolis en sauce tomate maison, 156
Souper de linguine au saumon, 219
Tortellinis sautés au pesto, 183

O
Olives
Casserole de poulet aux artichauts et aux olives, 104
Casserole de saumon, 242
Enchiladas végé express, 183
Poivrons épicés farcis à l'italienne, 60
Poivrons farcis, 186
Porc et riz à la provençale, 137
Poulet à la grecque, 76
Poulet et riz au gingembre et à l'orange, 98
Risotto safrané au poulet, 80
Orge
Orge gratinée au fromage, 178

P
Paëlla, 106
Paëlla express, 230

Index

Paëlla végétarienne, 182
Pain de viande façon pizza, 42
Palourdes
    Paëlla, 106
Patates douces
    Casserole marocaine, facile à réaliser, 118
    Poulet à l'ananas et aux patates douces, 78
    Ragoût de porc du Panama, 120
    Pâtes au saumon et à l'aneth, 210
Pétoncles
    Casserole de fruits de mer à la Newburg, 218
    Lasagnes aux fruits de mer, 238
    Pointe de surlonge au poivre, 53
Plats à base d'œufs
    Frittata au porc et aux pommes de terre, 138
    Frittata épicée au crabe, 220
    Frittata fermière, 162
    Gratin de thon et brocolis, 222
    Gratin étagé de poireaux au cheddar, 196
    Lasagnes aux courgettes, 174
    Sandwich aux brocolis et au fromage, 168
    Sauté spécial brunch, 166
    Tarte au saumon facile comme bonjour, 246
Pois
    Casserole arc-en-ciel, 53
    Casserole de bœuf garnie de feuilletés, 72
    Casserole de poulet garnie de feuilletés à l'oignon, 88
    Crevettes à l'antillaise et riz, 224

Délice de thon au parmesan, 202
Macaronis aux légumes et au thon, 214
Paëlla, 106
Paëlla express, 230
Paëlla végétarienne, 182
Souper de linguine au saumon, 219
Poisson au four sur riz aux fines herbes, 212
Poivrons épicés farcis à l'italienne, 60
Poivrons farcis, 186
Pommes
    Casserole de poulet aux artichauts et aux olives, 104
    Côtes de porc et garniture aux pommes, 116
    Porc et sa délicieuse garniture aux pommes, 128
    Poulet à la normande, 114
Porc à la cantonaise, 142
Porc effiloché à la sauce barbecue, 140
Porc et riz à la provençale, 137
Porc et sa délicieuse garniture aux pommes, 128
Poulet à la californienne, 110
Poulet à la grecque, 76
Poulet à la normande, 114
Poulet à l'ananas et aux patates douces, 78
Poulet Alfredo facile, 112
Poulet au fromage suisse fondu, 92
Poulet aux 40 gousses d'ail, 108
Poulet et champignons à la crème, 90
Poulet et nouilles aux trois fromages, 96
Poulet et riz au gingembre et à l'orange, 98

Poulet San Marino, 94
Poulet tomate basilic aux brocolis, 103
Pommes de terre
    Bœuf bourguignon, 64
    Bœuf braisé et légumes à l'américaine, 58
    Casserole de bœuf garnie de feuilletés, 72
    Casserole de côtelettes de porc épicée, 146
    Casserole marocaine, facile à réaliser, 118
    Frittata au porc et aux pommes de terre, 138
    Frittata fermière, 162
    Hachis Parmentier (pâté chinois), 32
    Hachis Parmentier du Sud-Ouest, 44
    Pointe de surlonge au poivre, 53
    Ragoût provençal, 148

R

Ragoût de porc du Panama, 120
Ragoût méditerranéen, 158
Ragoût provençal, 148
Raviolis en sauce tomate maison, 156
Recettes à la mijoteuse
    Baluchons de porc épicé à l'asiatique, 130
    Bifteck à l'étouffé, 52
    Bœuf au chili explosif, 34
    Bœuf aux légumes dans une sauce bourguignonne onctueuse, 40
    Bœuf bourguignon, 64
    Bœuf braisé et légumes à l'américaine, 58
    Bœuf épicé à l'italienne, 38
    Bœuf Strogonoff facile, 70
    Boulettes de porc et choucroute, 144

Boulettes de viande en sauce bourguignonne, 26
Braciola, 54
Casserole de thon de maman, 232
Chili aux haricots et au maïs, 154
Coq au vin tout simple, 100
Corned-beef au chou, 74
Côtelettes en sauce aigre-douce, 150
Côtes de porc au miel, 132
Côtes de porc sucrées et épicées, 124
Crevettes à l'antillaise et riz, 224
Délice d'automne, 70
Farce de porc épicé à l'asiatique, 130
Jambalaya à la mijoteuse, 236
Lasagnes végétariennes, 164
Longe de porc laquée, 126
Macaronis aux légumes et au thon, 214
Pointe de surlonge au poivre, 53
Poivrons farcis à la mijoteuse, 74
Porc à la cantonaise, 142
Porc effiloché à la sauce barbecue, 140
Poulet à la californienne, 110
Poulet à la grecque, 76
Poulet à l'ananas et aux patates douces, 78
Poulet aigre-piquant, 88
Poulet Alfredo facile, 112
Poulet aux 40 gousses d'ail, 108
Poulet et champignons à la crème, 90
Poulet et nouilles aux trois fromages, 96

Poulet San Marino, 94
Ragoût de porc du Panama, 120
Ragoût méditerranéen, 158
Ragoût provençal, 148
Riz aux saucisses végétariennes, 198
Roulés de porc effiloché, 122
Sandwich aux brocolis et au fromage, 168
Sandwichs au porc effiloché à l'abricot, 136
Sauce à spaghetti de maman, 66
Saucisses à l'italienne, 120
Sauerbraten (rôti de bœuf mariné dans du vinaigre), 41
Steak au poivre à la mijoteuse, 48
Suprême de poulet d'Heidi, 82
Tacos au porc effiloché, faciles à réaliser, 150
Tarte étagée aux enchiladas, 86
Risotto aux asperges et aux épinards, 170
Risotto safrané au poulet, 80
Riz
Bœuf haché à la sauce barbecue, 46
Casserole de fruits de mer à la Newburg, 218
Casserole de riz au poulet et brocoli, 82
Casserole de saumon, 242
Courges farcies au thon, 240
Crevettes à la créole, 228
Crevettes à l'antillaise et riz, 224

Crevettes et riz à la créole, 237
Crevettes marinées au pamplemousse de Floride, 225
Enchiladas de bœuf festives, 62
Filets de flétan sur riz au citron, 206
Gratin de légumes et de tofu, 192
Jambalaya, 216
Jambalaya à la mijoteuse, 236
Paëlla express, 230
Paëlla végétarienne, 182
Poisson au four sur riz aux fines herbes, 212
Poivrons épicés farcis à l'italienne, 60
Poivrons farcis à la mijoteuse, 74
Porc et riz à la provençale, 137
Poulet au fromage suisse fondu, 92
Poulet et riz au gingembre et à l'orange, 98
Poulet tomate basilic aux brocolis, 103
Risotto aux asperges et aux épinards, 170
Risotto safrané au poulet, 80
Riz aux saucisses végétariennes, 198
Saucisses à l'italienne, 120
Sauté spécial brunch, 166
Souper marocain, 190
Steak de bœuf aux brocolis et aux poivrons, 30
Riz aux saucisses végétariennes, 198
Roulés de porc effiloché, 122

Index 255

S

Sandwich aux brocolis et au fromage, 168
Sandwichs au porc effiloché à l'abricot, 136

Saumon
- Casserole de saumon, 242
- Pâtes au saumon et à l'aneth, 210
- Souper de linguine au saumon, 219
- Tarte au saumon facile comme bonjour, 246

Sauce à spaghetti de maman, 66

Saucisses
- Braciola, 54
- Jambalaya, 216
- Paëlla, 106
- Sauce à spaghetti de maman, 66
- Saucisses à l'italienne, 120

Saucisses à l'italienne, 120
Sauerbraten (rôti de bœuf mariné dans du vinaigre), 41
Sauté spécial brunch, 166

Sautés
- Bœuf haché à la sauce barbecue, 46
- Crevettes et riz à la créole, 237
- Crevettes marinées au pamplemousse de Floride, 225
- Délice de thon au parmesan, 202
- Frittata au porc et aux pommes de terre, 138
- Frittata épicée au crabe, 220
- Frittata fermière, 162
- Hachis Parmentier (pâté chinois), 32
- Linguine au thon épicé à l'ail et aux pignons, 208

Lo Mein de bœuf à la sichouanaise, 56
Mijoté de poulet au curry et aux légumes, accompagné de semoule, 102
Paëlla express, 230
Paëlla végétarienne, 182
Porc et riz à la provençale, 137
Poulet au fromage suisse fondu, 92
Poulet et riz au gingembre et à l'orange, 98
Poulet tomate basilic aux brocolis, 103
Risotto safrané au poulet, 80
Sauté spécial brunch, 166
Souper marocain, 190
Steak de bœuf aux brocolis et aux poivrons, 30
Tortellinis sautés au pesto, 183

Semoule
- Mijoté de poulet au curry et aux légumes, accompagné de semoule, 102
- Ragoût méditerranéen, 158
- Souper de linguine au saumon, 219
- Souper marocain, 190
- Steak au poivre à la mijoteuse, 48
- Steak de bœuf aux brocolis et aux poivrons, 30
- Suprême de poulet d'Heidi, 82

T

Tacos au porc effiloché, faciles à réaliser, 150
Tamales de bœuf en carrés, 28
Tarte au saumon facile comme bonjour, 246
Tarte aux légumes et aux crevettes, 226
Tarte étagée aux enchiladas, 86

Thon
- Casserole de thon de maman, 232
- Courges farcies au thon, 240
- Délice de thon au parmesan, 202
- Gratin de thon et brocolis, 222
- Linguine au thon épicé à l'ail et aux pignons, 208
- Macaronis aux légumes et au thon, 214
- Paëlla express, 230
- Tortellinis sautés au pesto, 183

Tortillas
- Burritos au bœuf et aux haricots, 52
- Casserole étagée à la mexicaine, 180
- Enchiladas au poulet et au fromage, 83
- Enchiladas aux épinards et aux champignons, 175
- Enchiladas de bœuf festives, 62
- Enchiladas végé express, 183
- Farce de porc épicé à l'asiatique, 130
- Gratin de maïs aux piments, 200
- Roulés de porc effiloché, 122
- Tarte étagée aux enchiladas, 86

Tableau de conversion métrique

MESURES DE VOLUME (sec)

⅛ cuillère à thé = 0,5 ml
¼ cuillère à thé = 1 ml
½ cuillère à thé = 2 ml
¾ cuillère à thé = 4 ml
1 cuillère à thé = 5 ml
1 cuillère à soupe = 15 ml
2 cuillères à soupe = 30 ml
¼ tasse = 60 ml
⅓ tasse = 75 ml
½ tasse = 125 ml
⅔ tasse = 150 ml
¾ tasse = 175 ml
1 tasse = 250 ml
2 tasses = 500 ml
3 tasses = 750 ml
4 tasses = 1 l

MESURES DE VOLUME (liquide)

1 once liquide (2 cuillères à soupe) = 30 ml
4 onces liquides (½ tasse) = 125 ml
8 onces liquides (1 tasse) = 250 ml
12 onces liquides (1 ½ tasse) = 375 ml
16 onces liquides (2 tasses) = 500 ml

POIDS (masse)

½ once = 15 g
1 once = 30 g
3 onces = 85 g
4 onces = 115 g
8 onces = 225 g
10 onces = 285 g
12 onces = 340 g
16 onces = 1 livre = 455 g

DIMENSIONS PLATS DE CUISSON

Ustensiles	Dimensions en pouces	Dimensions en centimètres	Volumes U.S.	Volumes métriques
Plaque à pâtisserie ou moule à gâteau (carré ou rectangulaire)	8 x 8 x 2 9 x 9 x 2 13 x 9 x 2	20 x 20 x 5 23 x 23 x 5 33 x 23 x 5	8 tasses 10 tasses 12 tasses	2 l 2,5 l 3 l
Moule à pain	8½ x 14½ x 2½ 9 x 9 x 3	21 x 11 x 6 23 x 13 x 7	6 tasses 8 tasses	1,5 l 2 l
Moule à gâteau rond	8 x 1½ 9 x 1½	20 x 4 23 x 4	4 tasses 5 tasses	1 l 1,25 l
Moule à tarte	8 x 1½ 9 x 1½	20 x 4 23 x 4	4 tasses 5 tasses	1 l 1,25 l
Marmite ou cocotte	- - - -	- - - -	4 tasses 6 tasses 8 tasses 12 tasses	1 l 1,5 l 2 l 3 l

DIMENSIONS

1/16 po = 2 mm
⅛ po = 3 mm
¼ po = 6 mm
½ po = 1,5 cm
¾ po = 2 cm
1 po = 2,5 cm

TEMPÉRATURES

250 °F = 120 °C
275 °F = 140 °C
300 °F = 150 °C
325 °F = 160 °C
350 °F = 180 °C
375 °F = 190 °C
400 °F = 200 °C
425 °F = 220 °C
450 °F = 230 °C